KB264397

모든 일이
술술 잘 풀리는
사람들의 비밀

모든 일이 술술
잘 풀리는
사람들의 비밀

혜송 김덕래 지음

무한

조선 중기에 《토정비결》을 지은 이지함 선생 이후 우리나라의 정월 세시 풍속에 의하면 개인의 신수를 점쳐서 길흉화복을 알아보았다. 그리하여 그 해의 일이 잘 되고, 못 되고를 살펴보곤 하였는데, 그 기본 자료가 되는 것은 태어난 연월일시年月日時의 사주팔자다.

'사주'라는 개념은 우리나라 국민이면 누구나 한두 번은 들어보았을 정도로 친숙한 것이지만, 여기에 대한 평가만큼 엇갈리는 것도 없다.

사주를 감정해 보고 나서 어려움을 슬기롭게 넘겼거나 조금이라도 도움을 받은 사람은 수용하거나 신뢰를 하면서, 한 걸음 더 나아가서는 숙명적으로 맹신하는 경우도 없지 않다. 그 반대로 종교적인 이유나 과학적인 합리성 때문에 관심이 없거나 자신의 능력만을 믿는 사람, 혹은 엉터리로 감정을 받아서 큰 손해를 초래한 사람은 믿지 않거나 심한 경우에는 미신으로 치부하여 없어져야 하는 것으로 보는 경우도 있다.

이 둘 다 현인賢人이 역의 원리를 응용하여 사주팔자에 대한 《명리서命理書》를 남긴 뜻과는 어긋난다고 하겠다.

따라서 이 책에서는 인간 명리에 대한 기본 자료인 사주팔자에 다한 기본 개념을 올바르게 설명하면서 《명리서》를 남겨 그 사람의 운명을 예측함으로써 길한 것은 복福으로 만들고, 흉한 것은 노력하여 화禍를 줄이거나 길한 것으로 바꾸도록 한 현인들의 기본 정신을 이어받고자 한다. 또 천문·지리·인사의 법칙이 잘 적용되어 이 책을 읽는 많은 사람들이 자신의 운명을 쉬운 방법으로 제대로 감정하여, 타고난 명을 발견하고, 자신의 능력을 최대한 발휘하여 행복한 삶으로 바꿔서 타인에게도 도움을 줄 수 있기를 바란다. 나아가서는 사회가 발전하고 국가 경쟁력이 높아지기를 바란다. 고구려가 수·당의 대군을 물리칠 수 있었던 음양오행의 원리가 다시 한 번 발휘되어 지구촌 시대에 세계 평화를 앞당길 수 있도록 이론적인 배경을 정확하게 제시하도록 하겠다.

젊은 날, 대학 입시 관계로 유난히 마음고생을 많이 했던 이유로 명리학과 역학易學에 관심을 갖게 되었다. 처음에는 당사주의 원리를 잘 몰라서 특별히 관심을 기울이지 않고, 추명사주를 중심으로 공부를 하였으나 활용할 기회가 없어서 감정할 수 있는 실력만 갖춘 채 묵혀두고 있었다. 출가 후 우연히 지인의 인연으로 예부터 전해오는 비법으로 당사주와 추명사주를 함께 사용하여 인생을 감정하는 방법을 전해 받고서 실력이 일취월장하였다. 하지만 방편을 쓸 수가 없어서 머리에만 담아두고 있었다. 몇 년 뒤 치열한 포교 일선인 군포교에 나설 기회를 얻어 십분 활용하여 기도의 방편으로 삼았는데, 의외로 성과 가 좋았다.

따라서 이런 좋은 감정법을 혼자 알기보다는 더 많은 사람들에게 알려서 개개인의 인연을 잘 몰라서 오는 고통에서 벗어나기를 바라 고, 지속적으로 연구할 수 있는 기회가 적게 주어지는 필자보다는 더 좋은 인연자를 만나서 더 발전될 수 있는 기회를 드리고자 주위의 권 유와 여러 가지 인연이 도래하여 출판을 하게 되었다.

기존의 추명사주에서는 사주의 격국에 너무 치중하여 격국을 벗어 나면 설명이 미흡하고, 대운에서는 이미 정반대의 운이 와 있어서 새 로운 격이 되었음에도 불구하고 설명이 자세하지 않고 그냥 넘어가는 취약점이 있었다. 따라서 여기서는 이러한 약점을 극복하는 방법으 로, 용用을 중심으로 설명하여 사주 격국을 외우지 않아도 쉽게 감정 이 가능하도록 새로운 방법으로 접근하였다.

이 책을 통해 상담을 필요로 하는 분들이 활용을 잘할 수 있기를 바 란다. 전통 문화의 입장에서 정사正邪를 관하는 자세로 변형되지 않은 순수한 사주팔자의 의미를 되새길 수 있도록 여러 가지 어려움에도 전편의 《세계인이 함께 보는 정통사주학》에 이어 후속의 책이 나오기까지 도와주신 많은 분들께 감사의 말씀을 드린다. 특히 인문학의 어려운 출판 여건에도 부족한 내용을 바로 잡아 좋은 책이 될 수 있도록 새롭게 출판해 주신 무한 출판사 사장님께 깊은 감사의 말씀을 전한다.

— 계룡시대를 준비하며 태화산 암자에서

혜송 김덕래 삼가 쓰다

제 1 장

사주팔자의 올바른 이해

운명을 바꿀 수 있는 사람이 되기 위해서는
자연이 자기에게 부여한 성품에 해당하는
운명을 아는 것이 무엇보다도 중요하다.
사주팔자는 그 사람의 태어난 해(年)·달(月)·날(日)·시(時)를
길흉화복을 예지할 수 있는 간지로 나타낸 것이라 정의 된다.

1. 사주팔자의 정의

사주의 올바른 의미 전달을 위하여 〈대백과사전〉에 나와 있는 내용을 요약해서 인용해 보도록 하겠다.

"사주팔자는 사람의 난 해年·달月·날日·시時를 길흉화복을 점칠 수 있는 간지로 나타낸 것이다. 사람을 하나의 집으로 비유하고 생년·생월·생일·생시를 그 집의 네 기둥으로 보아서 사주四柱라 하고, 각 기둥마다 간지干支 두 글자씩 모두 여덟 자로 나타내므로 팔자八字라고 한다."[1]

사주가 그 사람의 운세에 해당하는 이치를 함축하고 있다고 보는 것을 '명리命理'라 하고, 사주의 구조를 분석, 종합하여 그 사람의 길흉화복을 추리하는 것을 '추명推命'이라 한다. 그리하여 흔히 '사주를 본다'라고 하면 이 '추명'하는 것을 말하는 것이다.

이 추명의 기능은 크게 두 가지로 나눌 수 있다. 첫째는 그 사람의 선천적 숙명을 판단하는 일이요, 둘째는 '피흉취길避凶取吉'하는 개운법을 아는 것이다.

또, 사주로 알 수 있는 것은 성격이나 적성 등 인성人性에 관한 사항, 부모·형제·부부·자녀 등 대인對人에 관한 사항, 관운官運·재운財運·

---

1) 출처: 한국 민족문화 대백과사전

학운學運 등 운수에 관한 사항, 그 밖에 건강·상벌·재앙 따위가 있다
고 한다.[2]

---

2) 출처 : 한국 민족문화 대백과사전

사주팔자를 감정하는 방법에 따라 크게 당사주와 추명사주로 나눈다. 각각의 특징은 다음과 같다.[3]

1 당사주

당사주는 본인의 생년월일시를 12성[4]으로 표현하여 각각의 특성으로 길흉화복을 따져서 인생의 전반을 점쳐보는 법이다. 즉, 태어난 때를 통해서 먼저 연에서 12성을 찾은 후 달의 숫자 간격만큼 연의 12성에서 헤아려 해당하는 달의 12성을 찾고, 달의 12성에서 날짜 숫자의 간격만큼 헤아려 나가서 날의 12성을 찾으며, 날의 12성에서 다시 시간의 간격만큼 헤아려 시간의 12성을 찾는 것이다. 이때, 음양의 이치에 따라 남자는 시계방향으로 운행하고, 여자는 시계 반대 방향으로 헤아려 나간다.

이 감정법의 특징은 인생 전반을 연월일시에 해당하는 네 개의 기둥을 12성에 해당하는 별을 통해서 그 특징을 간략하게 살펴서 초년

---

3) 당사주가 사주팔자의 체(体)를 중심으로 감정하는 법이라 하면, 추명사주는 용(用)을 중심으로 감정하는 법이다.
4) 12성: 천귀성, 천액성, 천권성, 천파성, 천간성, 천문성, 천복성, 천역성, 천고성, 천인성, 천예성, 천수성의 12성을 말한다. 이 법은 당나라 때의 이허중 선생이 창안하였기에 일반적으로 '당사주' 라고 불린다.

중년, 말년, 노년으로 나누어 적용할 수 있으며, 누구나 찾기 쉽다는 장점이 있다. 단점으로는 미래를 예측하는 데 있어서 추명사주보다 상세하지 못한 한계점이 있다.

② 추명사주

추명사주는 태어난 연월일시에 해당하는 60갑자의 간지를 찾아서 '네 기둥 여덟 글자'[5]를 적은 후에 이들의 관계를 따져서 길흉화복을 감정하는 법이다.[6]

이 감정법은 길흉화복을 알아보는 감정법이 복잡하여 천차만별의 해석이 나오는 단점이 있으나, 미래를 보다 구체적으로 예측하고 추산할 수 있는 장점이 있다. 따라서 추명법으로 보는 사주의 감정은 감정하는 사람의 능력에 따라 적중률이 높을 수도 있고, 반대로 낮을 수도 있다.

이런 이치에 의해 일반인이 사주를 불신하게 된 것은 엄밀히 따져 보면 감정자의 잘못이지, 사주 자체가 모순이 있는 것은 아니다.

---

5) 예를 들면 '갑인년 정묘월 정미일 신축시' 같은 것을 말한다.
6) 서자평 선생이 일주(日柱)를 중심으로 타주(他柱)와의 관계를 살펴서 간지와 오행의 상생과 상극의 길흉을 가미하여 감정하는 《연해자평(淵海子平)》을 지어 본격적인 추명사주의 길을 열었다.

3. 사주의 필요성

숙명이 인간의 운명을 좌지우지했던 선천의 시대가 가고, 인간의 노력과 절대의지에 따라 운명을 개척할 수 있는 후천의 시대를 살아가는 우리들에게 사주는 분명 구닥다리일 수도 있다. 그러나 '세계화', '국제화'라는 이름으로 지구촌이 하나로 되어 가는 무한 경쟁 시대에 잘 활용하면 남보다 쉽게 앞서갈 수 있거나 다른 나라보다 유리해질 수 있는 좋은 방편이 될 수 있다고 본다. 특히 어려울 때 본인의 특성을 알아서 일을 제대로 만들어 가야 위기에서 벗어날 수 있는 것이다.[7]

고구려가 수·당의 대군을 무찌르고 동북아시아의 패권을 오랫동안 차지했던 비결이 60간지와 연결되는 천문天文을 읽는 정신 능력이 탁월하여 전쟁에 잘 이용하였던 것임을 보거나, 《손자병법》에 '적을 알고 나를 알면 백번 싸워도 위태롭지 않다'[8]라고 한 것을 보면, 사주를 오늘날에 맞게 잘 사용한다면 개인의 행복과 나라의 발전에 충분한 도움이 될 수 있는 유용한 것이라고 할 수 있다. 특히 개인의 입장에서 보면 본인의 사주를 정확히 알아서 개인의 능력을 개발하거나 개운의 시기를 알아서 행동해 나간다면 남과의 경쟁에서 보다 쉽게

---

7) 선천적인 특성에 맞게 노력하야 남보다 유리한 조건을 얻어서 쉽게 벗어날 수 있는 것이다.
8) 지피지기(知彼知己)하면 백건불태(百戰不殆)라고 하였다.

이길 수 있으며, 어려움에 처해 있더라도 나의 상황을 잘 알기 때문에 빠져나올 수 있는 방법을 잘 알아서 쉽게 해결할 수 있는 장점이 있다고 하겠다.

이런 것을 감안해 본다면, 자기 자신에 대해 모르고 열심히 하는 것보다 내가 태어나면서 가진 여러 가지 조건들을 잘 알고 열심히 한다면 경제적인 효율의 측면에서 따져볼 때 훨씬 더 유리하다고 할 수 있는 것이다.

이 책에서는 당사주를 통해서 일반인들도 본인의 사주 특징을 쉽게 알 수 있도록 하였다. 전문적으로 공부하는 이를 위해서는 추명사주의 원리를 이용하여 정확도를 높여서 감정한 것을 실제편에 제시하였다.

특히 조선시대에 있었던 감정하는 법이 너무 정확하여 복이 부족한 사람들이 타고난 팔자를 비관하여 삶을 포기하는 병폐가 심해서 보는 감정법을 틀리게 전했다고 하는 시간의 원리를 바로 잡았다. 오늘날의 표준시차에 맞게 정확한 기준을 제시하여 사주의 정확도를 높여서 동양학의 진수를 보여 드러냈으니, 정독을 권해드린다.

팔자를 고치는 방법은 종교성과 직접적인 관련이 있으므로, 이 책의 의미를 손상시키지 않는 범위 내에서 간단하게 언급해 드리도록 하겠다.

타고난 복이 부족한 사람들도 삶을 비관하여 포기하기에 앞서 상담을 하고 고치는 방법에 의해 열심히 생활해 보는 것을 권해드리고 싶다. 병이 있으면, 치료하는 약도 반드시 있는 것처럼 어려운 상황의 원인만 찾으면 해결할 방법이 있다는 것을 명심해 두기 바란다.

사주가 정확하여 오는 병폐도 없지 않으나 지금의 시대는 지식이 발달하여 능히 극복할 수 있는 방법이 많다. 사주의 정확성을 알려서 정신문화의 한 부분으로 우리나라가 발전해 가는 데 일익을 담당해야 하겠다는 큰 사명감에 의하 감히 진실을 드러내고자 하니, 본인의 운명을 알아가는 신중한 자세로 읽어주기를 바란다.

당사주

태어난 연월일시를 12성의 특징으로

인생의 전반을 간략히 예견하는 법이다.

당사주(唐四柱)는 본인의 명을 찾아보기 쉬우면서도 인생 전반에 걸친 높은 적중률 때문에 중국 당나라 이후 민간에 널리 유통되었던 인생 감정서이며 감정법이다. 이 감정법은 태어난 생년지(生年支, 태어난 띠의 지지)를 기준으로 월·일·시의 숫자 간격만큼 십이지지(十二地支)의 순환을 적용하여 누구나 쉽게 해당되는 부분을 찾아볼 수 있도록 한 것이 큰 특징이다.

일설(一說)에 의하면 달마 대사가 중국에 부처님의 마음법(心法)인 선(禪)을 전하는 과정에서 너무나도 현실적인 중국인에게 알맞은 방편을 사용하기 위하여 소림사에서 9년을 면벽하며 전법(傳法)의 인연을 기다리는 동안 창안하였다는 이야기가 있으나 그 진위(眞僞)에 대해서는 확인할 길이 없다.

당나라를 세운 이연(당고조, 565~635)이 노자의 무위자연 사상을 좋아하여 여러 술사들의 술책과 이허중의 비법을 부국강병의 일환으로 잘 활용하여[9] 동북아시아의 강국이 되었기에 황실에서 보호하고 장려하였다. 이 영향으로 민간의 일반 백성들 사이에서도 술서(術書)에 해당하는 사주감정서가 유행하여 당나라의 이름을 따서 '당사주'라고 후세 사람들이 불렀다는 이야기가 전해지는데, 이 이야기가 설득력이 있다.

---

9) 특히 그의 아들 태종 이세민이 유불선 3교 중에서 먼 할아버지에 해당하는 노자 이이(李耳)의 사상을 국교로 숭상하여 술법을 널리 유포시켰다. 당나라 때 널리 유포된 것으로 보아 그 이전에 창작되어 시간이 지날수록 조금씩 전승 및 유포된 것으로 보인다.

아무튼 당사주는 태어난 연월일시(年月日時, 음력)의 숫자를 띠에서 출발하여, 차례대로 세어서 연 천성과 월 천성, 일 천성, 시 천성의 의미를 살펴보고 인생의 초년, 중년, 말년, 노년(총운)을 알아서 인생 전체의 길흉화복(吉凶禍福)을 파악해서 인생의 지침서로 쓰는 것이다.

길성이 많아서 복이 많은 사람은 전생에 복을 많이 지어서 그런 것이니 더욱 열심히 복을 지으며 착하게 살고, 흉성이 많아 복이 부족한 사람은 전생에 복을 적게 쌓고 많이 사용한 결과라 할 수 있으니, 이를 겸허하게 받아들여 이번 생(生)에는 더 열심히 노력하여 많은 선행을 쌓아서, 다음 생에는 보다 많은 복을 받을 수 있도록 노력하기를 바란다.

비록 4개의 천운성(天運星)에 따라 인생의 전반이 개략적으로 판가름되기 때문에 소홀히 하기 쉽다. 그러나 다독을 해서 그 의미를 제대로 파악한다면 인생의 묘미를 제대로 느낄 수 있을 뿐만 아니라 당사주의 높은 적중률을 맛보게 되어, 창시자의 지혜에 감탄하게 될 것이다. 그러므로 시간이 많이 걸리더라도 정독(正讀)으로 접근해 주기를 바란다.

1. 당사주 보는법

❶ 만세력을 통하여 본인의 생일(生日, 음력) 날짜를 정확하게 확인하여 본인이 태어난 연월일시를 숙지한다. 특히 이 글에서는 태어난 시에서 사주 보는 법이 일반적인 개념과 다르므로 정확한 숙지가 필요하다.[10]

표준시에 의한 12지 시각

12지 시	시 간	비 고	12지 시	시 간	비 고
자 시	01:30~03:30	표준시	오 시	13:30~15:30	2시간 간격
축 시	03:30~05:30	2시간 간격	미 시	15:30~17:30	
인 시	05:30~07:30		신 시	17:30~19:30	
묘 시	07:30~09:30		유 시	19:30~21:30	
진 시	09:30~11:30		술 시	21:30~23:30	
사 시	11:30~13:30		해 시	23:30~01:30	

보통 명리학에서 쓰는 간지에 의한 12지十二支시는 처음 시작하는 자시子時가 23:00시부터 시작하여 2시간 간격으로 나눠지지만, 이 글에서는 정역의 원리를 적용하여기준점을 01:00시로 하여 자시의 시작

---

10) 보는 시각은 당사주나 추명사주가 공통으로 적용된다. 12지 시의 시간개념이 일반적으로 알고 있는 것과 차이가 있다. 예를 들면 자시는 23~01시라고 알고 있으나, 이 글에서는 여기에 2시간 30분을 더한 시간인 01시 30분~3시 30분으로 보고 감정한다. 나머지 시각도 똑같다. (00시 00분을 기준으로 날짜가 바뀐다.)

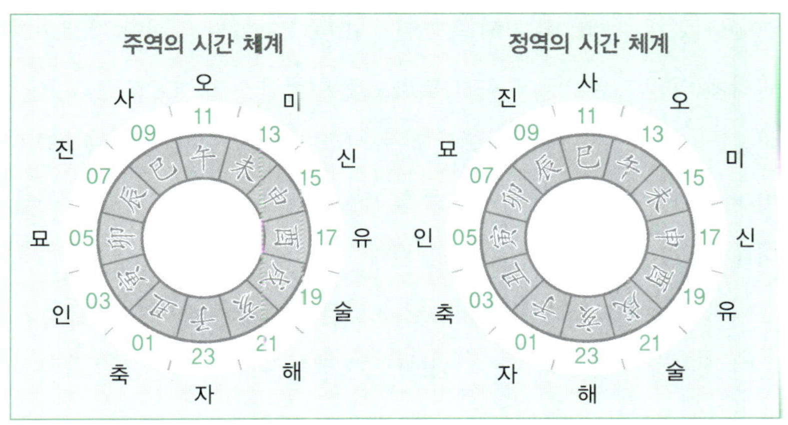

점으로 하고, 동경 8도의 차이에서 오는 것을 감안하여 다시 30분을 더한 시간 개념으로 정리하였다.[11]

참고로 주역의 시간 체겨와 정역의 시간 체계[12]를 함께 실으니 비교해 보라. 그러면 이해가 빠르리라 본다.

또, 이것을 서양의 점성술과 관련하여 이야기해 보면, 서양에서는 물고기좌 시대(BC 250~AD 1900년 경)가 가고 물병좌 시대(AD 1900~AD

---

11) 23:00~01:00시가 자시에 해당한다는 개념은 정역 이전의 역 체계인 주역 체계에 의한 것으로, 이 글에서는 오랜 세월이 흐르는 동안 세차운동에 의해 기준점이 바뀐 것으로 보고, 그 기준점을 구한말에 일부 선생이 창시한 정역체계를 기준점으로 하여 01:00~03:00시를 자시로 본다. 그러나 이것은 우리나라의 본래 경도인 127도가 기준에 해당한다. 따라서 이 시간에다 30분을 더한 01:30~03:30분을 자시로 정의한다. 나머지 12지에 의한 시각도 이 원리에 의한다. 이런 이치에 따라 우리나라의 한여름에 오후 2~3시 사이가 기온이 가장 높다고 하는데, 이 글에서 언급하는 기준시로 보면, 양기가 충만한 오시(午時)에 해당하므로 일리가 있다 하겠다. 나머지 시각은 (표 - 표준시에 의한 12지 시각)을 참조하라.

12) 출처: 원문대조 국역주해 정역, 이정호, 아세아 문화사. pp.72~74. 주역 원리에 의한 시각 기준에서 삼오착종 삼원수에 의해 자시(23:00~01:00)가 생하고, 정역 원리에 의한 시각 기준에서 구이착종 오원수에 의해 해시(23:00~01:00)가 생함을 언급하고 있음.

4050년 경)가 도래하여 진행되고 있다고 한다.[13] 따라서 서양 점성술의 원리에 의한 12궁으로 본다 하더라도 쌍어궁에서 보병궁으로 좌표가 이동한 것이므로 2시간에 해당하는 시각만큼 옮겨주어야 하는 결론이 나온다. 여기에 표준 경도 동경 135도를 사용하는 이유로 30분을 더해 주면 기준 좌표와 일치하게 된다.

이와 관련하여 표준시차의 개념에 의한 시간을 사용하기 때문에 기준이 정확하지 못하여 사주의 정확도가 떨어졌으나, 기준을 정확하게 제시하였으므로 본인의 타고난 명에 맞는 사주를 아는 것은 물론 외국인도 이 기준에 의해 그들의 팔자를 동양의 명리학으로 감정할 수 있는 근거를 제시한다고 할 수 있다.

요즘처럼 아기를 병원에서 낳아서 시각이 정확한 사람은 말할 것도 없이 그 시각을 대입하면 된다. 지방에 따라 정도의 차이는 있으므로 태어난 곳을 물어서 거기에 따라 시간을 조금씩 가감하면 정확한

썸머타임 적용 기간

연도	기간
1948년	5월 31일 자정 ~ 9월 22일 자정
1949년	4월 03일 자정 ~ 9월 30일 자정
1950년	4월 01일 자정 ~ 9월 10일 자정
1955년	5월 05일 게시
1956년	5월 20일 자정 ~ 9월 29일 자정
1959년	5월 03일 00시 ~ 9월 19일 24시
1961년	썸머타임 실시 폐지 (5월 1일)
1987년	5월 10일 02시 ~ 10월 11일 03시
1988년	5월 08일 02시 ~ 10월 09일 03시

시각을 산출할 수 있다고 하겠다. 대체로 서울을 비롯한 주요 도시가 5분 이내의 차이라서, 따로 기술은 하지 않겠다.

시주時柱를 뽑을 때에는 신경을 써야 정확한 시주가 나오므로 주의를 요한다. 참고로 썸머타임 실시 기간을 실으니 시주를 산출할 때 참조하여 활용하기 바란다.

❷ 태어난 띠를 확인해, 그 띠가 가리키는 별을 찾아 상징하는 의미를 확인해 둔다.

❸ 태어난 달을 확인하여, 띠가 가리키는 별의 자리에서 하나를 세고 다음 칸으로 달의 숫자만큼 세어나간다. 이때, 남자는 시계 방향으로 순행하여 세어가고 여자는 시계 반대 방향으로 세어 나간다.

❹ 생일(生日, 태어난 날)의 날짜 수만큼 달에서 가리키는 별의 위치에서 남자는 시계 방향으로 순행하고, 여자는 시계 반대 방향으로 역행하여 날의 숫자가 가리키는 별이 상징하는 의미를 확인한다.

❺ 태어난 시를 확인하여 일에서 가리키는 별의 위치에서 위의 방법으로 각각 세어 나간다. 만약에 기준 시에 맞물려서 정확하게 나눌 수 없을 경우에는 부모의 돌아가신 선후를 따져서 부선망父先亡이면 양

---

13) 출처: 정신세계사, 점성학이란 무엇인가, 제12장 시대 구분법(6. 물고기좌 시대. pp.398)

14) 음양의 원리에 의해 부선망이면 양지지에 해당하는 시각과 인연이 있고, 모선망이면 음지지에 해당하는 시각과 인연을 맺는 것을 말한다. 양지지에 해당하는 시각은 자·인·진·오·신·술시를 말하고, 음지지에 해당하는 시각은 축·묘·사·미·유·해시를 말한다. 이 부모선망에 의한 음양간지 선별법과 아버지의 생일 달에 의한 음양간지법은 무학 대사가 창안한 비법으로 전해내려 오는 것이다.

15) 작은 달은 29일이고, 큰 달은 보통 30일에 해당한다. 자세한 것은 만세력을 참조하여 확인하기 바란다.

지지^{陽地支}에 해당하는 시각이고, 모선망^{母先亡}이면 음지지^{陰地支}에 해당하는 시각을 쓴다.[14)]

또, 두 분이 다 살아 계셔서 이 방법으로 판별이 안되면, 아버지께서 태어나신 달이 음력으로 6월 그믐[15)] 이전이면 양지지에, 그 이후면 음

십이성(十二星)

지지^{陽地支}에 해당하는 시각이고, 모선망^{母先亡}이면 음지지^{陰地支}에 해당하는 시각을 쓴다.

지지에 해당하는 시각으로 본다. 따라서 시각을 정할 때, 옛날 분은 시각이 정확하지 않으므로 이것을 확인하여 역逆으로 시각을 산출해 가는 것도 좋은 방법이 될 수 있다.

예1

	해(年)	달(月)	날(日)	시(時)	성별
	1974년	5월	8일(一)	밤 11:35분	송

1974년은 갑인년, 범띠생이므로, 연 천권성이다. 따라서 천권성에서 출발한다. 달이 음력 5월이므로, 천권성에서 하나를 시작하여 시계방향으로 세어 나가면 천복의 자리에 이른다. 따라서 월 천복성을 가지게 된다.

날짜는 8일이므로, 천복성 자리에서 시작하여 8번째 닿는 곳을 보면, 천액성의 자리에 해당한다. 따라서 일은 천액성을 갖게 된다.

시간은 표에 의하여 해시에 해당하므로, 천액성의 자리에서 시작하여 자시, 축시 순으로 세어 가면 해시에 해당하는 12번째 자리가 천귀성에 이르게 된다. 따라서 시는 천귀성을 갖게 된다.

그러므로 이 사람의 당사주로서의 운명은 연 천권성, 월 천복성, 일 천액성, 시 천귀성을 갖게 되는 것이다. 따라서 이 사람은 연월일시의 12성이 나오는 부분을 찾아서 그 12성이 뜻하는 의미와 상품·중품·

---

16) 평성은 길흉이 반반이다. 각각의 별이 뜻하는 방향과 일치하면 길성의 작용이 강하고, 일치하지 않을 경우에는 흉의 작용이 강하다. 또, 이 별의 전후에 길성이 포진하면 길성으로 작용하고, 흉성이 포진하면 흉성으로 작용한다. 천간성은 언변, 사교, 정치, 언어 계통으로 천인성은 단체, 공직생활, 강인함, 군인·경찰 계통으로 천예성은 디자인, 회화, 음악, 예술 계통으로 천수성은 종교, 철학, 수행, 명상 계통으로 작용한다.

하품의 분류를 본인에 맞게 찾아서 읽은 다음, 연월일시에 맞는 천운
성의 부분을 읽으면 된다.[17]

예2 해(年)	달(月)	날(日)	시(時)	성별
1960년	4월	26일(一)	오	우

1960년은 경자년, 쥐띠이므로, 연 천귀성이다. 천귀성의 자리에서
하나를 세고, 시계 반대 방향으로 세어 나가면 4번째에 해당하는 곳
은 천인성의 자리다. 그러므로 월 천인성이 된다.

일은 천인성에서 시작하여 다시 역으로 세어 나가면 26번째에 해당
하는 자리는 천고성의 자리가 된다. 따라서 일 천고성을 갖는다.[18]

시는 천고성에서 시작하여 역으로 세어 나가면 천권성의 자리에 이
른다. 따라서 시 천권성이 된다.

이 사람은 연 천귀성, 월 천인성, 일 천고성, 시 천권성을 운명으로
갖게 된다.

예1의 건명과 마찬가지로 연월일시에 해당하는 12성을 찾아서 그
특징과 상·중·하품의 부분, 그리고 연월일시에 맞는 천운성을 선택
해서 읽으면 된다.

---

17) 자세한 것은 그 부분의 마음 자세와 보는 법을 참조하라.
18) 한 바퀴 하면 13번째에 이른다. 처음 시작할 때, 하나를 세고 나가므로, 13에 다시 그 자리
에 이르게 된다. 12지지이므로 두 바퀴 하면 25에 처음 자리로 돌아온다. 그러므로 월이 천인
성을 가지므로 천인성에서 시작하면 25번째 다시 천인성에 이른다. 26일이므로 한 칸만 더
나아가면 되므로, 천인성의 다음 칸인 천고성에 이르게 되는 것이다. 한 바퀴 되는 수는 13이
며, 두 바퀴 되는 수는 25인 것을 알아두면 큰 수는 빨리 찾을 수 있다.

이렇게 하여 찾은 네 기둥의 별을 적어 놓고 그 별의 성질을 찾아서 읽으면 내가 이번 생에 타고난 복이 많고 적음이 나오며, 어떤 인연이 강하고 약한지를 알 수 있다.

글자 자체가 뜻하는 작은 의미보다 숨어 있는 전체의 큰 뜻을 이해하기 바란다. 특히 연월일시에 가지고 있는 의미를 참조하여 길성이 몇 개를 타고 났으며, 어디에 길성이 존재하고, 언제 어떤 의미로 작용하는지에 중심을 잡아서 파악한다면, 나에게 주어진 인생의 숨은 의미를 쉽게 찾을 것이다. 이해가 잘 되지 않는 분은 익숙하지 않아서 발생할 수 있으므로 다독多讀을 권해 드린다. 사주에서 연월시가 가르키는 의미는 다음과 같다.[19]

사주에서 연월일시가 가리키는 의미

연천성	초년운(1~24살)	부모와의 관계, 본인의 전생과 인성 전체의 항로에 해당
월천성	중년운(25~48살)	형제와의 관계, 내가 맺게 되는 사회 환경(선·후배들과의 관계)을 뜻함
일천성	말년운(49~66살)	본인의 성품, 배우자와의 관계, 가정적인 환경, 친구 관계를 뜻함
시천성	노년운(67살~끝)	자식과의 관계를 나타내며, 자기 사주의 격을 결정하며 사주의 총운을 결정함(열매에 해당)

19) 당사주나 추명사주에서 공통으로 사용한다. 시가 총운을 결정하므로 시가 좋고 연이 좋으면 초년이 편안하고, 시와 월이 좋으면 중년이 편안하며, 시와 일이 좋으면 말년이 편안하다. 비록 타고난 복이 많아도 1년마다 변화해가는 운에 적용하지 못하거나 능력이 부족하면 다르게 나타나는 한계성도 있으니 참조하기 바란다. 나이의 수는 절대적인 것이 아니므로, 간명하는 데 있어서 참조만 하면 된다

2. 당사주 실제

이 12성은 본인의 연월일시에 나타나는 별의 공통적인 특징을 의미한다. 그러므로 여기에 적힌 의미와 연월일시에서 나타나는 12성의 간단한 특징을 함께 읽어보면 본인이 타고난 명을 더 잘 이해할 수 있을 것이다.

참고로 각 띠에 나오는 상품, 중품, 하품의 구분은 복과 지혜가 많고 적음의 차이를 두고 있다. 따라서 흉성에 해당하는 소띠라도 잘 사는 사람이 있으며, 복성에 해당하는 말띠라도 못 사는 사람이 있는 이치가 여기에 있는 것이다. 독자님들도 한번쯤 이런 의미로 접근해 보시기 바란다.

1 천귀성(天貴星)

길작용 총명, 이성의 인기, 말년 다재(多財)의 인연
흉작용 음난(淫亂)하며 사욕(私慾)이 강하다.

천귀성은 수로는 1을 나타내고, 십이지의 신장(神將)으로는 쥐를 뜻한다.[20]

천귀성은 대체로 길성으로서 총명을 뜻하며 중년 이후의 부귀영달을 담당한다. 따라서 천귀성의 운은 대체로 태어난 달에 들어 있는 것

보다 일에 있는 것이 좋고, 일에 있는 것보다는 시에 들어 있는 것이
더 좋게 작용한다.

사주에 길성이 많으면 총명함을 바탕으로 재주를 발휘하여 천귀성
의 복록이 배로 증가하고, 반대로 흉성이 천귀성 앞뒤에 바로 이어지
면 길성으로서의 작용이 많이 줄어들고, 이성의 사귐에 의한 구설수
나 재물에 대한 인색함으로 인한 대인관계에서의 불리와 같은 흉작용
이 강해진다. 1년마다 바뀌는 운에도 적용이 되니 알아두면 유리하다.

상품자上品者 용모가 준수하고 총명하여 일찍 등과登科하고 그 영화榮華
를 볼 수 있다. 그러므로 학업에 매진하면 성공이 보장된다.

중품자中品者 말솜씨가 있어 상업으로 대성하여 부귀에 이를 수가 있
다. 그러므로 인연을 잘 만들면 운이 일찍 열린다.

하품자下品者 이성에 일찍 눈을 떠 낭패를 보기 쉽다. 이 띠의 여성은
한때를 조심하지 않으면 유흥업종에 종사할 인연이 생길 수도 있으니
실마리를 잘 풀어 나가는 것이 필요하다.

이 운을 가진 사람은 대체로 길 작용이 강하여 성공을 의심하지 않
는다. 인생의 목표를 정하고 천천히 준비해 나가다 보면 자연히 기회
가 온다. 조심할 것은 조급한 성품과 일찍 사귀는 이성이다. 서두르면

---

20) 천귀성은 1과 쥐를 나타낸다. 그러므로 본인의 띠가 쥐띠이면 여기에 해당한다. 달에서는
쥐띠의 남녀가 1월생이면 천귀성에 해당한다. 띠가 쥐띠이면 천귀성의 수 1에 본인의 태어난
달이 1월이면 합하여 2가 되나, 연에서 달로 넘어갈 경우에는 공간적인 이동 비용으로 1을 빼
고 남은 수로 이것을 찾는다.

의외의 실패를 가져올 수 있으며, 일찍 사귄 이성은 대체적으로 운을 감소시킨다. 따라서 느긋함을 배우고 이성의 사귐에 대한 시기를 조절할 수 있으면 성공이 80% 이상 보장된다고 할 수 있다.

인생의 말년에 보물 창고를 가득 채운다는 생각을 가지고 차근차근 준비하면 재주가 비상하여 제반 여건이 자연스럽게 뒷받침해 주므로 못 이룰 것이 없으며, 가장 이상적인 삶을 영위하게 된다.

천귀성의 길성이 몸에 비추니 인물이 준수하고 총명하다.
귀(貴)로써 부(富)를 부르니 부귀영달 아니던가.
두려운 바는 일찍 사귀는 이성과 조급한 성품이니
중년의 변화에 잘 대처해야 실패가 없다.
세월을 낚을 수 있으면 구슬을 얻어 천금을 희롱하고,
비워야 채울 수 있는 이치를 알아 비우기를 잘 하면
많은 사람들의 존경을 받으리라.

2 천액성(天厄星)

길작용 성실, 횡재. 환경의 적응성
흉작용 신액(身厄) – 수고로움, 인색(吝嗇), 일에 대한 융통성의 부족

천액성은 수로는 2를 나타내며, 십이지의 신장神將으로는 소를 뜻한다. 특징은 잦은 일에 대한 수고로움으로 몸에 질병의 고통이 많이 따른다. 그렇지 않으면 육친 간에 인연이 약하여 조실부모早失父母하게 되고, 이로 인한 풍파를 겪게 되거나 경제적 손실을 입게 된다.

따라서 천액성은 대체로 흉성으로 작용하여 질병과 수고로움을 담당

한다. 그러므로 천액성의 운이 들었으면 큰일을 계획하여 도모하는 것
보다 현상 유지를 하면서 경험을 쌓은 후 차후에 기회를 보는 것이 좋다.

상품자 근면 성실하여 일복이 많이 따르며, 이것으로 인해 주위의
평판이 좋아서 중년 이후에 재물을 모을 수 있다.

중품자 일마다 장애가 많아 성사되기 어려우며, 신경을 많이 써야
일이 겨우 진행되는 형극形局이다. 부모와 같이 살면 불화하며, 의견 충
돌이 잦다. 건강을 각별히 즈심해야 한다.

하품자 어려서는 조실부모요, 커서는 일마다 장애의 운이니 병이
몸에서 물러나지 않는다. 그렇지 않으면 경제적으로 큰 손실을 입어
야 신병身病의 액을 면하게 된다.

천액성의 운을 가진 사람은 조금씩 모아서 가져갈 줄 아는 삶의 지혜
가 중요하니, 이 방법을 터득하면 힘들지만 짊어지고 가는 만큼 손아귀
에 움켜쥘 수 있다. 이렇게 되면 질병과 수고로움이 따르는 '흑우'가
아니라 남들이 우러러보는 금빛 찬란한 '금우'가 될 수 있는 것이다.

> 천액성이 비추니 질병과 수고로움이 따르는구나.
> 전생에 빚이 많은 결과니 누구를 한탄하랴.
> 선행으로 쌓은 공덕 누가 빼앗아가겠는가?
> 시간이 지나면 복덕이 쌓이고 일마다 경사니
> 자수성가 이룬 공덕 남들이 부러워하니
> 어느새 흑우가 금우로 바뀌었네.
> 자랑 말고 마음 밝히나 계속 갈아야겠다.

③ 천권성(天權星)

길작용 병권(秉權) – 강한 정신력, 풍류성(사교성)
흉작용 이성 문제, 도박, 사행성(射倖性)

천권성은 수로는 3을 나타내고, 십이지의 신장神將으로는 호랑이를 뜻한다. 특징은 만사萬事에 권리를 행사함이다. 마치 호랑이가 한 번 울면 산천초목과 짐승들이 벌벌 떠는 형상이다.

천권성은 대체로 길성으로서 권력과 명예의 획득, 문서의 얻음, 대중의 인기를 뜻하니, 길성이 모이면 복록이 많아지고 흉성이 천권성의 앞뒤로 배치되면 복록이 크게 줄어든다. 특히 천파성이 앞·뒤로 오면 흉성의 영향을 받아서 길성의 작용이 많이 줄어들고, 천고성이 앞·뒤로 오면 대체로 흉하나 간혹 절대권력 속의 고독한 영웅이 나오는 격에 해당될 수 있는 예외성이 있으므로 잘 참조하길 바란다.[21]

상품자 영귀榮貴하여 많은 이로부터 존경을 받고 매사에 실력을 행사할 수 있으며, 남 앞에 나서는 기회가 주어진다.

중품자 풍류성이 있어 사람마다 인기가 좋으니 상업으로 쉽게 이득을 보거나 사람을 모으는 재주가 있다.

하품자 성패가 반반이니, 한때의 곤궁함을 이겨내기 위해 기도하다가 신앙인의 길로 갈 운이 있다. 혹은 권세를 너무 믿고 허세를 부리다가 윗사람으로부터 미움을 사서 좌천되거나 주색으로 몸을 망치게 된다.

천권성의 운세가 든 사람은 권력이 바르게 집행되면 사람이 모여드
나, 반대로 개인의 이익을 위해서 사사로이 집행되면 능력 있는 인재
들이 쉽게 떠나니 권력만큼 사람을 가리는 것이 없다는 사실을 명심
해야 큰일을 이룰 수 있다. 특히 권력을 이용해 부정부패를 일삼으면
원인 모를 재앙이 많이 닥치니 죄 짓고는 못 사는 원리가 여기에 있다.
옛날 덕이 높으신 임금들이 이 원리로 나라에 큰 재앙이 닥치면 스스
로 반성하여 뉘우치고 참회하는 제단을 쌓고, 천지신명께 기도를 드
렸던 것이다.[22]

무슨 공덕으로 남 앞에 나서는가?
전생에 공(功)을 세운 까닭이니, 이생에도 공익을 위해 사용하면 복록이 무궁하나,
사사로이 사용하면 횡액수를 만나니, 이 두 갈림길이 나의 한마음에 좌우되네.
만인을 위하는 호랑이는 목성(木性)의 청호랑이요,
만인을 혼내주는 호랑이는 금성(金性)의 백호랑이니,
둘 다 호랑이는 마찬가지니 정의(正義)의 호랑이로다!

4 천파성(天破星)

길작용 현실적인 수완이 좋음, 다정
흉작용 재물의 흩어짐, 인복이 부족함.

천파성은 수로는 4를 나타내며, 십이지의 신장神將으로는 토끼를 뜻

---

21) 흉성으로는 천액성, 천파성, 천고성, 천역성을 들 수 있는데 천파성과 천고성이 영향이 강
하다. 천고성이 날짜에 오게 되면 일신(一身)이 고독한 격이 되는데, 간혹 만인지상의 자리에
있는 절대 권력으로 인한 고독함드 포함된다고 할 수 있다.
22) 박혁거세가 쌓았다는 태백산 천제단이 여기에 해당한다.

한다. 특징은 하는 일마다 끝맺음을 맺기 힘들 정도로 흩어지고 분산
됨이 있다. 이것은 인복人福의 부족함으로 인한 것이니 근신함이 최고
의 묘약妙藥이 된다. 명에 천파성이 든 사람 중에서 부모의 유산遺産을
받은 자는 새로 시작함만 못하다. 사회에 기부함이 오히려 좋게 작용
할 수 있다.

천파성은 대체로 흉성으로 작용하니 조신調身하고 조심하면 그 화를
줄일 수 있고, 학문과 인연을 맺어서 지혜를 갖추게 되면 전화위복이
될 수 있다. 일상생활 중에서 작은 것들을 이루어 가면 남들보다 빨리
가정의 행복을 이루어서 지켜나갈 수 있다. 과욕을 부리는 것은 금물
이다.

상품자 달나라에 있는 계수나무에서 방아를 찧는 토끼의 형상이
니 영적인 꾀로 어려운 일을 풀어나가게 되어 두려울 게 없으며, 이로
인해 주위에 사람들이 모인다.

중품자 전래 동화 《나그네와 호랑이》의 명판관으로 나오는 꾀 많
은 토끼의 형상이니[23], 남의 어려움을 자기 일처럼 여기고 도와주나
실속은 많지 않은 격이다.

하품자 《토의 간》에 나오는 용궁에 간 토끼의 형상으로[24] 남의 꾐
에 빠져서 어려움을 만났다가 겨우 목숨을 건지니, 남에게 이용당하
기 쉬운 격이다.

천파성의 운은 대체로 흉성으로 작용하므로, 남들보다 앞서기를 바

라는 것에 의미를 두지 말고, 인생의 의미를 간파하여 즐길 줄 아는 것이 잘 사는 지름길이 된다.

따라서 이 운을 가진 사람은 나 스스로 잘하는 것보다 대인관계를 잘해서 더불어 잘되는 방법을 추구하는 것이 좋다.

> 무슨 인연으로 천파성을 타고 났는가?
> 전생에 잔재주를 부리다 남에게 피해를 준 과보니,
> 좋은 인연을 맺으며 적선 하면 운이 빨리 열리는구나.
> 꾀 많은 토끼가 무슨 일로 계수나무에서 방아를 찧는가?
> 옥황상제께 올릴 음식 만들 방아라네.
> 혼자 하지 말고 더불어서 하며, 주(主)가 되지 말고 보좌를 하게.
> 수많은 꾀로 지어낸 이야기 재미있고 무궁하니 토끼의 일이네.

5 천간성(天奸星)

길작용 재주가 비상함 – 언변이 유창, 권모술수에 능하다.
흉작용 교언영색(巧言令色), 집착(출세지향)

천간성은 수로는 5를 나타내며, 십이지의 신장神將으로는 용을 뜻한다. 특징은 언변이 출중하며 교묘한 말솜씨로 대중들에게 인기가 좋다. 천간성은 길흉이 반반이니, 언론이나 교직·정치 계통은 이 운이

---

23) 지나가던 나그네가 함정에 빠진 호랑이를 구해 주었더니, 호랑이가 배가 고파서 나그네를 잡아먹으려고 하는데, 꾀 많은 토끼가 나타나서 처음의 장면을 재현하게 하여, 은혜도 모르는 호랑이를 다시 함정에 넣고 나그네를 구해 주는 이야기로, 여기에 등장하는 토끼는 호랑이를 무서워하지 않는 꾀 많은 토끼로 어려움을 슬기롭게 해결하는 장점이 있다.
24) 거북이의 꾀에 속아 용왕의 약으로 쓰이기 위해 용궁에 갔다가, 간을 놔두고 왔다고 꾀를 내어 겨우 목숨을 건진 토끼 이야기.

호재로 길성으로 작용한다. 반대로 음악이나 미술의 예술 계통이나 종
교·철학 계통은 오히려 말솜씨가 좋은 것이 득보다 실이 많을 수 있
다. 따라서 천간성의 운은 이어지는 운에 따라서 좌우가 많이 된다.

상품자 지략이 특출하여 위아래 사람에게 신임을 모두 얻어 중책
을 맡아서 처리하고 본인의 실력을 나타내게 되니, 물고기가 물을 만
나 노니는 격이다.

중품자 본인의 실력을 너무 과대평가하고 남을 업신여기게 되어
이로부터 생기는 적에 의해서 모함을 받으니, 한때 관재구설을 당하
는 격이 된다.

하품자 계략은 뛰어나나 남을 업신여기는 격이 되고, 주위 사람이
나를 다 경계하여 일신이 고단해진다. 주색으로 잠시 잊어 보나, 후일
패가망신의 원인이 된다. 이것도 내가 뿌린 씨앗이니 누구를 원망하
겠는가.

천간성의 운을 가진 사람은 언변과 재주가 비상하니 이 능력을 '좋
은 말 한마디가 천 냥 빚을 갚는다'는 심정으로 남을 위해 사용하는
마음가짐이 필요하다. 이런 관점을 가지면 스스로 가진 천간성의 복
을 제대로 누릴 수 있게 된다.

자신의 개인적인 출세나 성공을 위해서만 사용하면 많은 적으로부
터의 시비가 발생하여 관재구설수로 인한 한때의 곤궁함을 반드시 당
하지만, 반대로 나보다 못한 이를 위해 능력을 발휘할 기회가 많을수

록 성공의 길이 빨라지게 된다. 이 차이점을 확실히 알아서 공직이나 회사와 같은 단체에서 활동하는 사람은 반드시 동료나 아랫사람을 챙기는 데 자기의 능력을 많이 발휘해야 구설을 피해 나가면서 쉽게 성공을 보장받는다.

아무리 좋은 권세權勢도 10년을 못 넘는다고 했으니, 확실한 방법으로 오래가고 나중을 대비하는 것이 낫다. 천간성의 운을 가진 사람은 이런 마음자세가 중요하니, 함께 가는 것이 가장 유리한 길이라는 인식이 필요하다.

6 천문성(天文星)

길작용 학문, 영화(榮華)
흉작용 꾸밈(거짓), 사치(허영)

천문성은 수로는 6을 나타내며, 십이지의 신장神將으로는 뱀을 뜻한다. 특징은 학문의 별로서 문명을 나타낸다. 만약 사주에 천권성과 천인성 둘 중에 하나를 만나도 문무를 겸하게 된다. 천문성은 대체로 길성으로 작용을 하므로 길성을 만나면 복록이 증가하고, 흉성을 만나면 복록이 줄어들며, 평성을 만나면 평성의 운을 길성으로 바꾸는 작용을 한다.

상품자 어려서부터 학문을 익혀 박학다식하니, 일찍 출세하여 관록官祿으로 만인이 존경하고, 의식이 풍족한 격을 이루게 된다.

중품자 학문으로 가업을 일으키니, 부귀영달富貴榮達은 의심치 않으나 규방에 흠이 있다. 특히 일찍 하는 결혼은 반드시 나중에 후회가 있으니 신중히 처신하여 후일을 기약하는 것이 좋다.

하품자 허송세월 보낸 후에 늦게 배움에 뜻을 두니, 시간이 지나가는 화살처럼 느껴진다. 배움에 뜻이 없는 사람은 자기 자신을 외부적으로 꾸미는 데 치중하게 된다. 특히 여성은 흉성이 함께 도래하게 되면 이 작용이 더욱 심하여, 사치나 허영에 빠질 경우도 있게 된다.

하품의 운에 해당하는 사람은 절대적인 물질의 만족을 얻기 힘들다. 따라서 정신적인 만족을 배우는 데 뜻을 두어 내적인 충족으로 정신을 가꾸는 것이 경제적 궁핍을 빨리 벗어나는 길이 될 수 있다.

천문성의 운을 가진 사람은 강태공처럼 세월을 낚을 수 있는 지혜가 필요하다. 만약에 시간을 미끼로 하여 세상을 낚기 위해 배움에 뜻을 둔 사람은 빠른 시일에 책사로 발탁이 될 수 있다.

반대로 배운 실력으로 인해서 일찍 출세를 시작한 사람은 현실에 만족하여 안주할 수도 있다. 이런 사람은 현실이 가져다주는 가식과

호화로움을 버리고 부족하다는 생각으로, 자기 발전을 위해 크게 노력하여야 끝까지 뜻한 바를 이루거나 중년 이후의 고공비행을 계속할 수 있다. 그렇지 않으면 현실의 작은 만족으로 자식 대에 한때의 곤궁함을 맛볼 수 있다.

몸에 천문성이 비추니 무슨 인연인가?
전생에 수도를 한 인연 돋덕이로다.
학업으로써는 복록이 무궁하나,
원앙이 혼자 우니 관록으로 짝을 얻고,
일생에 배운 학문 나를 알아주는 이를 위해 쓰고,
때가 아니면 출사표(出師表)를 던지지 않으니,
참다운 배움이 아니던가!

7 천복성(天福星)

길작용 물질적 풍요, 호감(인기가 좋음)
흉작용 불만족(욕심), 호색(好色)

천복성은 수로는 7을 뜻하며, 십이지의 신장으로는 말을 뜻한다. 특징은 부귀쌍전富貴雙全의 덩을 나타낸다. 길성吉星 중에서 복이 으뜸이므로, 인생의 행로 중에서 흉성을 만나는 것을 크게 꺼린다. 특히 천파성이나 천고성을 만나는 것을 제일 두려워한다.

천파성을 보면 인복이 약해지므로 운이 크게 감소되고, 천고성을 보면 고독한 것이니 활동의 범위가 줄어들어 복이 감소하는 이치다.

특히 천고성은 날짜에 오는 것을 꺼린다. 만약 날짜에 오게 되면 배우자와의 복록이 줄어들어 한창 왕성한 활동을 할 수 있는 시기에 가정의 풍파를 만나니, 가정환경으로부터 여러 가지 제약이 따르는 이치에 해당한다.

대체로 길성으로서 작용이 강하고 길성을 만나면 그 복록이 배로 증가한다.

상품자 의식이 풍족하고 귀인이 와서 도우니 매사에 하는 일이 여의하여 순조롭게 풀린다.

중품자 복록이 유여有餘하니 대체로 아쉬움이 없다. 다만, 규방이 외로우니 한때 짝 잃은 기러기 신세가 될 수 있다.

하품자 의식이 넉넉하여 안정을 찾을 수는 있으나 한번의 신액身厄이 지나가야 평안함을 얻을 수 있다.

천복성은 복록이 제일이니, 흉성을 보면 변화가 심하여 추측하기 힘든 약점이 있다. 반대로, 연월일시 중에서 3곳 이상 천복성이 들면 일반인은 오히려 흉하게 된다. 이는 복이 무궁하여 자신의 능력으로는 운을 펼칠 수가 없어 주위의 도움에 의해 겨우 살아가는 이치에 해당하고, 재주가 비상한 사람은 천금을 희롱하게 된다.

또, 천복이 사주에 2개 이상 들어서 제대로 격을 갖춘 사람은 앞 세대에서 3대 이상 공덕을 들여서 이루어진 것이니, 그 이치를 알고 타고난 복을 맞게 누리면서 조상들이 한 것처럼 제대로 복을 심는다면 자식 대에도 무궁한 복을 누릴 수 있게 된다.

복을 구하는 사람은 복을 심어야 한다. '콩 심은 데 콩 나고 팥 심은 데 팥 난다'고 했으니 복을 심어야 구할 수 있는 것이다. 참전계경 팔리훈에 의하면 '복은 선이 쌓여서 자라는 것이다'라고 하였으니[25], 착한 선행이 쌓여서 익으면 복이 되는 것이다. 복을 심지 않고 복을 찾으면, 이는 우물가에 가서 숭늉을 찾는 것과 같은 이치인 것이다.

만약 부모 된 입장에서 자식이 잘 살기를 바란다면 음덕으로 선행을 쌓아 주는 것이 제일 좋은 것이다. 돈은 물려주더라도 본인이 그 복이 안 되면 오히려 화가 되고, 공부는 그 대(代)에만 사용할 수 있으나, 조상의 음덕은 남이 가져갈 수도 없으며, 쌓은 정도에 따라 여러 대가 누릴 수가 있는 것이니, 이보다 더 좋은 것이 어디 있겠는가![26]

이 몸에 천복성이 비추니 무슨 인연인가?
전생에 조상을 잘 섬기고, 후손 없는 조상 제사 받든 공덕이로다.
복록이 무궁하니 인연마다 복이 되어 오는구나.
만나는 인연마다 중요하나
만나는 사람 마음이 내 마음 같지 않으니,
인연을 잘 살펴서 연을 맺으면
마음고생을 벗어나겠다.

---

25) 우리 민족 대대로 내려오는 3대 경전의 하나인 참전계경의 팔리훈 복편에 의하면 '福者 善之長也'라고 밝히고 있다.

26) 역경의 곤괘 문언전에서도 이르기를 '積善之家는 必有餘慶하고 積不善之家는 必有餘殃하나니'라고 하여, 큰 복도 작은 선에서 출발함이요, 큰 화도 작은 선하지 못함(작은 악)에서 비롯됨을 보여, 보다 많은 사람들에게 일깨움을 주고 있다.

8 천역성(天驛星)

천역성은 수로는 8을 나타내며, 십이지의 신장神將으로는 양을 뜻한다. 특징은 변동과 이동을 의미한다. 변동은 그 원인이 외부에서 오는 것이고, 이동은 내 스스로 원인을 만드는 의미다. 흉성에 속하나 4가지 흉성 중에서 제일 가볍다. 달리 이야기하면 길성이 찾아오면 그 성질이 쉽게 길성으로 바뀔 수 있다는 것을 의미한다. 만약 사주에서 길성을 많이 만나면 무역업으로 천금을 희롱하고, 복이 없는 흉성을 많이 만나면 만리타향 유랑운流浪運에 의해 심신이 피곤하게 된다. 이는 역마운을 나타내는 천역성 자체가 길흉을 좌우하는 힘의 정도가 약하기 때문이다. 그러므로 흉성이지만 평성에 가깝다고 할 수 있다.

상품자 심성은 순하나 부모와의 인연이 약하여 만리타향에서 자수성가하는 격이다. 그러므로 부모로부터 일찍 벗어날수록 성공의 기회가 앞당겨지게 된다.

중품자 역마의 운을 살려서 해운업이나 상업에 종사하면 재물이 넉넉하게 된다. 아쉬운 것은 가정에 소홀하기 쉽다는 것이다.

하품자 집에 있으면 근심이 생기니 자연히 나가게 되고, 나가서 유람하니 마음이 편안한 격을 이루게 된다. 따라서 자연히 출타가 잦아 천하를 돌며 유랑하게 되니 일신은 편안하나, 일이 이루어짐이 적어서 곤궁함을 면하기 어렵게 된다. 이는 역마의 운이 나쁘게 작용한 결과다.

역마의 운을 뜻하는 천역성의 운은 대체로 자기 스스로의 운보다는 복성과 흉성에 따른 운이 강하므로 다른 운을 참조하여 길흉을 판단해야 할 것이다. 복성을 만난 때라도 1년마다 바뀌는 세운에서 운이 하강할 때(삼재나 용신이 받쳐주지 못할 때)는 흉성으로 작용하여[27] 길 중에 흉이 작용하니 삼가할 것이며, 반대의 이치로 흉성을 만난 때라도 세운에서 운이 상승할 때는 길 작용이 있으니, 잘 판단해서 활용해야 한다. 역마성이 2개 이상이면 더욱 더 타 운성(복성과 흉성)에 좌우되고, 역마성인 천역성이 3개 이상이면 반드시 해외에 거주하거나, 해외 무역업이나 해운업에 종사하고, 또는 관광업에 종사하거나 육지와 떨어진 섬에서라도 살아야 한다.

이 몸에 천역성이 비추니 무슨 인연인가?
가정을 돌보지 않고 산천을 유람한 인연이로다.
유람하는 사람이 재주가 있으면 노잣돈이 없어도
전국 방방곡곡을 다닐 수 있으니 무슨 걱정인가?
재주없는 자가 이 운을 만나니,
가만히 있어도 한 몸을 지탱하기 힘든데,
돌아다니니 일신이 고단하여 병색이 질도다.

---

27) 삼재는 띠로 보는 것이다. 연 천역성은 양띠이므로, 양띠가 삼재가 드는 사·오·미의 3년을 말하고, 용신이 목(木)이면 목의 기운이 약한 사·오·미 3년과 목의 기운을 제거하는 신·유 2년은 금극목(金克木)의 원리에 의해 목의 용신이 화를 입는 경우에 해당하므로 운이 좋지 못한 경우에 해당한다.

❾ 천고성(天孤星)

길작용 혁신, 공명정대, 사기(邪氣)의 제거
흉작용 고독, 무례(無禮), 살기(殺氣)가 강함.

천고성은 수로는 9를 나타내며, 십이지의 신장神將으로는 원숭이를 뜻한다. 특징은 부모 형제와 일가친척의 인연이 약하니, 일신이 고독하게 된다. 가업을 이어받기 힘드니 유산을 바라지 마라. 자수성가하는 것만 못하다. 천고성은 대체로 흉성을 뜻하므로 흉의 작용이 강하여 화가 많이 나타난다. 길성이 와서 옆에서 보좌를 해주면 발전이 있고, 타 흉성이 와서 흉성이 겹치면 그 화가 심하니 조심하지 않으면 큰 화를 만나서 횡액을 벗어나기 힘들다.

상품자 부모 형제의 연이 약하여 동서로 흩어지나 관록(군인, 경찰 계통)으로 재물과 명예가 몸을 떠나지 않음이니, 나라의 녹을 먹는 자는 일신이 편안하게 된다.

중품자 조실부모하여 타지에서 자수성가할 명이요, 바다에 업이 있으니 어업에 종사하거나 해양업에 종사함이 유리하다.

하품자 육친에 덕이 없고, 부부 궁 또한 불리하니 일신이 고단하다. 여러 사람에게 너그럽게 살펴주는 것을 많이 하면 그 액을 면할 방법이 생긴다.

천고성을 가진 사람은 인생의 전반에 흉의 작용이 많다. 그 액을 뺄리 벗어나는 길은 나라의 일꾼이 되어서 관록으로 인한 외로움을 받는 것이 상책이지만, 이 길이 쉽지만은 않을 것 같다. 복성이 적고, 흉성이 많은 자는 일찍 입산하여 수행하라. 그러면 흉이 복으로 빨리 전환된다.

원숭이에 해당하는 신申은 숙살肅殺의 기운이 있으므로[28], 엄하고 냉정해서 사람이 모이질 않는다. 그러므로 관록에 의해 고독한 액을 벗어나는 것은 권세를 얻어 엄숙한 팔자를 행사하게 되어, 맡은 직위에 의해서 사람이 모이는 이치에 해당하는 것이다. 따라서 이 운을 가진 사람은 마음 수양을 통해서 아랫사람에게 사랑을 베풀고, 너그러움을 지속적으로 실천하면 고독의 액이 빨리 벗어나리라 장담한다.

> 이 몸에 천고성이 비추니 무슨 인연인가?
> 살생을 많이 하고 바꾸기를 좋아한 과보로다.
> 운명을 바꾸려면 방생(放生)을 많이 하고
> 아랫사람에게 사랑을 실천하라.
> 아니면 공부하여 관록을 얻어라.
> 그리하면 고독의 무거운 그늘이 도망간다.
> 입산하여 수도하면 고독을 즐기면서 운을 열 수 있는 힘이 생기겠다.

---

28) 흥선 대원군이 안동 김씨 일가에 의해 수모를 당하면서 목숨을 연명하던 차에 아들이 임금에 오르자 혼을 내주기 위해 날짜를 잡았는데, 그 날이 경신(庚申)일진을 가진 날이었다고 한다. 이 날이 가진 숙살의 기운을 이용하여 안동 김씨 일가를 몰살시키려고 음식을 먹다가 독약이 든 것처럼 토해내면서 연극을 하였는데, 다행히 총기가 있는 김병기의 임기응변-그 토해낸 음식을 먹으면서 이상이 없음을 주위 사람에게 확인시킴-으로 그 위기를 모면하게 되자 하늘의 뜻이라고 생각하고 용서를 해주었다는 이야기가 전해진다.

⑩ 천인성(天忍星)

길작용 강인함, 인집(人集)
흉작용 수술(흉터), 무인(無仁)

천인성은 수로는 10을 나타내며, 십이지의 신장神將으로는 닭을 뜻
한다. 특징은 심성이 강하고 재주가 비범하다. 흉성과 어울릴 때는 몸
에 칼을 들이대는 운수니 흉터가 남을 수 있다. 천인성은 대체로 평성
의 운으로써 길성과 만나면 길 작용이 늘어나서 복록이 늘고, 흉성을
만나면 오히려 크게 흉하여 복이 줄어드니 앞뒤에 어떤 별이 오는지,
그 여부를 잘 살펴야 한다.

만약 천권성을 만나면 실세의 자리를 차지하고, 천귀성이나 천문성
을 만나면 문무겸전의 명이 된다. 반대로 천액성을 만나면 몸에 흉터
가 많이 남고, 천파성이나 천고성을 만나면 우직하나 실속이 없어서
사람이 모이지를 않는다.

상품자 비범하여 사람을 모으는 재주가 있다. 관록을 입으면, 아랫
사람으로부터 존경을 받기 쉽고, 윗사람으로부터 보살핌을 잘 받아서
입신양명의 길을 갈 수 있다.

중품자 재주가 비범하나 남과 시비 붙는 일이 많다. 자기의 본분을
지키고 시비에 휘말리지 않음이 상책이다. 이 중품자의 사람은 자기
의 재주를 너무 믿지 말고 주위 사람과 원만한 관계를 유지하는 것이
좋다.

하품자　재주는 있으나 타인으로부터 시비의 분쟁을 받는다. 신액으로 몸에 흉터가 있으면 관재구설을 쉽게 넘긴다. 이것은 '한 번 실수는 병가지상사兵家之常事'가 되는 이치로, 흔히 있을 수 있다. 그러나 두 번의 실수는 되풀이하지 않아야 함이 필요하니, 경험으로 비슷한 위기가 찾아오면 잘 넘겨야 하는 것이다.

천인성의 운을 가진 사람은 심성이 너무 강인하다. 이 천인성이 2개 이상이면 더욱 더 말할 필요가 없다. 인생의 행로 중에 천권성을 만나는 사람도 마찬가지다. 부드러움을 길러서 허허실실의 방법을 적소適所에 잘 사용할 수 있으면 인생이 묘미를 이루고, 강함만 지녀서 너무 고지식하면 굴곡의 변화가 심하니, 이는 너무 강하면 부러지는 이치다. 특히 아랫사람에게 베풀어서 강유剛柔의 중도를 잘 사용한다면 인연이 끝날 때까지 존경을 받을 수 있으니, '부드러움'의 덕을 길러 보는 것이 좋다.

이 몸에 천인성이 비추니 무슨 인연인가?
전생에 나라를 지키고 임금을 호위한 인연이다.
강인함이 생명이나 강인함이 지나치면 오히려 화가 되고
만물에는 음 중(中)에 양이 있고 양 중에 음이 있는 이치를 알아
강 중에 유를 겸비하여 강과 유를 자유자재로 하면 큰일을 하고
만인의 존경을 한 몸에 받으니 부러울 바가 없고
지은 공덕으로 후세에 이름을 드날리는구나!

11 천예성(天藝星)

천예성은 수로는 11을 나타내며, 십이지의 신장神將으로는 개를 뜻한다. 특징은 재주가 많아 문명을 일으키는 기상이다. 천문성이나 천복성을 만나면 그 복록이 2배 이상 늘어나고 천파성을 만나면 반으로 줄어든다. 이는 천예성의 별이 평성으로서 길성과 흉성에 의해서 좌우가 많이 됨을 의미한다. 한 예로 흉성인 천고성을 만나면 예술적인 기질과 심미안이 있더라도 주위 사람으로부터 인정받기 힘들다. 사후에나 인정받으면 다행이다.

상품자 재주가 비범하고, 타고난 예술성으로 인하여 심미안審美眼이 있으니 사람마다 칭찬이 잦고 의식이 족하다.

중품자 다재다능하여 사람이 많이 따르나, 나의 마음을 알아주는 이가 드무니 사려가 깊고 심오한 경계에서 오는 고독을 면하기 어렵다.

하품자 부모와의 인연에 덕이 약하여 자수성가의 명이 된다. 여러 차례 주거를 옮기니 변화가 무상하여 실속이 적다.

이 운을 타고난 사람은 예술적인 안목을 자연과의 교감으로 극대화시키고, 또 현실에 적용시키는 훈련이 필요하다. 이 훈련의 정도에 따라 예술성과 현실성의 조화가 이루어지니, 이 조화의 비율에 따라서 펼쳐지는 작품의 멋이 달라진다. 빠른 성공을 바란다면 이 두 날개를 달아서 좌우의 조화를 시도하는 것이 좋다.

12 천수성(天壽星)

길작용 정직, 식복(食福) – 다산(多産, 풍요), 우두머리
흉작용 발설(發說) – 비밀 폭로, 이기적(자기중심적)

천수성은 수로는 12를 나타내며, 십이지의 신장神將으로는 돼지를 뜻한다. 특징은 복이 있는 사람은 도인처럼 한가하여 수복壽福을 누릴 것이나, 복이 약한 사람은 여기저기 일을 벌여 마음만 바쁘니, 동분서주東奔西走하는 격이다.

천수성은 대체로 평성에 해당되므로 자신이 길흉을 좌우하기는 힘들고, 오는 운에 따라서 많이 좌우된다. 만약 길성인 천권성이 찾아오면 리더로서 역할을 할 수 있고, 천복성이 찾아오면 식복이 무궁하여 만인을 키우는 사람이 될 수 있으며, 천귀성을 보면 재주가 비범하여 사람이 따르게 된다.

반대로 흉성인 천액성이 들면 몸이 아파서 한적한 곳을 찾는 격이며, 천파성을 보면 인덕이 부족하여 남을 많이 돕는 격이 되고, 천고성이 들면 일신이 외로운 격이 되어, 깊은 산중에서 수양하게 된다.

상품자 나무 그늘에서 한가로이 휴식을 취하는 격이니, 의식이 풍족하고 만사태평의 명이로다.

중품자 심성이 정직하여 주위 사람으로부터 신뢰를 받으니, 신용이 재산이라. 의식은 풍족하나 육친과의 인연 복덕이 없으니 자수성가의 명이로다.

하품자 동분서주하는 격이니, 이는 의식이 타향에 있음이로다. 부모 형제와는 덕이 없으니 자수성가의 명이다. 안타까운 것은 한때 신액이 도사리고 있음이니 바쁜 중에 여유를 찾아 기도를 많이 하면 피해 나간다.

이 운을 가진 사람은 한가한 것이 최대의 복록인 것을 알고, 가능하면 일을 만들지 마라. 만약 흉성을 만나면 움직이는 것마다 화가 되어 돌아오니, 수습하기 바빠서 동분서주하다 허송세월 보내는 상이다.

일을 기획하는 사람은 충분한 시간을 갖고 이론적으로 완벽할 때 도전하라. 그러면 성공이 보장되나 빨리 서둘러서 하는 일은 일마다 실패가 많다. 그러므로 한때라도 입산하여 공부를 하거나 혼자만의 여행을 자주 가는 것도 내실을 다지는 데 좋으며, 좋은 활력이 될 수 있다.

운에 복성이 많은 사람은 리더의 운이 강하면서, 자기중심적인 사고[29]도 많으니 대중이 공감할 수 있는 관점으로써 접근하고 대화를 자주 하면 좋은 운이 빨리 열리고 풍족한 식복을 누릴 수 있다.

> 나의 몸에 천수성이 비추니 무슨 인연인가?
> 전생에 수도하고 방편을 잘못 쓴 까닭이니
> 천상에서 죄를 짓고 인간세계로 내려온 것이라.
> 이 생에서 수도를 하여 도를 이루면 식복이 무궁하고
> 인연 따라 알맞게 방편 서서 공을 이루면
> 전생 빚이 빨리 사라지고 심신이 한가하니
> 거처 없이 방방곡곡을 유람하는 일만 남았구나!

---

29) 해(亥)는 '핵(核)' 자에서 나므 목(木)이 빠진 글자다. 과실의 중심에 들어 있는 씨앗, 핵을 상징하는 의미가 있다. 여기에서 돼지띠는 자기중심적인 태도가 있다고 보는 것이다.

3. 초년운 보는 법

찾는 법

연에 나타난 12운성을 찾는 방법은 본인이 태어난 띠를 중심으로 찾는다. 찾기 쉽게 서기 연도와 병행하여 기록하였으므로 본인이 태어난 연도를 찾아서 확인해 보면 된다. 띠 동갑이면 나이는 틀려도 연의 12운성은 같게 된다. 그러므로 60이 넘는 나이는 60을 뺀 상태에서 찾으면 무난히 찾을 수 있다(예1 참조).

또, 본인의 우리 나이에 12로 나누어서 나머지 나이를 찾아도 쉽게 찾을 수 있다(예2 참조).

예1 2012년 기준으로, 우리 나이로 61살인 임진생은 60살을 빼면 1살이므로 1살에 해당하는 줄을 찾으면 본인의 띠가 의미하는 천파성을 찾게 된다.

예2 각 띠가 의미하는 12운성을 알고서 바로 찾아도 되고, 나머지 숫자로 찾아도 된다. 올해가 임진년이므로 이 해를 기준으로 하여 각 띠의 나머지 숫자는 다음과 같다.

1 쥐띠: 5살(천귀성)	**2** 소띠: 4살(천액성)	**3** 호랑이띠: 3살(천권성)
4 토끼띠: 2살(천파성)	**5** 용띠: 1살(천간성)	**6** 뱀띠: 12살(천문성)
7 말띠: 11살(천복성)	**8** 양띠: 10살(천역성)	**9** 원숭이 띠: 9살(천고성)
10 닭띠: 8살(천인성)	**11** 개띠: 7살(천예성)	**12** 돼지띠: 6살(천수성)

마음의 자세

본인이 태어난 띠로 초년운을 살피게 된다. 본인이 가지는 12운성의 특성에 따라 유리한 사람도 있으나 불리한 사람도 있다. 각각의 특징을 파악하여 그 특징을 잘 살리는 사람이 남보다 앞서나갈 수 있게 된다. 자세히 알고 싶은 사람은 총운과의 관계와 길흉의 정도를 살펴서, 길성이 많으면 유리하고, 흉성이 많으면 보다 많은 노력이 필요하며, 평성이거나 길흉이 반반이면 변화에 주의하여 흐름을 잘 이끌어가야 성공으로 연결될 수 있다.

초년의 운은 중년의 운과 연결되어 있으므로 달이 좌우하는 중년운과도 연관하여 살피게 되면 본인이 타고난 운을 좀 더 정확하게 파악할 수 있게 된다. 이때 뜻으로 파악해야 본뜻에 가까워지나, 글자에 집착하면 주어진 운과는 전혀 다른 화를 불러들이게 되니 주의해야 한다. 또, 운이 불리한 정도가 심한 사람은 포기하지 말고 주위에 자문을 구하여 극복할 수 있는 방법을 얻을 수 있는 현명함이 필요하다고 하겠다.

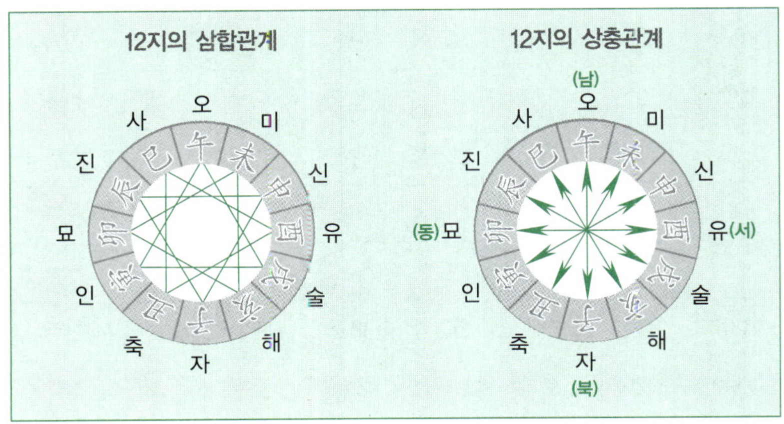

활용법

본인의 띠에 해당하는 12지가 삼합을 이루는 것[30]과 상충되는 것을 파악하여, 일을 추진할 때 삼합을 이루는 해에 추진하면 이로움을 많이 얻을 수 있고, 상충되는 해에 추진하면 변동이 많아 수고로움이 따르게 되어 어렵게 진행되니 참고하면 유리하다.

나이별 12운성 찾는 법

연도	생년	띠	12운성	연도	생년	띠	12운성
2012	임진	용	천간성	1998	무인	호랑이	천권성
2011	신묘	토끼	천파성	1997	정축	소	천액성
2010	경인	호랑이	천권성	1996	병자	쥐	천귀성
2009	기축	소	천액성	1995	을해	돼지	천수성
2008	무자	쥐	천귀성	1994	갑술	개	천예성
2007	정해	돼지	천수성	1993	계유	닭	천인성
2006	병술	개	천예성	1992	임신	원숭이	천고성
2005	을유	닭	천인성	1991	신미	양	천역성
2004	갑신	원숭이	천고성	1990	경오	말	천복성
2003	계미	양	천역성	1989	기사	뱀	천문성
2002	임오	말	천복성	1988	무진	용	천간성
2001	신사	뱀	천문성	1987	정묘	토끼	천파성
2000	경진	용	천간성	1986	병인	호랑이	천권성
1999	기묘	토끼	천파성	1985	을축	소	천액성

연도	생년	띠	12운성	연도	생년	디	12운성
1984	갑자	쥐	천귀성	1968	무신	원숭이	천고성
1983	계해	돼지	천수성	1967	정미	양	천역성
1982	임술	개	천예성	1966	병오	말	천복성
1981	신유	닭	천인성	1965	을사	뱀	천문성
1980	경신	원숭이	천고성	1964	갑진	용	천간성
1979	기미	양	천역성	1963	계묘	토끼	천파성
1978	무오	말	천복성	1962	임인	호랑이	천권성
1977	정사	뱀	천문성	1961	신축	소	천액성
1976	병진	용	천간성	1960	경자	쥐	천귀성
1975	을묘	토끼	천파성	1959	기해	돼지	천수성
1974	갑인	호랑이	천권성	1958	무술	개	천예성
1973	계축	소	천액성	1957	정유	닭	천인성
1972	임자	쥐	천귀성	1956	병신	원숭이	천고성
1971	신해	돼지	천수성	1955	을미	양	천역성
1970	경술	개	천예성	1954	갑오	말	천복성
1969	기유	닭	천인성	1953	계사	뱀	천문성

30) 구천현묘비서 외경에 의하면 도선 국사도 천지의 기운이 삼합이 아니면 무너진다고 하여 삼합의 중요성을 밝히고 있다.(제1좡. 先天運化編 天地는 非三合則壞요 鬼神도 非三合則逃라.) 그러므로 삼합과 상충의 원리에 의해 기운이 변화하며 만물을 생성 변화시킨다고 할 수 있다.

연 천귀天貴는 타고난 띠가 쥐띠이면 여기에 해당된다. 부모 궁에 해당하는 연年에 천귀성을 타고 났다. 부모가 공직에 있거나 배움이 강하면, 영향을 받아서 일찍부터 총명하다는 소리를 들으며 학업에 두각을 드러낸다. 그렇지 않으면 어릴 때 몸에 병이 찾아와서 쥐띠가 가진 총명한 운의 특징을 누리지 못하게 된다.

연 천귀인 쥐띠는 삼합三合이 드는 신년申年, 진년辰年에는 길성으로서의 작용이 더 강하고, 삼재가 드는 호랑이·토끼의 해에는 흉성으로서 작용하여 이성문제와 금전적인 큰 손해를 가져올 수 있다.

충이 드는 말의 해午年에는 많은 변동과 갑작스런 횡액이 도사리고 있으며, 토끼의 해卯年에는 형살刑殺의 운에 해당하므로 일이 발전하는 속도가 늦다.[31] 기관이나 회사 같은 단체 생활을 하는 사람은 다른 사람의 모함이나 오해를 통해서 시비나 관재구설이 생겨 마음고생을 하게 된다.

만약 범법 행위를 일삼는 사람이 이 형살의 운을 만나면 더욱 나쁘게 작용되거나 쉽게 잡혀서 감옥에서 고생하는 것으로 이어질 수 있다.

술년戌年을 만나면 자子가 상문喪門[32]에 해당하므로 자子가 길신吉神으

---

31) 자가 묘를 만나면 형(刑)이 되는데, 이름 하여 무례형(無禮刑)이라 한다. 그러므로 안하무인격으로 남을 우습게 알거나 윗사람에게 처신을 잘못해서 낭패를 보기 쉽다.

32) 상문은 그 해의 태세를 기준으로, 태세의 지지에서 2칸 앞으로 나아가는 위치에 해당하는 지지다. 예를 들면 2012년은 임진년으로 태세의 위치가 용에 자리잡게 된다. 그러므로 상문은 2칸 앞인 말(午)에 해당하게 된다. 필자의 책《세계인이 함께 보는 정통 사주학》에서는 설명이 잘못되어 있으므로 바로 잡는다.(이하《정통 사주학》으로 약칭함)

로 작용하는 사람은 몸에 병이 찾아오니 미리 조심하기 바란다. 인년寅年은 역마驛馬가 되니 이동·변동의 수가 생겨서 복으로는 반길반흉半吉半凶으로 작용하여 이어지는 세운歲運에 의해 많이 좌우된다. 그리고 인년寅年에는 조객弔客[33]의 운이 작용하여 몸이 처지는 작용이 많아서, 무리를 하면 일순간에 건강을 해치기 쉬우므로 조심해야 탈이 없다.

쥐띠로 유명한 사람으로는 개그맨 이경규, 영화배우 배용준, 장동건을 들 수 있다. 이경규는 강인한 체력과 쥐띠의 특징이라 할 수 있는 재치가 장점이다. 특히 개그맨으로서 개그계에 종사하는 것이 본인과 잘 맞는다. 한류韓流의 영향으로 일본의 여성 팬들에게 인기가 많은 배용준은 인성운(印星運, 배움에 의한 자기 계발 운)에 의한 꾸준한 자기 관리와 가을 태생에 의한 강인함을 간직하고 있으면서도 임壬의 성품을 가진 포용력이 장점이다.[34] 장동건은 쥐띠의 가장 쉬운 특징에 해당하는 이성적인 호감의 기운에 의해 여성 팬에게 큰 반응을 얻는 관계로 지속적인 인기를 얻는다고 할 수 있다.

---

33) 조객은 그 해의 태세를 기준으로, 태세의 지지에서 2칸 뒤에 위치하는 지지에 해당한다. 예를 들면 2012년은 임진년으로 태세의 위치가 용에 자리잡게 된다. 그러므로 조객은 2칸 뒤의 위치인 호랑이(寅)에 해당한다. 필자의 책 《정통사주학》에서는 설명이 잘못되어 있으므로 바로 잡는다.

34) 네이버 자료에 의해 1972년 8월 29일(임자년 무신월 임진일)로 본다. 일본의 여성 팬들은 사무라이 문화에 의해 강인함을 좋아한다고 볼 수 있다. 배용준은 태왕사신기에서 맡게 되는 광개토대왕 역에서 영특한 군주상에 해당하는 강인함을 갖추고 적절한 로맨스를 곁들인다면 다시 한 번 일본 여성 팬들에게 강한 인상을 줄 것으로 본다.

② 소띠

연 천액天厄은 부모父母 궁에 천액성天厄星이 들었으니, 부모와 연이 약하다. 그러므로 가업을 이어받기가 힘들다. 부모와 더불어 살면 의견 충돌이 잦아 가출의 욕구를 많이 일으킨다. 특히 대상이 양띠나 돼지띠이면 더욱 그러하다. 이것은 고집으로 인해 서로를 인정하지 않아서 벌어지는 것이니 이해하는 시간을 많이 가져야 좋아질 수 있다.

연 천액성인 소띠는 삼합이 드는 사년巳年, 유년酉年에는 흉의 작용이 줄어들어 좋은 일로서 명예를 얻는 일이 생기며, 삼재가 드는 돼지띠·쥐띠·소띠의 해에는 흉의 작용이 증가하여 몸에 병을 얻거나 맡은 일마다 명예는 없고 수고로움만 가득하게 된다.

특히, 소띠가 묘년卯年을 만나면 축이 조객弔客의 작용을 하고, 해년亥年에는 상문喪門이 되고, 역마가 된다. 상문이 드는 해에는 건강을 조심할 것이요, 역마가 드는 연도에는 이동의 운이 강하니 사전에 원인을 차단하는 것이 좋다. 그렇지 않으면 동분서주로 바쁘게 움직이는 동안 기운이 쇠잔해져서 강한 질병의 그늘을 드리우게 된다.

또, 술년을 맞이하면 형살이 이루어지는데, 이름 하기를 '무은형無恩刑'이라 한다. 이는 오고 갈 곳이 없는 사람을 거두어서 베풀어도 일이 잘못되면 내 탓으로 여기는 격이니, 마치 빠져 죽는 사람 건져주니 '보따리 내 놓아라' 하는 형상과 같은 것이다. 그러므로 일의 앞뒤를 살펴서 처신을 잘 해야 후회가 없다.

소띠로 유명한 사람으로는 야구선수 박찬호와 약사 가수 주현미를 들 수 있다. 박찬호 선수는 소띠의 특징인 성실함을 바탕으로 소띠 성품이 가진 적응력이 우수한 것이 강점이다. 주위 환경에 해당하는 토성이 상관운傷官運으로 강하게 작용하여, 경제생활에는 좋게 나타나서 스포츠인으로서는 몸값을 많이 받았지만, 한국에서의 찬사에 해당하는 좋은 여론과는 별개로, 미국 현지에서는 텍사스 레인저스 시절의 몸값에 맞지 않는 혹평이 난무하기도 하였다.[35] 미국 현지에서의 경험과 실력을 잘 쌓아 간다면 37살부터 찾아오는 을묘 대운에는 인성운印星運[36]으로 작용하니 지도자의 길을 가더라도 쉽게 성동이 보장될 수 있다고 본다.

주현미[37]는 소띠의 기운이 이성·명예 운으로 작용하여 꾸준한 인기를 누린 것으로 나타난다. 특히 태어난 달의 기운 – 무술의 토성에서 오는 중후하면서도 부드러운 목소리가 강하게 전달되어, 약사 출신의 가수라는 좋은 이미지로 듀엣으로 부른 '쌍쌍파티'가 크게 히트했다고 할 수 있다.[38]

③ 호랑이띠

연 천권天權은 부모의 궁에 권세가 들었으니, 사방에 권세를 행함이

---

35) 계축년 기미월 병인일로 본 내궁이다.
36) 학업·공부 운으로 작용하기 때문에, 남을 가르치는 지도자의 길은 결과가 좋게 나타날 수 있다.
37) 1961년 9월 27일(신축년 무술월 임인일)로 감정한다.
38) 김준규 씨와 함께 부른 '쌍쌍파티'는 1984년 12월에 나온 것으로 하루 1만 개가 나가면서 가수 주현미를 있게 만들었다. 이듬해 본인의 독집앨범인 〈비 내리는 영동교〉를 발표하여 인기 신인 가수상을 받았다. 1984년 갑자년과 1985년 을축년은 21살부터 들어가는 신축 대운에 의한 관인격(官印格)의 호운에 있는 시기였다.

다. 만약 세력을 믿고 함부로 사용하면 구설이 따르거나 몸에 병이 찾아오게 된다.

범띠는 삼합이 드는 말의 해午年에는 대체로 길운이 찾아와서 복록이 증가하고, 삼재가 드는 원숭이·닭의 해에는 흉의 작용이 도래하여 복록이 줄어들고, 건강에 이상이 있거나 심리적인 요인으로 이동이 잦고, 사람 사귀는 풍류성風流性으로 인해 지출이 많아지게 된다.

개의 해戌年에는 길운에 해당하는 삼합과 흉운에 해당하는 삼재三災의 운이 겹치므로 반흉반길로 보면 되고, 사람에 따라 약간의 차이가 있으니 신중히 살펴야 한다. 삼재가 드는 삼년 중에서 특히 원숭이 해申年는 역마驛馬의 운에 해당하므로 변동과 이동의 운이 더 강하고, 이 이동의 운이 좋지 못한 일과 연관되니 장거리 여행이거나 출타할 경우에는 철저히 준비를 잘 해야 피해를 줄일 수 있다.

쥐의 해子年를 만나면 상문喪門의 운에 해당하므로 건강에 이상이 생기기 쉽다. 뱀의 해巳年를 만나면 형살의 운이 찾아와서 일의 속도는 빠르나 실속이 없으니, 이는 인사형寅巳刑의 특징이 시세형恃勢刑이라서 세를 너무 믿고 과시하다가 떨어지는 이치에 해당한다. 공직에 몸을 담고 있는 사람이 이 운을 만나면 잘 나갈수록 조심하고, 인간관계에 대한 처신을 잘 해야 중도에 하차하는 수를 면하게 된다.

호랑이띠로 유명한 사람으로는 국민 가수 조용필, 영화배우 최민수를 들 수 있다. 조용필의 인기 비결은 호랑이띠의 특징에 해당하는 풍류성과 리더로서의 음악 장르 개발, 열정으로 대중을 압도하는 힘에 있다고 하겠다.[39] 따라서 이런 특징을 바탕으로 한 차례 큰 고비가 있었으나 음악에 대한 열정과 물러설 수 없다는 신념에 찬 노력으로 전화위복이 되어[40] '조용필과 위대한 탄생'이 만들어진 것이라 할 수 있다. 특히 그를 따라 다니던 젊은 오빠팬들은 타고난 이성의 운에 의해서도 많이 좌우되었다고 할 수 있겠다.[41]

최민수[42]는 호랑이띠의 기운이 사주에서 편관칠살의 명예운으로 작용하니 '카리스마'라는 별명이 잘 어울린다고 하겠다. 편관이란 치우친 명예라는 뜻으로 운이 주어지기 전에는 평범한 생활로 연명하나, 운이 주어지면 대중을 압도하는 힘을 가지게 된다. 그러므로 '모래시계'의 태수 역이 잘 어울리는 인물 유형이 될 수 있다.

4 토끼띠

연 천파天破는 부모의 궁에 천파성이 들었으니 부모와 인연이 약하다. 성공을 기약하는 자는 자수성가의 명임을 알고, 일찍부터 객지에서 홀로 시작함이 좋다. 토끼띠와 양띠, 돼지띠는 토끼띠의 부모와 인연이 있어 늦게까지 같이 하는 수가 많다. 나머지는 연 천파의 운에 따

---

39) 히트곡인 '돌아와요 부산항에'는 '트롯고고'라는 형식의 새로운 곡이었으며, '창 밖의 여자'나 '단발머리' 같은 곡들은 관악기나 현악기를 배제하고 신시사이저를 사용했던 새로운 곡이었다(출처: limsohyuk 카페).
40) 대마초 사건에 연루되어 활동이 잠시 중지되었으나, 그 기간 동안 명산을 돌면서 연습을 한 결과 3옥타브 5음계를 넘나들 수 있는 발성법을 얻었다고 한다. 그 후 해금이 되어 이미지를 만회하기 위해 보통 사람들이 할 수 없는 연습량을 소화하고 수많은 곡들을 히트시키면서 국민 가수로 탄생하게 된 것이다(출처: limsohyuk 카페).
41) 1950년 3월 21일(경인년 신사월 임인일)로 감정한다.
42) 1962년 3월 26일(임인년 갑진월 무술일)로 감정한다.

르고, 특히 쥐띠와 원숭이띠, 닭띠는 토끼띠의 부모와 인연이 약하니 서두르는 만큼 자수성가의 운을 당길 수 있다.

연 천파성을 가진 토끼띠는 삼합이 드는 돼지의 해亥年에는 천파성의 흉작용이 줄어들어 좋은 길 작용을 기대할 수 있으며, 삼재가 드는 뱀·말·양의 해에는 흉의 작용이 더 심해져서 아는 사람을 통해 재물의 손해나 건강의 악 신호를 가져올 수 있으니 분주한 일을 만들지 마라. 반드시 후회가 있게 된다.

또, 소의 해丑年를 만나면 상문의 운에 해당되니, 집에서 동북쪽 방향의 상가 집에는 조문을 삼갈 것이며, 건강의 관리를 잘 해야 뒤탈이 없다. 닭의 해를 만나면 상충相沖이 되어 기운이 흩어지니 건강에 이상이 있을 수 있고, 기운이 강한 자는 주색으로 몸을 망치고 돈이 쉽게 흩어지는 해이다.

그리고 쥐의 해를 만나면 형살을 이루니, 이름 하기를 무례형無禮刑이라 한다. 그러므로 경솔하여 윗사람으로부터 질책을 받거나 친구나 아랫사람으로부터 눈총을 받기 쉬우므로 인간관계에서 조심해야 한다.

토끼띠로 유명한 사람으로는 탤런트 최지우, 김선아를 들 수 있다. 이 두 사람은 토끼띠가 갖는 천파성의 운 중에서 상품의 운에 해당하는 사람이라고 할 수 있다. 최지우는 토끼띠의 목기木氣가 생활에서 이성적인 호감으로 좋게 작용하기 때문에 인기를 누리고 있다고 할 수 있다.[43] 김삼순 역으로 인기를 끌었던 김선아는 재물의 운으로 작용하여 인기를 얻는 데 도움을 주었다고 할 수 있다.[44]

5 용띠

연 천간^{年天奸}은 부모 궁에 간(奸, 교묘할 간)이 들었으니, 어린 나이에 위인이 출중하여 자기 분수를 지킬 줄 알면 큰 인물이 될 수 있으나, 남을 배려할 줄 아는 마음이 없으면 구설수로 인하여 부모가 경제적으로 큰 손해를 입게 된다.

연 천간성^{天奸星}의 운을 가진 용띠는 삼합이 드는 원숭이의 해^{申年}나 쥐의 해^{子年}를 만나면 길 작용이 증가하여 복록이 늘어나고, 삼재가 드는 범·토끼·용의 해를 만나면 길보다는 흉의 작용이 많아서 재화^{災禍}가 미치게 된다.

특히 범띠 해에는 역가의 운이 해당된다. 따라서 이 해에는 이동과 변동이 잦아서 신경도 많이 쓰게 된다. 범의 해^{寅年}에는 상문^{喪門}이 되고, 말의 해^{午年}에는 조객이 되어, 건강을 잃을 운이 강하므로 특별한 관리가 필요하게 된다. 또, 용띠 해에는 자형^{自刑}에 해당되므로, 동기에 의해서 어려운 일의 청탁을 받거나 내 스스로 화를 자초하니 내 꾀에

---

43) 최지우는 을묘년 임오월 무자일로 이성적 운이면서 명예운에 해당하는 관운으로 작용한다. 필자의 《정통사주학》에 실렸던 김영삼 전 대통령에 관한 내용은 지인에 의해 용띠로 판단되어 관련 내용을 삭제함. 독자들의 양해를 바랍니다.
44) 김선아는 을묘년 을유월 경진일로 재운(財運)으로 작용하여 인기에 해당하는 명예운과 관운을 상생 관계(재운이 관운을 생하는 것을 말함)에 의해 도와준다고 할 수 있다.

내가 넘어 가는 이치에 해당한다. 그러므로 일을 도모하지 않는 것이 상책이 된다.

용띠로 유명한 사람으로는 국민 배우 안성기, 야구선수인 국민 타자 이승엽을 들 수 있다. 이 두 사람은 자기 활동 분야에서 최고라 해도 손색이 없는 분들인데, 한마디로 띠가 가진 비상한 재주 때문이라 할 수 있다.

안성기[45]는 감정에 따라서는 토끼띠로도 볼 수 있으나 여기서는 당사주의 원리를 적용하므로 생일(1월 1일)이 음력이면 천간성이 3개나 되는 독특한 사주라 할 수 있다. 이런 격의 특징은 변화에 능하니 배우로서 맡은 역을 완전히 소화해 낼 수 있는 장점이 있었기에 국민 배우로서 성장할 수 있었다고 할 수 있다.

이승엽[46]은 좌타자로서의 이점과 금의 기운에 의한 정교한 기교와 베팅Beating기술에 의해 아시아의 홈런 타자로서 손색이 없는 활약으로 일본에서 활동을 하고 있다고 하겠다.

6 뱀띠

연 천문天文은 부모 궁에 천문성이 든 격이니, 용모가 단정하고 박학다식하여 인기가 좋다. 남명 10월생(월에 천권성을 가짐)은 이상이 매우 높아 자기의 꿈이 쉽게 채워지지 않으며, 여자 10월생(월에 천고성을 가짐)은 아는 것이 병이니, 잘난 맛으로 살게 되고 그 탓으로 주위에 사람이 잘 모이지 않는다.

연 천문성이 든 뱀띠 생은 삼합이 드는 닭의 해를 만나면 배운 바를 사용할 수 있는 자리를 얻거나 추천 또는 천거가 들어와 일신상의 발전이 있다.

반대로 삼재가 드는 돼지·쥐·소의 해를 만나면 운의 침체기를 맞이하니 건강의 이상, 직장의 이동, 주거의 변동을 가져올 수 있으며, 이로 인해 금전상의 손해를 가져오게 된다. 특히 돼지해에는 역마운도 해당되므로 이동과 변동의 운이 강하여 선택을 잘 해야 후회가 생기지 않는다. 또, 양의 해未年를 만나면 조객弔客의 운이 되고, 토끼의 해卯年에는 상문喪門의 운에 해당되므로, 건강에 이상이 찾아올 수 있다. 미리 준비하여 잘 넘길 수 있도록 해야 한다.

뱀띠로 유명한 사람으로는 가요계의 여왕 이미자, 탤런트 김희선, 골프여왕 박세리를 들 수 있다. 이미자[47]는 죽은 후에 성대를 해부해 보아야 한다는 이야기가 나올 정도로 목소리가 듣기 좋다고 사람들의 입에 회자된다. 필자의 생각은 오행 중에서 토성土性이 만들어 내는 소리에다 불火과 물水이 서로 작용을 하여 만들어 내는 소리가 어울려서 빚어내는 소리이기에 가능하다고 본다. 한마디로 이야기하면 타고난 것이라 할 수 있다. 김희선은 깜찍한 외모와 뱀띠가 주는 발랄함이 작

45) 안성기는 신묘년 신축월 임신일이다. 사주 특징은 관인격이라 한다. 철저한 자기 관리와 맡은 역에 대한 분석과 배워가는 성격이 그를 국민 배우로 만들었다고 할 수 있다.
46) 이승엽은 병진년 병신월 정유일이다. 겁재와 재성이 왕성하다. 겁재가 불리할 수도 있으나, 운동선수이므로 팬으로 작용하며, 재성이 왕성하여 스포츠 스타로 이름값을 하고 있다고 할 수 있다.
47) 이미자는 신사년 무술월 기해일로 본다.

용하여 인기를 누리고 있다고 할 수 있다. 박세리는 뱀띠가 가진 배움의 인연이 좋게 작용하여, 아버지에 의해 강하게 훈련이 된 것이 성공의 비결이라 할 수 있다.

7 말띠

연 천복天福은 부모 궁에 천복성이 들었다. 총명하고 재주가 있어 부족함을 모르니 아랫사람의 마음을 헤아리기 어렵겠다.

천복성에 해당하는 말띠는 삼합이 드는 호랑이의 해를 만나면 문서나 매매로서 복록을 얻고, 삼재가 드는 원숭이·닭·개의 해를 만나면 이동과 변동의 운이 찾아와서 직장의 이직과 실직, 주거의 이동이 찾아오며, 이로 인하여 경제적 손실과 건강의 이상이 찾아올 수 있으니 주의를 기울여서 큰 탈 없이 이 해를 잘 넘길 수 있도록 해야 한다. 특히 원숭이해에는 역마의 운도 겹치게 되므로 이동과 변동의 운이 더욱 강하게 작용하므로 준비를 잘 해야 손실이 없게 된다.

또, 원숭이의 해申年를 만나면 조객弔客의 운에 해당되고, 용의 해辰年에는 상문喪門의 운에 해당되니, 건강에 이상이 생길 수 있다. 말의 해午年를 만나면 자형自刑의 형살이니, 스스로 감옥에 갇히는 격이 되어 화를 불러들이게 된다. 이는 말이 천복성을 뜻하니, 천복성이 천복성의 기운을 만나는 격이 되므로, 만족하지 못하고 일을 크게 확장해서 스스로 화를 자초하는 이치에 해당하는 것이다.

말띠로 유명한 사람으로는 탤런트 정윤희, 영화배우 박중훈, 가수 이승철을 들 수 있다. 1970년대 탤런트로서 큰 인기를 누렸던 정윤희는 말띠의 기운이 명예에 해당하는 관운으로 작용하여 인기를 얻었다고 할 수 있다. 영화배우 박중훈도 말띠의 기운이 명예로 작용하니 배우로서 활동할 때 말띠의 운과 등락을 같이 했다고 할 수 있으며, 이승철은 인성印星의 운으로 작용하니 자기 계발이 중요하며, 차후에 작곡가로나 작사가의 길을 가는 것도 유리하다고 본다.

8 양띠

연 천역天驛은 부모 궁에 천역성이 들었으니, 아버지가 집을 자주 비우거나 본인이 일찍부터 집을 나갈 운이다. 월에 복성이 있으면, 부모가 타지나 타국에서 직장생활을 하니 본인이 그 영향으로 대신 역마운을 맞이하는 이치에 해당한다. 만약 월에 천문성이 들면 해외 무역업이나 외교관으로서 출세의 길을 열어갈 수 있다.[48]

연 천역성이 든 양띠는 삼합이 드는 토끼·돼지의 해에는 대체로 운이 상승하나 토끼해에는 간혹 주위 사람으로 인해 부담스러운 일이 발생할 수도 있고, 돼지해에는 기혼자의 경우 처나 처갓집 일이 발생될 수 있다.

삼재가 드는 뱀·닭·양띠 해에는 대체로 운이 하강하여 이동과 변

---

48) 여자의 명으로 2월 태생이면 월 천복성으로 해외 무역업이 유리하고, 3월 태생이면 월 천문성으로 외교관으로 갈 운이 된다. 그러나 일·시에 길성이 오는 조건이어야 한다.

동의 작용이 크게 흉하게 나타난다. 이로 인하여 이직과 주거의 변동이 있고, 물질적·정신적 손해를 당하여 건강의 이상이 나타날 수 있다.

소의 해^{丑年}를 맞이하면 형살^{刑殺}운이 찾아온 것이니, 이름 하기를 무은형^{無恩刑}이라 한다. 사주 중에서 월·일·시 가운데 소에 해당하는 '축'자가 있는 사람이면 주위 사람으로부터 은혜를 잘 모르는 경우요, '축'자가 없는 사람이면 본인이 베풀어도 고마움을 제대로 아는 사람을 만나기 힘든 경우다.

또, 닭의 해^{酉年}를 만나면 양이 조객^{弔客}의 운에 해당되고, 뱀의 해^{巳年}가 되면 상문^{喪門}의 운을 맞이하게 된다. 이때에는 무엇보다도 건강관리를 잘 해야 후회가 생기지 않는다. 조객의 운이 드는 해에는 정신적으로나 육체적으로 무리하지 않으면서 스트레스 받는 일을 만들지 않는 것이 상책이며, 상문이 든 해에는 상가^{喪家}에 가는 것을 삼가는 것이 좋다. 아니면 건강 이상으로 인해 건강과 재물을 잃을 수 있게 된다.

양띠로 유명한 사람으로는 가수 심수봉, 영화배우 이나영, 가수 이효리를 들 수 있다. 심수봉[49]에게는 양띠의 기운이 인성^{印星}으로 작용하나, 오늘의 심수봉이 있게 된 커다란 인연[50]에 의해 인생이 바뀌었다고 할 수 있으며, 이나영도 양띠의 기운이 인성으로 작용하나, 사주 내에 재물과 명예의 운이 있으니 꾸준한 인기를 누린다고 할 수 있으며, 이효리는 양띠의 기운이 생활적인 수단에 해당하는 식신^{食神}

---

49) 1955. 7. 11
50) 고 박정희 전 대통령과의 인연.

으로 강하게 작용하여 광고로 큰 수입을 벌어들인다고 할 수 있다.

이 세 사람의 공통점에 해당하는 양띠의 특징인 착한 심성心性을 키워서 주위 관계를 잘 맺어나간다면 꾸준한 인기를 얻을 수 있으리라 판단된다. 특히 윗사람과의 관계가 좋으면 더 좋은 운을 누릴 수 있다고 하겠다.

⑨ 원숭이띠

연 천고天孤는 부모 궁에 천고성이 들었으니, 부모와의 연이 약하여 심신이 고독하니 마음을 의지할 곳이 없다. 관록의 인연(천권성이나 천문성, 혹은 천인성)을 만나서 일찍 타지他地나 해외로 나가면 그 액이 사라지고 입신양명의 기반이 된다.

원숭이띠는 삼합이 드는 쥐띠·용띠 해를 만나도 운의 상승과 하고 있는 일의 발전을 도모할 수 있으니 이 연도年度를 잘 활용해야 한다. 반대로 삼재가 드는 범·토끼·용띠 해에는 운의 하강으로 주거의 이동과 이직 등이 도사리고 있으며, 이로 인하여 건강의 이상과 재물의 손해를 가져다준다. 특히 범의 해巳年에는 역마의 운과 형살刑殺의 운인 시세형恃勢刑에 해당되어 특히 변동의 폭이 커질 수 있으므로 미리 준비하지 않으면 의외의 낭패가 생겨 파탄에 이를 수도 있다. 또, 말의 해午年를 보면 상문 운에 해당되므로 윗사람이나 주위 사람으로 인해 건강의 이상과 재물의 손실을 가져올 수 있다. 노력하여 슬기롭게 잘 넘기기를 바란다.

원숭이띠로 유명한 사람으로는 발라드의 황제 신승훈, 서울대 출신의 탤런트 김태희를 들 수 있다.

신승훈[51]은 띠의 기운이 현실적인 생활 수단인 식신食神으로 작용하니 생활력이 강하며, 현실적인 성격의 소유자라 할 수 있다. 사주 내에 공부에 해당하는 인성이 있으니 자기 계발을 잘 하면 36살부터 들어 있는 경신 대운의 운을 활용하여 경제적 부를 이룰 수 있다고 하겠다.

김태희[52]는 타고난 띠의 기운보다는 달의 기운이 가장 이상적이다. 띠의 기운과 달의 기운이 조화를 얻어서 목금木金의 기운에 의한 미인형의 외모라 할 수 있다.

흘러가는 운을 잘 활용하여 활동의 시기를 조절하고, 내면의 외로움을 극복할 수 있으면 큰 인기를 누릴 수 있다고 하겠다.

🔟 닭띠

연 천인天끼은 부모 궁에 천인성이 들었으니, 만약에 어업에 종사하면 수명이 짧고, 군·경찰에 종사하면 한때 신액이 따른다. 이는 성품이 강인함에서 비롯됨이니, 심성에 부드러움을 기르고 음식 보시로써 적선積善을 많이 하면 그 액을 쉽게 면할 수 있다.

연 천인성의 운을 가진 닭띠는 삼합이 드는 뱀의 해巳年나 소의 해丑

---

51) 무신년 병진월 무오일로 감정한다.
52) 일간이 신금(辛金)이다. 대운에서 주어진 명예를 치는 임진년이 불리하다. 명예의 손실에 의한 정신 건강을 조심해야 정상적인 활동이 이루어질수 있다.

年를 만나면 좋은 운을 맞이하여 발전을 도모할 수 있는데, 뱀띠 해에는 대체로 윗사람의 보살핌과 인연이 있어서 일이 잘 풀리고, 소띠 해에는 강인한 정신력과 견고함으로 불리한 여건을 이겨 나가서 성공을 얻는 격이니, 추진력이 필요한 시기다.

반대로 삼재가 드는 돼지띠·쥐띠 해에는 운이 하강하여 평상시에 가지고 있던 강인함이 흐트러지기 쉬우니 건강을 잃지 않는 것이 상책이다. 특히 돼지띠 해에는 역마의 운도 겸하게 되므로, 이 해에는 이동과 변동이 발생하기 쉽다. 그러므로 신경을 써서 잘 수습해야 탈이 없고, 그렇지 않으면 재물의 손실과 건강의 손실 같은 큰 화를 불러들일 수 있다. 특히, 돼지의 해亥年에는 조객弔客의 운도 겸하게 되어, 건강의 이상이 생길 수 있는 한 해가 되기 때문에 가벼운 증상이 있으면 일찍 검사를 받아보는 것도 좋은 방법이 될 수 있다. 또, 닭띠 해를 만나면 자형自刑의 형살 운이므로 스스로 화를 자초하는 격이다. 작은 일이라도 주위 사람과 의논하고 자문을 구하면 큰 화를 면할 수 있다. 양의 해未年에는 상문喪門의 운이 찾아오므로, 상가喪家에 가는 것을 삼가는 것이 좋다. 특히 본인의 집에서 서남방에 해당하는 방위에 있으면 더욱 조심하는 것이 유리하다고 하겠다.

닭띠로 유명한 사람으로는 순돌이 아빠로 유명한 만능 탤런트 임현식, 가수 남진, 축구선수 박지성을 들 수 있다.

임현식은 수많은 조연의 역을 맡고 있지만 주연 이상의 인기를 누리고 있다 할 수 있다. 태어난 닭띠 해의 '천인성'의 성질에서 오는 사람을 끌어들이는 매력과 명예 운으로 작용하는 것을 들 수 있다. 주연보다는 조연이 더 잘 맞는 이유를 언급하자면 태어난 달(12월-기축)에서 오는 토성의 기운 때문이라 할 수 있다. 기축의 특징은 다른 기운을 이어주면서 보충해 주는 기운이 강한 것이다.

남진은 띠의 기운이 인성으로 작용하여 꾸준한 자기 계발로 인기를 얻은 것도 있으나, 달의 기운에서 재관財官의 운을 타고났으므로 찬스에 강하다고 할 수 있다. 이 영향인지 가수 나훈아와의 경쟁에서 많이 이겨서 가수왕을 여러 번 차지한 것으로 안다.

수많은 국민들이 좋아하는 축구스타 박지성[53]은 띠의 기운이 재물운으로 작용한다. 특히 사주용어로는 '편재성'에 해당하니 월드컵의 인연에 의해 축구선수로 인기를 얻어 큰 수입을 벌어들였으며, 띠에 해당하는 연과 달에 충이 들어 해외로 이동하는 운이 있어서 해외 리그에서 활약한다고 볼 수 있다. 병술년과 정해년에는 재물을 뜻하는 금운金運이 약해지므로, 건강의 이상으로 인한 손해를 보기 쉽다. 각별히 부상을 조심해야 한다.

11 개띠

연 천예天藝는 부모 궁에 천예성이 들었으니, 부모 중에 한 사람은 예술적인 면에 소질을 갖고 있다. 아들이 이 운을 가졌으면 어머니의 집안에서 물려받았으며, 딸이 이 운을 가졌으면 아버지의 집안에서

---

53) 신유년 신묘월 정미일로 본다. 일간 정에서 보면 유는 편재성으로 작용하고, 유와 묘는 충(沖)을 일으키니, 이동운이 강하게 작용한다.

물려받았다.[54] 그렇지 않고 아들이 아버지 집안의 재능을 물려받고, 딸이 어머니 집안의 재능을 물려받으면 아들은 성품이 차분하고 여성스러우며, 딸은 기개가 넘치며 다소곳한 맛이 떨어진다.

사려가 깊고 재주가 비범하니, 윗사람으로부터 평판이 좋다. 월에 복성이 기다리고 있으면 더욱 길하다.

천예성의 운을 타고난 개띠는 삼합이 드는 범·말의 해를 만나면 운이 길하여 일신상의 발전을 가져올 수 있으며, 복록이 늘어난다. 반대로 삼재가 드는 원숭이·닭·개의 해를 만나면 운이 하강하여 이동과 변동의 운이 심해져서, 큰 실속이 없거나 변화가 잦게 된다. 특히 원숭이 해申年에는 역마의 운이 해당되어 이동이 잦고 건강에 적신호가 올 수 있으니, 건강에 유념하여 잘 살피기 바란다. 또, 쥐의 해(子年)에는 조객의 운에 해당되고, 원숭이 해申年에는 상문의 운에 해당되어, 건강에 이상이 올 수 있거나, 가족 중에 아픈 사람이 생길 수 있으니 건강을 잘 챙겨야 한다.

만약 양띠 해를 만나면 무은형無恩刑에 해당하는 형살의 운을 만나니 내가 베풀어도 대접받기가 힘들다. 무주상보시無住相布施[55] 라고 생각하고 좋은 마음으로 하는 것이 오히려 더 좋게 될 수 있다.

---

54) 불법(佛法)에 전해오기를 아들은 어머니 집안의 영향이 강하고, 딸은 아버지 집안의 영향이 강하다고 하였다.

55) 상에 머무름이 없는 보시라는 뜻, 보시는 남에게 베푸는 것을 말하는 불교용어로 상에 머무름이 없이 베푸는 것은 베푼 뒤에 남에게 뭔가를 바라는 것이 없이 베푸는 것이요, 나아가서는 베푸는 것을 통해 내가 좋은 길을 했다는 생각조차 없는 마음으로 베푸는 대상에게 나와 같은 입장에서 베푸는 것이다. 대승불교를 배우는 자가 실천해야 하는 덕목의 한 가지다.

개띠로 유명한 사람으로는 우리들의 정서를 맑게 해주는 소설가 이외수, 방송인 강호동, 가수 비를 들 수 있다.

이외수는 타고난 띠인 병술丙戌의 기운이 의성醫星으로 작용하고, 8월의 유酉가 학당學堂으로 작용하니 언어적 감각이 탁월하다고 할 수 있다. 특히 본인의 피나는 노력으로 일반작가와는 다른 '묘사체' 표현을 쓰는 것이 수준급이다. 이런 표현에 의해 우리들의 내면에 숨어 있는 성품을 자극하여 일깨움으로써 정서를 순화시킨다고 할 수 있다. 개띠의 특성에 맞게 독자들의 기대를 저버리지 않고 꾸준한 작품 활동으로 인기를 누리고 계신다.

강호동[56]은 개띠의 일반적인 특징으로 다재다능하다고 표현할 수 있다. 따라서 활동 분야가 다양하다고 할 수 있겠다. 스포츠, 사업, 방송 등 다양한 분야에서 활동을 해오고 있다. 변신을 잘 한다면 사주에 있는 재물 운을 살려서 꾸준한 인기를 얻으리라 판단해 본다.

가수 비는 띠와 달에서 이동의 운이 강하므로 해외 공연의 인연이 앞으로도 많이 주어지리라 판단된다. 태어난 달에서 오는 정열의 기운을 음악에 대한 열정으로 바꾸는 꾸준한 노력과 자기 계발이 동시에 갖추어진다면 세계적인 가수로 대성할 수 있다고 본다.

---

56) 개띠의 운이 재물로 작용한다.

12 돼지띠

연 천수^{天壽}는 부모 궁에 천수성이 들었으니, 기도를 많이 한 집안이다. 심성이 정직하여 윗사람의 귀여움을 받으며 여유로움을 누리나, 한때의 구설수가 도사리고 있다. 안분지족^{安分知足}하여 나서지 마라. 조상의 음덕이 부족하면 한때의 풍파로 타지에 가서 살 운이로다.

월에 천복성을 보면 자수성가를 이루고, 천문성을 보면 공부로써 타지에 나가 성공을 거둔다. 만약 흉성인 천액성이나 천고성을 보면 객지에서 고생하다 객사할 명이다.

연 천수에 해당하는 돼지띠는 삼합이 드는 토끼의 해를 만나면 운이 상승하여 식복이 늘어나고 문서를 잡거나 경제적인 큰 이익을 볼 수 있다. 양의 해에는 삼재가 나가는 해이므로 새로운 출발을 할 수 있는 의미에서 작은 기대를 할 수 있는 기회를 얻을 수 있다.

반대로 삼재가 드는 뱀띠·말띠 해에는 이동과 변동의 운이 강하여, 주거의 이동과 잦은 출타로 건강을 잃을 수 있으니 관리를 잘 해야 경제적 손실을 줄일 수 있다. 특히 뱀띠 해에는 역마의 운도 겸하므로 이동의 운이 더욱 강하게 작용됨을 알아서 잘 대처해야 한다. 닭의 해^{酉年}를 보면 상문^{喪門}의 운에 해당되고, 소의 해에는 조객의 운에 해당되므로, 이들 해^年에는 건강을 잘 챙겨야 좋은 운이 이어질 수 있다. 또 돼지의 해를 보면 자형^{自刑}에 해당하는 형살^{刑殺}의 운을 맞이하므로, 작은 일이 생기더라도 주위의 자문을 구해서 올바르게 판단하여 대처하는 자세가 필요하다고 하겠다.

　돼지띠로 유명한 사람으로는 가수 나훈아, 장금이로 유명한 이영애를 들 수 있다. 나훈아는 띠[57]에서 오는 도인적인 기풍과 팬들을 빨아들이는 친근한 포용력이 그가 가진 인기 비결이라 할 수 있다. 이영애는 띠가 갖는 청순한 이미지와 착한 심성이 장점이라 할 수 있으며, 사주 내에서는 돼지의 해 기운이 명예에 해당하는 관운으로 작용한다.

---

57) 자료에 의하면 정해생으로 되어 있다.

4. 중년운 보는 법

찾는 법

세로 줄에서 본인이 태어난 띠를 찾고, 그 줄에 있는 본인의 달을 찾아서 위에 연결되는 가로 줄의 12성의 의미를 찾으면 본인의 중년운에 해당하는 12성이 된다.

예1 쥐띠 3월생의 건명(남자)이면 〈중년운 달로 보는 법－남명〉을 참조한다. 먼저 세로 줄에서 본인의 띠를 찾으면 첫째 칸에서 발견할 수 있다. 이어서 본인의 달에 해당하는 3월을 찾아 나가면 셋째 칸에 3이 있으므로 그 위에 12운성의 의미를 찾으면 천권성이 된다. 따라서 이 남자의 중년운은 천권성에 해당된다.

예2 원숭이띠 2월생의 곤명(여자)이면 〈중년운 달로 보는 법－여명〉을 참조한다. 먼저 세로 줄에서 본인의 띠를 찾으면 아홉 번째 칸에서 발견할 수 있다. 이어서 본인의 달에 해당하는 2월을 찾아 나가면 여덟 번째 칸에 2가 있으므로, 그 위에 12운성의 의미를 찾으면 천역성이 된다. 따라서 이 여자의 중년운은 천역성에 해당한다.

마음의 자세

중년의 운은 자립이 시작되는 단계의 운을 나타낸다고 할 수 있다. 따라서 개인적으로는 부모와의 관계를 나타내는 초년의 운보다 중요하다고 할 수 있다.

중년의 운만 보지 말고 운이 이어지는 관계로 초년과 연관시켜 보면 좋고, 특히 나의 가정 운이면서 배우자 운을 뜻하는 말년운과 연결시켜보면 운의 발달 정도를 느낄 수 있게 된다. 또, 총운에 해당하는 난 시의 운과 상호 연관성을 확인해 보면 본인의 운명을 더 잘 이해할 수 있으리라 판단된다.

개별적으로 한 운만 보면, 본인이 처해 있는 상황과 맞지 않는 사람도 있을 것이다. 그러나 그것은 빈도수에 의한 차이이므로 큰 문제가 되지 않는다. 따라서 그 운이 가진 전체적인 뜻으로 파악하면 바르게 보는 자세가 되며, 좋고 안 좋고의 구체적인 표현에 신경을 쓰면 전체의 흐름을 잃을 수 있으므로 주의를 바란다.

중년운 보는 법 – 남명(숫자는 터어난 달, 음력 기준)

12운성 띠	천귀성	천액성	천권성	천파성	천간성	천문성	천복성	천역성	천고성	천인성	천예성	천수성
쥐	1	2	3	4	5	6	7	8	9	10	11	12
소	12	1	2	3	4	5	6	7	8	9	10	11
호랑이	11	12	1	2	3	4	5	6	7	8	9	10
토끼	10	11	12	1	2	3	4	5	6	7	8	9
용	9	10	11	12	1	2	3	4	5	6	7	8
뱀	8	9	10	11	12	1	2	3	4	5	6	7
말	7	8	9	10	11	12	1	2	3	4	5	6
양	6	7	8	9	10	11	12	1	2	3	4	5
원숭이	5	6	7	8	9	10	11	12	1	2	3	4
닭	4	5	6	7	8	9	10	11	12	1	2	3
개	3	4	5	6	7	8	9	10	11	12	1	2
돼지	2	3	4	5	6	7	8	9	10	11	12	1

중년운 보는 법 – 여명(숫자는 태어난 달, 음력 기준)

12운성 띠	천귀성	천액성	천권성	천파성	천간성	천문성	천복성	천역성	천고성	천인성	천예성	천수성
쥐	1	12	11	10	9	8	7	6	5	4	3	2
소	2	1	12	11	10	9	8	7	6	5	4	3
호랑이	3	2	1	12	11	10	9	8	7	6	5	4
토끼	4	3	2	1	12	11	10	9	8	7	6	5
용	5	4	3	2	1	12	11	10	9	8	7	6
뱀	6	5	4	3	2	1	12	11	10	9	8	7
말	7	6	5	4	3	2	1	12	11	10	9	8
양	8	7	6	5	4	3	2	1	12	11	10	9
원숭이	9	8	7	6	5	4	3	2	1	12	11	10
닭	10	9	8	7	6	5	4	3	2	1	12	11
개	11	10	9	8	7	6	5	4	3	2	1	12
돼지	12	11	10	9	8	7	6	5	4	3	2	1

월 천귀는 형제 궁에 천귀성을 타고 났으니, 재주가 비범하여 청년운을 스스로 개척해 나가서 공직으로 출세를 하거나 자수성가로 부富를 이룬다. 그렇지 않으면 형제나 가까운 사람 중에 재주가 비상한 사람이 있으며, 그 사람의 도움을 얻어야 하므로 인간관계를 잘 맺어서 내 편으로 만들어 놓으면 유리할 때가 많이 생긴다. 그렇지 않으면 후회할 경우가 생기게 된다.

배움이 약하여 재주가 없거나 일찍 하는 결혼으로 공부가 짧으면 평범한 운으로 자리를 잡는다. 그리고 찾아오는 몸의 병으로 인하여 운의 막힘을 맞이하게 되니, 힘들더라도 배움의 기회를 꾸준히 가지는 게 복이 늘어나는 방법이 된다.

연에 천귀성이 든 쥐띠가 태어난 달에 천귀성을 보면 천귀성이 겹치게 되어, 보통 사람은 몸에 병이 찾아와서 총명한 운을 누리지 못하게 되고, 학업의 연이 강한 사람은 외국 유학길에 오르거나 시골에서 도시로 유학하여 공부하는 기회를 갖게 된다.

소띠가 태어난 달에 천귀성을 보면, 자수성가로 가정을 이루는 형상이니 분가하여 가업을 본인이 직접 일으키게 된다.

범띠가 태어난 달에 천귀성을 보면, 호랑이가 안광眼光을 얻은 격이니 산천을 두루 돌아다닐 수 있는 재주가 있다. 그러므로 배움에 정진하여 국가의 녹을 먹는 게 유리하다.

토끼띠가 태어난 달에 천귀성을 보면, 토끼가 꾀를 얻는 격이니 자기 분야에 실력 있는 작은 리더가 될 수 있다.

용띠가 태어난 달에 천귀성을 보면, 여의주를 가지고 재주를 부리는 형상이니 국록을 먹게 된다. 그렇지 않으면, 남들이 부러워하는 특별한 재주가 있어 좋은 직장에 채용되는 형국을 누리게 된다.

뱀띠가 태어난 달에 천귀성을 보면, 뱀이 화하여 용이 되는 형상이니 학문에 정진하면 일가를 이룬다.

말띠가 태어난 달에 천귀성을 보면, 말이 화하여 천마가 되는 격이니 부귀겸전하여 사람들의 존경을 받는다.

양띠가 태어난 달에 천귀성을 보면, 무역업으로 천금을 희롱할 수 있다.

원숭이띠가 태어난 달에 천귀성을 보면, 총명하여 군·경찰의 단체에 나라의 녹을 먹을 인연이 생긴다. 아니면 철강 회사와 관련 있는 업종에 근무하면 유리하다.

닭띠가 태어난 달에 천귀성을 보면, 닭이 영계로 화하니 문무를 겸하여 작은 단체의 수장이 될 수 있다.

개띠가 태어난 달에 천귀성을 보면, 이론과 심미안을 갖추는 격이니 예술 계통에서 사람들을 가르치게 된다.

돼지띠가 태어난 달에 천귀성을 보면, 도에 관심이 있거나 공부에 소질이 있다. 아니면 비상한 재주가 있어서 다른 사람의 부러움을 받게 된다.

② 월 천액성

월 천액은 형제兄弟 궁에 천액성이 들었으니, 형제가 많아도 의지할 만한 사람이 하나도 없다. 누구를 믿고 누구를 따라야 하는가? 형제자매로 인한 복이 없음이니 한탄할 필요도 없이 겸허하게 받아들여야 한다.

일찍 타지로 나와서 자리는 잡혀가나 찾아오는 병고가 있으니, 어떻게 해야 하나 여우를 피하니 호랑이를 만난 꼴이로다.

연年에 천액성이 있거나 천파성, 천고성이 있으면 더욱 심하고, 연에 길성이 있으면[58] 중년의 운에 잠시 한눈을 파는 격이니 크게 걱정하지 않아도 된다. 특히 태어난 일(日, 날짜)에 천복성을 만나면 더욱 쉽게 넘어간다. 그러므로 잠시의 어려움을 통해 어려움에 처한 사람을 이해하는 기회로 삼으면 오히려 인생의 중후한 멋을 연출하는 데 큰 도움이 된다고 하겠다.

만약 연에 천귀성이 든 쥐띠가 달에 천액성을 보면, 쥐가 물에 빠져서 떠는 격이니 총명함이 몸에 찾아드는 병으로 빛나기가 힘들다. 한때 곤란함을 만난다.

연에 천액성이 든 소띠가 달에 천액성을 보면, 소가 병이 들었으니 폐기 처분해야 하는 상태다. 진퇴양난이니 때를 기다려 안분자족하는 것이 상책이며, 선업을 쌓으며 기다리면 탈출구가 보인다.

---

58) 길성: 천귀성, 천권성, 천문성 천복성

연에 천권성이 든 범띠가 달에 천액성을 보면, 호랑이가 함정에 갇혀 제약을 받는 격이니 사회를 위하는 좋은 마음이 있어도 남 앞에 나설 수 있는 기회가 좀처럼 주어지기 어렵다. 실력을 연마하면서 때를 기다리는 게 좋다.

연에 천파성이 든 토끼띠가 달에 천액성을 보면, 토끼가 몸에 병이 생긴 격이니 남을 도와주려다가 결과가 잘못되어 남으로부터 원망을 받으니 마음의 병이 생긴다. 조신하는 게 좋다.

연에 천간성이 든 용띠가 달에 천액성을 보면, 용이 재주는 부리나 비를 만나지 못해서 하늘을 오르지 못하니 마음은 애달프고, 몸은 고달프다. 비가 오는 때를 기다리는 것이 좋다.

연에 천문성이 든 뱀띠가 달에 천액성을 보면, 머리는 좋으나 복이 부족하여 실력이 발휘되지 못하는 격이다. 낮은 곳에서부터 실력을 기르고, 나의 형편이 닿는 곳에서부터 차근차근 올라가는 것이 좋다.

연에 천복성이 든 말띠가 달에 천액성을 보면, 말이 달리다 한눈을 팔아서 다리를 헛디디는 형상이다. 자기 분수를 모르고 일을 크게 벌이면 한번의 실패로 일어서기 힘들다. 때가 아니니 작은 것에 만족하고 현재의 생활에 충실하는 것이 좋다.

연에 천역성이 든 양띠가 달에 천액성을 보면, 심성이 착한 양이 남의 일을 돌봐주다 심신이 피곤한 격이다. 실속이 없는 일은 한번쯤 삼가는 것도 에너지 충전을 위해서 필요하는 것을 느끼는 게 중요하다.

연에 천고성이 든 원숭이띠가 달에 천액성을 보면, 육친의 연이 약하여 객지에서 생활하다 몸에 병이 생기는 격이니 설상가상이다. 원망하는 마음을 갖지 말고 작은 것에서부터 스스로 이루어 나가는 자세가 필요하다. 절대로 요행을 바라지 마라.

연에 천인성이 든 닭띠가 달에 천액성을 보면, 강인한 심성을 가진 사람이 현실이 여의치 않아서 무너지는 격이다. 몸에 칼을 한번 대고 나서 재기의 발판을 마련한다. 심성이 강한 것도 좋으나 너무 모질면 병이 잦다. 강인한 심성으로 역경을 이겨내는 것도 일을 이루는 한 방법이나 일의 차후를 잘 살펴서 인연을 잘 알면 의외로 쉽게 일이 이루어지는 이치를 아는 것이 중요하다.

연에 천예성이 든 개띠가 달에 천액성을 보면, 성실한 개가 환경이 여의치 않아서 병을 얻은 격이다. 보는 안목은 남다르나 환경이 좋지 못해 장애가 많으니 목표는 높게 두더라도 시작하는 출발선은 낮은 곳에서부터 시작하는 것이 좋다.

연에 천수성이 든 돼지띠가 달에 천액성을 보면, 육친의 인연이 약하여 번잡한 일이 많이 생기니 동분서주로 몸이 고달프다. 조상을 잘 봉양하면 일이 의외로 빨리 진행될 수 있다.

❸ 월 천권성

월 천권은 형제 궁에 권세가 들었으니, 나의 실력으로 주위에 도움을 주는 것이 올바른 것이고, 아니면 주위의 도움을 입을 수 있다. 태어난 달은 중년의 운을 좌우하므로, 수신修身하는 마음으로 덕을 기르면 입신양명이 보장되나 세를 믿어 가볍게 처신하면 오히려 비명횡사를 당하는 격이 된다. 이것은 본인의 입지가 굳어지지 않았는데 가볍게 처신해서 화를 불러들이는 이치에 해당한다고 볼 수 있다.

만약 연에 천귀성이 든 쥐띠가 달에 천권성을 보면, 총명함이 발휘되어 등과 급제하는 격이니 일찍부터 공직에 나아갈 기회가 주어진다. 공부에 매진하여 기회를 잘 잡아라.

연에 천액성이 든 소띠가 달에 천권성을 보면, 어려운 가정에 태어났더라도 실력이 있어서 일신의 발전을 도모할 수 있다. 자수성가로 가업을 일으키게 되니, 열심히 정진하는 방향을 모색해 보는 것이 좋다.

연에 천권성이 든 범띠가 달에 천권성을 보면, 부모의 유업을 이어서 일찍부터 공직에 나갈 수 있다. 보통 사람은 팔자가 엄격하여 감당하기 힘들어서 구설수에 자주 오르내리거나 몸에 병이 찾아온다.

연에 천파성이 든 토끼띠가 달에 천권성을 보면, 토끼가 호랑이를 대신하여 숲 속의 왕 노릇을 하는 격이다. 주위의 사람에게 친근하고, 어려운 일을 잘 도와주니 주위 사람에 의해 인기가 많아서 저절로 대접을 받게 된다.

연에 천간성이 든 용띠가 달에 천권성을 보면, 인물이 준수하여 위엄을 갖춘 격이다. 세勢로서 남을 압도하게 된다. 출세가도를 달리게 되니, 인간관계를 잘 맺어서 좋은 인연이 오래 지속되도록 하는 것이 중요하다.

연에 천문성이 든 뱀띠가 달에 천권성을 보면, 학업으로써 권세를 얻는 격이다. 나라의 녹을 얻거나 실력이 있어서 좋은 자리로 제의를 받고 들어가게 된다.

연에 천복성이 든 말띠가 달에 천권성을 보면, 복으토써 권세를 얻는 격이다. 부모대의 음복陰福으로 작은 마을의 유지 노릇을 하고도 남는다. 추진하는 일이 바르면 일이 순탄하게 진행되어 이루는 일이 많아진다.

연에 천역성이 든 양띠가 달에 천권성을 보면, 역마7- 마패를 얻은 격이다. 가는 곳마다 인기가 좋으니 천금을 희롱하거나 외국에 나가서 근무한다. 학업이 길면 외교관이나 군무관과 인연이 있다.

연에 천고성이 든 원숭이띠가 달에 천권성을 보면, 싸우기 좋아하는 원숭이가 군인·경찰에 투신하여 몸을 담고 있는 격이다. 권세를 얻으니 육친의 덕이 없어도 외로움을 벗어나 영화로움을 얻게 된다.

연에 천인성이 든 닭띠가 달에 천권성을 보면, 새벽을 알려주는 닭이 권세를 얻는 격이다. 문무를 겸하여 반드시 요직에 앉게 된다. 법조계나 경찰계에 투신하여 특수한 일을 맡아보는 것이 적임이다.

연에 천예성이 든 개띠가 달에 천권성을 보면, 성실한 개가 인정을 받아서 집의 출입구를 지키는 격이다. 이론을 겸비한 행동대원으로 머리가 비상하여 윗사람의 신뢰 속에서 중책을 맡아서 일을 추진하게 된다.

연에 천수성이 든 돼지띠가 달에 천권성을 보면, 정직한 돼지가 권세를 얻으니 조상의 유훈遺訓을 받들 자격이 주어진다. 비록 서열은 주어지지 않더라도 실력으로 뜻을 이어받아서 정통을 계승하게 된다.

4 월 천파성

월 천파^{天破}는 형제 궁에 천파성이 들었으니 형제와의 인연이 약한 것이다. 월 천파성이 든 사람 중에서 장녀나 장남이면 동생들을 맡아서 돌보게 되는 경우가 많고, 아랫사람이면 윗사람의 심부름이나 잔일을 도와주나 실속이 없는 경우가 많다. 원숭이띠인 사람이 월에 천파성을 만나면 이향만리^{離鄕萬里} 객지에서 아는 사람이 없이 홀로 외롭게 살아가는 격이니[59], 이 한몸 누구에게 의지할까?

여자의 명조^{命條}에 월 천파성이 들었으면 시댁 식구와 불화하는 수가 있으며, 특히 시어머니와의 관계에서 상충되는 띠이면[60] 더욱 심하다. 이 운을 가진 사람이 시댁과의 불화를 막으려면 결혼 전에 반드시 미리 확인해 보는 것이 좋다.

만약 연에 천귀성이 든 쥐띠가 달에 천파성을 보면, 총명함이 이성을 일찍 만나서 사라지는 격이다. 영리한 쥐가 인복이 없음이니 배우자를 신중하게 선택하는 것이 좋다. 근무지는 상사가 관료 지향적으로 엄격하거나 직장 동료들이 많은 곳을 피하는 것이 좋다.

연에 천액성이 든 소띠가 달에 천파성을 보면, 성실한 소가 말을 미워해야 하는 격이다. 일은 내가 하는데 그 노고는 남이 챙기니 심사가 뒤틀릴 수 있다. 그러나 본인이 인복이 없는 것이니, 꾸준히 하다보면

---

59) 남명은 원숭이띠 8월생(음력)이고, 여명은 원숭이띠 6월생(음력)이 여기에 해당한다.
60) 상충되는 띠: 쥐띠와 말띠, 소띠와 양띠, 범띠와 원숭이띠, 토끼띠와 닭띠, 용띠와 개띠, 뱀띠와 돼지띠와의 관계를 말함.

행복의 기회가 열리게 된다. 남보다 기회가 늦게 주어지는 것이니 실망하지 말고 끝까지 최선을 다하는 것이 중요하다.

연에 천권성이 든 범띠가 달에 천파성을 보면, 호랑이가 함정에 빠지는 격이다. 이 격에 해당하는 사람이 관직에 있으면 잘 나갈수록 조심해야 한다. 반드시 낭패를 본다. 실력을 100% 발휘하는 것보다 비장의 무기를 숨겨 놓고 사는 것이 좋다. 연을 잘 만들어야 후회가 없다 그렇지 않으면 중도 하차하는 운이 강하다.

연에 천파성이 든 토끼띠가 달에 천파성을 보면, 인복이 없는 토끼가 또 인복이 없는 운을 만난 격이다. 처음에는 기대하는 것이라도 있어서 인복이 없다고 생각을 하나, 나중에는 기대하는 것이 없게 되며 내가 한 만큼 생각하니 오히려 마음이 편안해진다. 작은 일부터 만들어 가는 것이 중요하다. 기반이 있어야 큰일을 이룰 수 있는 발판이 되기 때문이다.

연에 천간성이 든 용띠가 달에 천파성을 보면, 용이 승천昇天하다 떨어지는 격이다. 사람 관리를 잘 해야 탈이 없다.

연에 천문성이 든 뱀띠가 달에 천파성을 보면, 이무기가 용이 되기 위해 비법을 전수받으러 갔다가 스승을 잘못 만나서 용이 되지 못하는 격이다. 배움의 기회는 주어지나 실력을 발휘할 기회가 상대적으로 적게 된다. 이 운이 있는 사람은 배움에 대한 진로를 지금 당장에 맞추는 것보다 멀리 보고 선택하는 것이 좋다.

연에 천복성이 든 말띠가 달에 천파성을 보면, 명마가 주인을 잘못 만나서 조련되지 못하는 격이다. 타고난 복은 있으나 적어서 금방 바닥이 드러나니 계속 심어야 새로운 인연에 의해 복이 생긴다. 이 이치를 알고 계발하는 자세가 중요하다. 명마도 좋은 조련사를 만나서 조련될 때 가치가 돋보이는 것이다.

연에 천역성이 든 양띠가 달에 천파성을 보면, 심성이 순한 양이 주위에 인정을 받지 못하는 격이다. 설령 모자라는 점이 있어서 돋보이지는 않더라도 같이 어울리면서 본인이 가진 고운 심성을 작은 선행으로 드러내다 보면 주위에서 알아줄 때가 온다. 실망하지 말고 본인이 가진 착한 심성을 드러낼 수 있는 방법을 찾아보는 게 좋다.

연에 천고성이 든 원숭이띠가 달에 천파성을 보면, 부모형제와의 인연이 약한 사람이 타인과의 인복도 약한 격을 이루고 있다. 스스로 복이 없어서 부모형제로부터 받지 못함을 인정하고, 먼저 그들에게 다가서서 줄 수 있는 마음의 여유가 있을 때 운명의 변화가 있게 된다.

연에 천인성이 든 닭띠가 달에 천파성을 보면, 새벽을 알리는 닭이 인복이 없으니 나의 강인한 심성을 시험해야 하는 격이다. 날씨가 덥거나 추워서 모두가 곤히 잠들더라도 닭은 잠들지 않고 맡은 바의 임무인 새벽을 알리는 것처럼 주위 사람들에게 색다른 나의 성품을 알릴 기회가 필요하다.

연에 천예성이 든 개띠가 달에 천파성을 보면, 개가 주인을 못 만난 격이다. 아무리 좋은 감각도 남이 알아줄 때 돋보인다. 현실성에 바탕을 두거나 주위 여건을 고려한 상태에서 색다른 안목을 펼치는 것이 중요하다.

연에 천수성이 든 돼지띠가 달에 천파성을 보면, 돼지가 인복이 없는 격이다. 형제간에 풍파가 많으니 재물이 들어와도 쉽게 나간다. 가족 중에서 입산하여 수도하는 사람이 나오면 운이 쉽게 풀린다.

5 월 천간성

월 천간은 형제 궁에 천간성이 들었으니, 지모智謀가 뛰어나서 남을 믿지 않으니 나의 방식대로만 행한다. 잘 나갈 때는 괜찮으나 일이 한 번 꼬이기 시작하면 관재구설이 도사리고 있거나 나로 인해 윗사람이 낭패를 보기 쉽다. 이는 아직 경험이 부족해서 그렇게 되니, 신중하게 일의 경과를 잘 살펴서 순서대로 일을 처리하면 실패수가 없게 된다. 연에 천귀성을 보거나 천복성을 보면 명이 상격이 되어 복록이 늘어나고, 천간성을 보면 집안이 명문의 집안이니 일찍 요직에 발탁될 수 있는 실력이 있다. 뒤에 따라오는 태어난 일日의 길성과 흉성에 따라 요직의 자리에 해당하는 직책이 결정된다고 하겠다.

만약 연에 천귀성이 든 쥐띠가 달에 천간성을 보면, 총명함에 언변을 겸비하니 언론 계통이나 생활학문과 관련된 학자로 나아가면 대성의 길이 열린다. 기자도 좋다.

연에 천액성이 든 소띠가 달에 천간성을 보면, 성실하던 소가 말을 많이 하는 격이다. 날짜나 시에 천문성이나 천권성을 보면 영원한 야당으로 실력을 발휘하나, 흉성인 천파성이나 천고성이 있으면 불평불만으로 인해 삶이 피곤해진다.

연에 천권성이 든 범띠가 달에 천간성을 보면, 권세와 언변으로 대중을 압도하는 격이다. 정계로 나아가면 남들보다 유리하여 쉽게 성공한다.

연에 천파성이 든 토끼띠가 달에 천간성을 보면, 현실적인 사리에 밝은 토끼가 언변이 뛰어나니 대중들에게 인기가 좋다. 인기를 계속 유지하기 위해서는 말과 행동이 일치되는 모습이 필요하다.

연에 천간성이 든 용띠가 달에 천간성을 보면, 남들보다 머리가 비상하고 언변이 출중한 격이다. 언행이 일치하는 행동이 확실하고 아랫사람을 챙길 수 있는 마음 씀씀이만 겸비하면 작은 단체를 이끌어 갈 수 있는 리더가 될 수 있다.

연에 천문성이 든 뱀띠가 달에 천간성을 보면, 학문과 언변이 만나는 격이다. 학자의 길이나 통역사로 나아가면 대성하는 길이 열린다. 아나운서도 좋다.

연에 천복성이 든 말띠가 달에 천간성을 보면, 인복이 있는 말이 언변을 얻은 격이다. 영업에 종사하면 판매왕이 될 자격이 있고, 보험이나 생활설계사로 가도 좋은 인연이 기다린다. 또는 이들을 교육시키는 일에 종사해도 좋다.

연에 천역성이 든 양띠가 달에 천간성을 보면, 이동의 성질이 있는 양이 언변을 얻은 격이다. 여행 가이드나 교통기관의 승무원, 관광업에 종사하면 유리하다.

연에 천고성이 든 원숭이띠가 달에 천간성을 보면, 원숭이가 언변이 좋아서 휘하를 건느리는 격이다. 인력센터를 운영하면 좋다.

연에 천인성이 든 닭띠가 달에 천간성을 보면, 닭이 언변이 좋은 격이다. 심부름센터나 경비업체를 운영하면 좋다.

연에 천예성이 든 개띠가 달에 천간성을 보면, 예술손이 있는 개가 언변이 좋은 격이다. 연예계에 종사하면 좋다.

연에 천수성이 든 돼지띠가 달에 천간성을 보면, 한가한 돼지가 언변이 좋은 격이다. 서예 학원, 꽃꽂이 학원 같은 예도를 겸하는 학원을 경영하면 좋다.

❻ 월 천문성

월 천문은 형제 궁에 문이 들었으니, 인품이 준수하여 사방에 칭찬이로다. 학문으로 관록을 얻어 가업을 일으키니 비록 백수라도 운이 도래하면 치부致富하고도 남으니, 그 재주를 연마함이 좋다. 토끼띠가 이 운을 만나면 발달이 빠르다. 특히 꾀 많은 토끼의 성품을 살리기 위해 영적인 분야에 투신하던 작용이 더욱 속히 이루어진다. 소띠나 원숭이띠는 천문성의 운에 의해 연年의 흉성이 소멸된다. 그러므로 한눈을 팔지 말고 열심히 배움에 정진하는 것이 좋다.

만약 연에 천귀성이 든 쥐띠가 달에 천문성을 보면, 총명함이 학문을 만나는 격이다. 대학교수가 되어 학문의 발전에 힘쓰거나 연구직에 종사하면 좋다.

연에 천액성이 든 소띠가 달에 천문성을 보면, 몸이 약한 사람이 학문을 만나는 격이다. 일신은 고단하나 운의 발전이 있으니 작지만 단체에 들어가서 근무하는 것이 좋다.

연에 천권성이 든 범띠가 달에 천문성을 보면, 권세가 학문을 만나는 격이다. 학업에 충실하면 국가고시에 합격하여 녹을 먹게 된다. 포기하지 말고 추진해 나가라.

연에 천파성이 든 토끼띠가 달에 천문성을 보면, 꾀 많은 토끼가 배움으로 실력을 연마하는 격이다. 실력이 있어서 작은 기관에 근무하게 된다.

연에 천간성이 든 용띠가 달에 천문성을 보면, 출중한 위인이 실력을 갖추는 격이다. 실력이 있어서 중간 기관에 근무하게 된다.

연에 천문성이 든 뱀띠가 달에 천문성을 보면, 학문이 겹치는 격이다. 학문과 인연이 깊으니 장시간 공부해야 하는 주제를 정하여 학자의 길을 걸어가거나 연구직에 종사하면 대성한다. 문화사, 인류사, 고고학, 역사학, 생명공학 등이 좋다.

연에 천복성이 든 말띠가 달에 천문성을 보면, 복성이 학문을 만난 격이다. 학술과 관련된 계통이면 다 길하여 성공할 수 있다.

연에 천역성이 든 양띠가 달에 천문성을 보면, 역성이 학문을 만난 격이다. 운수업계나 관광업에 관련된 기획과 관련하여 종사하면 다 길하다.

연에 천고성이 든 원숭이띠가 달에 천문성을 보면, 숲에 사는 원숭이가 학문을 만난 격이다. 동물과 관련된 사육사나 기계설비를 담당하는 곳에 종사하면 좋다.

연에 천인성이 든 닭띠가 달에 천문성을 보면, 강인함이 학문을 만난 격이다. 정확한 계산을 필요로 하는 금융계나 세무회계 방향으로 나아가면 유리하다.

연에 천예성이 든 개띠가 달에 천문성을 보면, 예술성이 학문을 만난 격이다. 국악 계통이나 기악 계통에 종사하면 좋다.

연에 천수성이 든 돼지띠가 달에 천문성을 보면, 도道와 관련된 것이면 다 길하다. 배워서 남을 가르치거나 안내자의 역할을 할 수 있는 것이면 모두 좋다. 교사, 성직자, 상담사, 명상치료사, 신경의, 각종 무예 사범 등이 좋다.

7 월 천복성

월 천복은 형제 궁에 복이 들었으니 복록이 여유가 있고, 남을 도우며 이름을 얻으니 아쉬움이 없으나, 외기러기 신세가 되니 암수가 다 정한 원앙새를 부러워하게 된다.

연年에 흉성이 있는 사람이 월에 이 운을 만나면 전화위복이 되니, 초년의 어려움을 이겨내고 새로 시작하는 기반을 마련하는 격이 된다. 희망을 갖고 열심히 준비하면 행복의 문이 빨리 열린다. 예수도 복음을 전할 때 "두드려라. 두드리면 열릴 것이다"라고 하지 않았던가!

만약 연에 천귀성이 든 쥐띠가 달에 천복성을 보면, 부귀겸전의 명이 된다. 서두르지 말고 하나씩 쌓아가다 보면 남들이 부러워하는 일가一家를 이룬다.

연에 천액성이 든 소띠가 달에 천복성을 보면, 액이 변화하여 복이 되는 격이다. 초년에 부모와의 연이 약하여 겪었던 고생이 인생을 살아가는 데 도움이 되어 스스로 복을 일구어 자수성가를 이루게 된다.

연에 천권성이 든 호랑이띠가 달에 천복성을 보면, 권세로 복을 얻는 격이다. 법조계나 금융권에 종사하면 대성할 수 있는 길이 열린다.

연에 천파성이 든 토끼띠가 달에 천복성을 보면, 토끼가 느린 거북이에 의해 돋보이는 격이다. 주위의 도움으로 본인의 능력보다 더 좋은 인연을 만들어 가게 된다.

연에 천간성이 든 용띠가 달에 천복성을 보면, 언변이 복을 부르는 격이다. 상담직이나 방송계에 종사하면 대성하는 길이 열린다.

연에 천문성이 든 뱀띠가 달에 천복성을 보면, 학문이 복을 부르는 격이다. 학업을 연마하면 교수로 나아가고, 과학에 소질이 있으면 발명가가 되어 결국에는 큰 부를 이루게 된다.

연에 천복성이 든 말띠가 달에 천복성을 보면, 복이 중첩되는 격이다. 일반인은 누리기 힘들고, 선업이 쌓인 집안의 자손이 누리게 된다. 부모의 유업을 물려받으니 일마다 순탄하여 안정된 생활을 영위하게 된다.

연에 천역성이 든 양띠가 달에 천복성을 보면, 가는 곳마다 복이 생기는 격이다. 무역업이나 장사로 천금을 희롱하게 된다. 여관업이나 호텔, 운수업에 종사하거나 경영하면 대성의 길이 열린다.

연에 천고성이 든 원숭이띠가 달에 천복성을 보면, 육친의 덕이 부족한 원숭이가 복을 부르는 격이다. 재주가 비상하여 사람을 모으니, 머리가 좋아서 나라의 녹을 먹거나 손재주가 있어서 사람들에게 인기가 있다.

연에 천인성이 든 닭띠가 달에 천복성을 보면, 심성의 강인함이 복을 부르는 격이다. 영적인 상담직이나 경호업, 방위 산업체 같은 특수직에 종사하면 유리하다.

연에 천예성이 든 개띠가 달에 천복성을 보면, 예술적인 안목이 복을 부르는 격이다. 예술 계통의 학원 경영에서부터 작품제작까지 다양한 길이 보장된다. 패션, 디자이너 계통도 좋다.

연에 천수성이 든 돼지띠가 달에 천복성을 보면, 다산多産을 상징하는 돼지가 복을 부르는 격이다. 사업이나 상업에 종사하면 창고에 금은보화가 가득할 것이고, 입산하여 수도해도 일가를 이룰 수 있는 여건이 보장된다.

8 월 천역성

월 천역은 형제 궁에 역마가 들었으니, 가정을 비우고 출타를 자주하여 시작은 있으나 끝맺음을 하기 힘들다. 문서나 권세를 얻으면 그 액운이 피해 나가고, 일마다 천금을 만지게 된다. 연年에 길성이 있으면 대체로 순탄한 명으로 진행되지만, 흉성인 천액성이나 천파성, 천고성을 만나면 변화가 심하여 이동이 잦고 객지에서 홀로 고생하면서 건강을 잃게 되는 운이 있다. 그러므로 조심해야 나중에 후회하지 않는다.

만약 연에 천귀성이 든 쥐띠가 달에 천역성을 보면, 총명함과 역성驛星이 만난 격이다. 탈 것과 관련된 기술자나 운전수, 조종사로 나아가면 좋다. 또는 수산업에 종사해도 좋다.

연에 천액성이 든 소띠가 달에 천역성을 보면, 일하는 소가 역성을 만난 격이다. 본업인 밭에서 일을 하지 않고 짐을 나르는 일을 하는 이치다. 분주하기만 하고 실속이 적다. 운수업이나 트럭에 물건을 사다 파는 잡화점이 맞다. 건강관리에 신경 쓰는 것이 좋다.

연에 천권성이 든 범띠가 달에 천역성을 보면, 권세가 역성을 만난 격이다. 학업에 충실해서 외교관으로 나아가면 좋다. 아니면 외국의 주재소에 근무해도 좋다.

연에 천파성이 든 토끼띠가 달에 천역성을 보면, 현실에 밝은 토끼가 역성을 만난 격이다. 휴게소와 관련된 일에 종사하거나 여관업을 운영하면 좋다.

연에 천간성이 든 용띠가 달에 천역성을 보면, 용이 역성을 만난 격이다. 철도나 지하철의 분점에 근무하거나 큰 단체의 지점을 운영하게 된다.

연에 천문성이 든 뱀띠가 달에 천역성을 보면, 학문이 역성을 만난 격이다. 번역이나 국제관계를 다루는 일에 종사하면 유리하다. 그리고 자동차 운전학원 강사를 해도 좋다.

연에 천복성이 든 말띠가 달에 천역성을 보면, 말이 역성을 만난 격이다. 항공 계통, 운수·택배, 우체국에 종사하면 큰 변고變故가 없이 오래 근무할 수 있다.

연에 천역성이 든 양띠가 달에 천역성을 보면, 천역성이 중첩되는 격이다. 항공 계통이나 터미널에 근무하면 유리하다. 해운업에 종사해도 좋다.

연에 천고성이 든 원숭이띠가 달에 천역성을 보면, 외로움이 역성을 만난 격이다. 일반 운전기사나 장거리 화물 기사가 적합하다.

연에 천인성이 든 닭띠가 달에 천역성을 보면, 강인함이 역성을 만난 격이다. 군인·경찰(교통과) 계통에 종사하면 좋고, 수산업에 종사하는 것도 좋다.

연에 천예성이 든 개띠가 달에 천역성을 보면, 예술성이 역성을 만난 격이다. 패션 디자이너, 모델, 각종 공연단 단원, 연극배우가 되면 유리하다.

연에 천수성이 든 돼지띠가 달에 천역성을 보면, 현하懸河가 역성을 만난 격이다. 해외에 나갈 연이 강하니 해외에서 근무하거나 해외 무역을 담당하면 좋다.

❾ 월 천고성

월 천고는 형제 궁에 외로움이 들었으니, 내 한 몸을 의지하여 편안함을 얻기가 어렵다. 이상은 높으나, 현실이 뒷받침되지 않으니 달 밝은 밤에 홀로 별을 세는 격이다. 자기의 본분을 지키고 후일을 도모하며 정직하게 살면 후사가 편하다.

연에 천권성이나 천간성을 보면 그런 경향이 더욱 강하니, 때가 이르지 않음을 알고 안분자족安分自足함이 최상의 방법이다.

일日에 자 – 천귀성을 보면 위인이 출중하고, 인 – 천권성을 보면 무리 중에 리더가 되며, 오 – 천복성을 보면 휘하에 사람이 많이 따르고,

또 모으는 재주가 있다.

반대로 흉성인 천액성이 오면 몸에 흉터를 남기고, 천파성이 오면 일이 있으나 성사되는 일이 없는 모양이니 용두사미라 결국은 사람도 잃겠다. 또, 천고성이 오면 너무 강인하고 매정하여 사람이 모이지 않는다. 자신의 감정에 휩싸이지 말고 특히 아랫사람에게 베풀 줄 아는 여유가 있을 때, 사람이 따르고 주위에 웃음이 넘치게 된다.

만약 연에 천귀성이 든 쥐띠가 달에 천고성을 보면, 총명함이 외로움으로 인하여 평범하게 되는 격이다. 이성으로 인하여 학업을 일찍 포기하거나 어려운 여건으로 인한 학업의 중단수가 있다. 자수성가해야 한다. 유통업이나 유흥업이 유리하다.

연에 천액성이 든 소띠가 달에 천고성을 보거나, 연에 천권성이 든 호랑이띠가 달에 천고성을 보면, 권세가 외로움으로 인하여 함정에 빠지는 격이다. 학업은 중단수가 있고, 직업은 여러 번 바뀌게 된다. 이동이 잦은 업종에 종사하면 대체로 무난하다. 특히 경찰이나 응급차를 모는 운전수가 유리하고 경호업에 종사해도 좋다.

연에 천파성이 든 토끼띠가 달에 천고성을 보면, 토끼가 외로움을 만나는 격이다. 아무도 돌보지 않는 황무지를 개간하는 형태니 신규 업종은 인연은 있으나 성공을 장담하기 힘들다. 남명은 농축산업이나 건축업이 유리하고, 여명은 서비스업에 종사하면 유리하다.

연에 천간성이 든 용띠가 달에 천고성을 보면, 용이 외로움을 만나는 격이다. 중도하차의 운이 강하다. 인쇄업이나 가공업에 종사하면 좋다.

연에 천문성이 든 뱀띠가 달에 천고성을 보면, 학문성이 외로움을 만나는 격이다. 남명은 외로움으로 학업을 중도에 포기할 수 있고, 여명은 유흥업에 종사할 수 있다. 출판업 계통이 유리하다.

연에 천복성이 든 말띠가 달에 천고성을 보면, 복성이 외로움으로 화가 되는 격이다. 직장을 다니는 것이 좋고, 사업은 절대적으로 금물이다. 작은 직장이면 대체로 무난하다.

연에 천역성이 든 양띠가 달에 천고성을 보면, 역성이 고독함을 만나는 격이다. 각종 운송기의 정비 업종과 관련하여 종사하면 유리하다.

연에 천고성이 든 원숭이띠가 달에 천고성을 보면, 고독함이 중첩되는 격이다. 일반인은 크게 흉하다. 모험가가 유리하다. 도축업도 인연이 있다.

연에 천인성이 든 닭띠가 달에 천고성을 보면, 강인함이 외로움을 만나는 격이다. 청부업자나 특수 비밀요원이 되면 유리하다.

연에 천예성이 든 개띠가 달에 천고성을 보면, 예술성이 외로움을 만나는 격이다. 자기 정신의 세계를 표현하는 도공예가나 동양화를 그리는 화가의 길로 가는 것이 유리하다.

연에 천수성이 든 돼지띠가 달에 천고성을 보면, 도가 외로움을 만나는 격이다. 성직자의 길을 가거나 입산하여 수도하는 것이 좋다.

⑩ 월 천인성

월 천인은 형제 궁에 천인성이 들었으니, 자수성가의 명이로다. 일신一身에 흉터가 있어야 되니, 분수를 지키고 많이 베풀면 돕는 자가 있어서 그 신액이 줄어들 수 있다. 날짜에 천귀성을 보면 위인이 출중하고, 천권성을 보면 무리 중에 리더가 되며, 천복성을 보면 휘하에 사람이 많이 따르고, 또 모으는 재주가 있다.

반대로 흉성인 천액성이 오면 몸에 흉터를 남기고, 천파성이 오면 일이 있으나 성사되는 일이 없는 모양이니 용두사미가 되어 결국은 사람을 잃게 된다. 만약 천고성이 오면 너무 강인하고 매정하여 사람이 모이지 않는다. 그러므로 자신의 감정에 휩싸이지 말고 아랫사람에게 베풀 줄 아는 여유가 있어야 한다. 그래야만 사람이 따르고 주위에 웃음이 넘치게 되어 주위 사람으로 인한 마음고생을 하지 않게 된다.

만약 연에 천귀성이 든 쥐띠가 달에 천인성을 보면, 총명함이 강인함과 만나는 격이다. 총명함을 살려서 정부기관에 근무하면 제일 좋다.

연에 천액성이 든 소띠가 달에 천인성을 보면, 근면함과 강인함이 만나는 격이다. 원농 계통이나 건축 계통에 종사하면 좋다.

연에 천권성이 든 범띠가 달에 천인성을 보면, 권세가 강인함을 만나는 격이다. 군무관이 되거나 법조인이 되면 좋다. 군·경찰에 투신하여 간부로 시작해도 좋다.

연에 천파성이 든 토끼띠가 달에 천인성을 보면, 꾀 많은 토끼가 강인함을 만나는 격이다. 군·경찰에 종사하거나 경비 업체에 종사하면 좋다.

연에 천간성이 든 용띠가 달에 천인성을 보면, 언변이 강인함을 만나는 격이다. 일반 영업 계통이나 보험 계통에 종사하면 좋다.

연에 천문성이 든 뱀띠가 달에 천인성을 보면, 학문이 강인함을 만나는 격이다. 금융 계통이나 세무회계 계통으로 종사하면 좋다.

연에 천복성이 든 말띠가 달에 천인성을 보면, 대체로 무난하나 심성이 강한 사람은 몸에 흉터를 남기는 수술을 하게 된다. 구급차 운전이나 소방대원이 되면 좋고, 나머지도 대체로 무난하다.

연에 천역성이 든 양띠가 달에 천인성을 보면, 역성이 강인함을 만나는 격이다. 해양 계통이나 해운업에 종사하면 좋다.

연에 천고성이 든 원숭이띠가 달에 천인성을 보면, 외로움이 강인함을 만나는 격이다. 장거리 화물차 운전이나 외항어선에 승선하면 좋다.

연에 천인성이 든 닭띠가 달에 천인성을 보면, 강인함이 중첩되는 격이다. 만인을 살리는 내과 의사가 되거나 무도인의 길을 걸어가면 좋다.

연에 천예성이 든 개띠가 달에 천인성을 보면, 예술성이 강인함을 만나는 격이다. 한방업에 종사하거나 양봉업에 종사하면 좋다.

연에 천수성이 든 돼지띠가 달에 천인성을 보면, 다산의 돼지가 강인함을 만나는 격이다. 주류업에 종사하면 유리하다.

11 월 천예성

월 천예는 형제 궁에 천예성이 들었으니, 재주가 출중하여 주위 사람들로부터 인기가 좋다. 공명을 이루든지 예술가로서 성공의 운이 기다린다. 끝까지 최선을 다 해야 좋은 결실을 맺을 수 있다.

일에 천귀성이나 천복성을 보면 길 작용이 강하여 더욱 그렇다. 반대로 일에 흉성이 도래하고 있으면 예술적인 기질은 높으나, 현실적인 접목이 잘 따라 주지 않아서 생활을 영위해 나가기가 힘들다.

만약 연에 천귀성이 든 쥐띠가 달에 천예성을 보면, 총명함이 예술성을 만난 격이다. 예술성과 연관된 것이면 무난하다. 모델, 회화, 영화 계통에 종사하면 특히 유리하다.

연에 천액성이 든 소띠가 달에 천예성을 보면, 성실한 소가 예술성을 만난 격이다. 남을 위해 유형의 형태를 만들어 주는 것이면 다 좋다. 조각, 고건축, 석공예 계통에 종사하면 유리하다.

연에 천권성이 든 호랑이띠가 달에 천예성을 보면, 풍류성이 예술성을 만난 격이다. 성악, 소리, 기악연주 등에 종사하면 유리하다. 정적인 것보다 동적인 것이 유리하다.

연에 천파성이 든 토끼띠가 달에 천예성을 보면, 꾀 많은 토끼가 예술성을 만난 격이다. 생명과 아름다움이 서로 연관성을 갖고 있는 것이면 다 좋다. 사진예술, 화훼업, 공연의 기획 계통에 종사하면 유리하다.

연에 천간성이 든 용띠가 달에 천예성을 보면, 언변이 예술성을 만난 격이다. 웅변가, 연사, 뮤지컬 배우 등이 되면 남들보다 유리하다.

연에 천문성이 든 뱀띠가 달에 천예성을 보면, 학문이 예술성과 만나는 격이다. 각종 작가의 길이 무난하며, 영화감독도 좋다.

연에 천복성이 든 말띠가 달에 천예성을 보면, 복이 예술성과 만나는 격이다. 예술성이 강하지 않은 것이면 무슨 일이든 무난하다.

연에 천역성이 든 양띠가 달에 천예성을 보면, 역성과 예술성이 만나는 격이다. 각종 공연과 연관된 직업이면 무난하고, 마술사나 무용가가 되면 좋다.

연에 천고성이 든 원숭이띠가 달에 천예성을 보면, 외로움과 예술성이 만나는 격이다. 남들이 잘 하지 않는 예술 계통이면 다 좋다. 스턴트맨이나 누드모델 같은 특수한 직종이면 좋다.

연에 천인성이 든 닭띠가 달에 천예성을 보면, 강인함이 예술성을 만나는 격이다. 각종 무도武道 계통에 종사하면 좋다.

연에 천예성이 든 개띠가 달에 천예성을 보면, 예술성이 겹치는 격이다. 일반인은 불리하고 마음을 수양하는 성직자의 길이나 전문 상담직, 활인지법을 구사하는 의업醫業에 종사하면 유리하다.

연에 천수성이 든 돼지띠가 달에 천예성을 보면, 도와 술이 만나는 격이다. 음양가나 명리가, 지관地觀과 같은 각종 술사가 유리하다.

🄬 월 천수성

월 천수는 형제 궁에 천수성이 들었으니, 간섭하는 일이 많아 동분서주하게 되어 일신이 고단하다. 아쉬운 바는 일이 쉽게 이루어지지 않음이니, 때를 알고 기다리는 것이 상책이다. 성공이 후반에 있다.

일에 천권성이나 천복성을 보면 결혼으로 가정을 이룬 후에 빨리 안정을 찾으니 가정을 꾸리는 일에 신경을 쓸 것이며, 천파성이나 천고성을 보면 동병상련으로 가정을 꾸리게 되니 누구를 원망하랴! 스

스로 복이 없음이니 서로 의지하며 정을 주고받으며 사는 것이 인생
의 도리가 아니던가?

만약 연에 천귀성이 든 쥐띠가 달에 천수성을 보면, 총명함이 잠시
여유를 부리는 격이다. 사람을 상대하는 일에 수완을 발휘한다. 여자
의 명은 음이 강하여 이성 운이 불리하니 조심해야 한다. 각종 서비스
업에 종사하면 유리하다.

연에 천액성이 든 소띠가 달에 천수성을 보면, 액성厄星이 도를 만난
격이다. 일신의 변고로 전화위복이 되어 한가로움을 맞이하게 된다.
농축산업이나 임업 계통의 건강식품이나 건강보조식품과 연관이 있
는 것이면 유리하다.

연에 천권성이 든 호랑이띠가 달에 천수성을 보면, 권세가 도를 만
난 격이다. 인생의 법칙을 배워서 정계에 몸을 담으면 유리하다.

연에 천파성이 든 토끼띠가 달에 천수성을 보면, 토끼가 도를 배우
는 격이다. 사람을 만나는 일이면 다 좋다. 학습지 선생님이나 판매를
담당하는 판촉팀 직원, 각종 서비스업에 유리하다. 스케일이 작을수
록 유리하고 커지면 불리하다.

연에 천간성이 든 용띠가 달에 천수성을 보면, 용이 도를 만나는 격
이다. 용이 승천하는 방법을 배워서 재주를 부리게 된다. 출중한 언변
으로 사람을 자유자재로 다루니 단체 생활을 하는 것이면 다 좋다. 공
공기관에 근무하거나 언론이나 홍보 계통에 종사하면 유리하다.

연에 천문성이 든 뱀띠가 달에 천수성을 보면, 학문성이 도를 만난

격이다. 답이 명확한 수학을 전공하거나 원리를 발견하는 물리학자가 되면 유리하다.

연에 천복성이 든 말띠가 달에 천수성을 보면, 복성이 여유로움을 만난 격이다. 인생에서 특별히 고민스런 것이 없다. 남을 위하는 일에 종사하면 보람을 느끼며 살아간다. 사회사업가, 사회 복지사가 적합하고 각종 비영리 단체를 운영하면 유리하다.

연에 천역성이 든 양띠가 달에 천수성을 보면, 역성이 한가로움을 만난 격이다. 경치가 좋은 곳의 가든 경영이나 산장 형태의 숙박업을 운영하면 좋다.

연에 천고성이 든 원숭이띠가 달에 천수성을 보면, 의로움이 도를 만난 격이다. 같이 있는 것보다 혼자 있을 때 존재의 참 의미를 느낀다. 암벽 등반가, 산악인, 탐험가 등이 적합하다.

연에 천인성이 든 닭띠가 달에 천수성을 보면, 강인함이 도를 만난 격이다. 무예를 연마하여 도장을 운영하거나 사범으로 남을 가르치면 좋다. 검도장 운영, 각종 무예 사범이 적합하다.

연에 천예성이 든 개띠가 달에 천수성을 보면, 예술성이 도를 만난 격이다. 도예가가 되거나 한약재를 취급하는 곳에 종사하면 좋다.

연에 천수성이 든 돼지띠가 달에 천수성을 보면, 천수성이 겹치는 격이다. 세상은 바쁘게 돌아가나 내가 구축하는 세계는 색다른 세계로 급할 것이 없다. 명상센터나 단식원, 요가원을 운영하면 좋고, 입산하여 수도하면 제일 좋다.

5. 말년운 보는법

찾는 법

세로 줄에서 본인의 달이 가진 12운성의 의미를 찾고, 그 줄에 있는 태어난 날을 찾아서 위에 연결되는 가로 줄의 12운성의 의미를 찾으면 본인의 말년운에 해당하는 12운성이 된다.

예 1 쥐띠 3월 18일생의 건명(남자)이면 〈중년운 달로 보는 법－남명〉에 의해 월 천권성의 운을 가진다. 먼저 세로 줄에서 본인의 중년운에 해당하는 월 천권성을 먼저 찾으면 셋째 칸에서 발견할 수 있다. 이어서 본인의 태어난 날에 해당하는 18일을 찾아 나가면 여덟 번째 칸에 18이 있으므로 그 위에 12운성의 의미를 찾으면 천역성이 된다. 따라서 이 남자의 말년운은 천역성에 해당된다.

예 2 원숭이띠 2월 24일생의 곤명(여자)이면 〈중년운 달로 보는 법－여명〉에 의해 월 천역성의 운을 가진다. 따라서 먼저 세로 줄에서 본인의 중년운에 해당하는 월 천역성을 먼저 찾으면 여덟 번째 칸에서 발견할 수 있다. 이어서 본인의 태어난 날에 해당하는 24일을 찾아 나가면 아홉 번째 칸에 24가 있으므로, 그 위에 12운성의 의미를 찾으면 천고성이 된다. 따라서 이 여자의 말년운은 천고성에 해당한다.

마음의 자세

날짜로 보는 말년운은 본인 궁으로 배우자의 관계와 가정의 운을 나타낸다. 본인이 그 동안 열심히 살았는지 아닌지는 본인의 대보다 자식 대에 나타난다. 그래서 예부터 '자식 농사는 마음대로 안 된다'는 말이 있는 것처럼 말년의 운은 자식의 운이면서 노년의 운에 해당하는 총운과 연결되어 있어서 그에 따라 좌우가 많이 된다. 따라서 시에 해당하는 총운과의 관계를 잘 살펴서 길흉의 정도를 파악하면 무리가 없으리라고 본다.

12운성 띠	천귀성	천액성	천권성	천파성	천간성	천문성	천복성	천역성	천고성	천인성	천예성	천수성
월천귀	1/13	2/14	3/15	4/16	5/17	6/18	7	8	9	10	11	12
	25	26	27	28	29	30	19	20	21	22	23	24
월천액	12	1/13	2/14	3/15	4/16	5/17	6/18	7	8	9	10	11
	24	25	26	27	28	29	30	19	20	21	22	23
월천권	11	12	1/13	2/14	3/15	4/16	5/17	6/18	7	8	9	10
	23	24	25	26	27	28	29	30	19	20	21	22
월천파	10	11	12	1/13	2/14	3/15	4/16	5/17	6/18	7	8	9
	22	23	24	25	26	27	28	29	30	19	20	21
월천간	9	10	11	12	1/13	2/14	3/15	4/16	5/17	6/18	7	8
	21	22	23	24	25	26	27	28	29	30	19	20
월천문	8	9	10	11	12	1/13	2/14	3/15	4/16	5/17	6/18	7
	20	21	22	23	24	25	26	27	28	29	30	19
월천복	7	8	9	10	11	12	1/13	2/14	3/15	4/16	5/17	6/18
	19	20	21	22	23	24	25	26	27	28	29	30
월천역	6/18	7	8	9	10	11	12	1/13	2/14	3/15	4/16	5/17
	30	19	20	21	22	23	24	25	26	27	28	29
월천고	5/17	6/18	7	8	9	10	11	12	1/13	2/14	3/15	4/16
	29	30	19	20	21	22	23	24	25	26	27	28
월천인	4/16	5/17	6/18	7	8	9	10	11	12	1/13	2/14	3/15
	28	29	30	19	20	21	22	23	24	25	26	27
월천예	3/15	4/16	5/17	6/18	7	8	9	10	11	12	1/13	2/14
	27	28	29	30	19	20	21	22	23	24	25	26
월천수	2/14	3/15	4/16	5/17	6/18	7	8	9	10	11	12	1/13
	26	27	28	29	30	19	20	21	22	23	24	25

말년운 날짜로 보는 법 – 여명

12운성 / 띠	천귀성	천액성	천권성	천파성	천간성	천문성	천복성	천역성	천고성	천인성	천예성	천수성
월천귀	1/13	12	11	10	9	8	7	6/18	5/17	4/16	3/15	2/14
	25	24	23	22	21	20	19	30	29	28	27	26
월천액	2/14	1/13	12	11	10	9	8	7	6/18	5/17	4/16	3/15
	26	25	24	23	22	21	20	19	30	29	28	27
월천권	3/15	2/14	1/13	12	11	10	9	8	7	6/18	5/17	4/16
	27	26	25	24	23	22	21	20	19	30	29	28
월천파	4/16	3/15	2/14	1/13	12	11	10	9	8	7	6/18	5/17
	28	27	26	25	24	23	22	21	20	9	30	29
월천간	5/17	4/16	3/15	2/14	1/13	12	11	10	9	8	7	6/18
	29	28	27	26	25	24	23	22	21	20	19	30
월천문	6/18	5/17	4/16	3/15	2/14	1/13	12	11	10	9	8	7
	30	29	28	27	26	25	24	23	22	21	20	19
월천복	7	6/18	5/17	4/16	3/15	2/14	1/13	12	11	10	9	8
	19	30	29	28	27	26	25	24	23	22	21	20
월천역	8	7	6/18	5/17	4/16	3/15	2/14	1/13	12	11	10	9
	20	19	30	29	28	27	26	25	24	23	22	21
월천고	9	8	7	6/18	5/17	4/16	3/15	2/14	1/13	12	11	10
	21	20	19	30	29	28	27	26	25	24	23	22
월천인	10	9	8	7	6/18	5/17	4/16	3/15	2/14	1/13	12	11
	22	21	20	19	30	29	28	27	26	25	24	23
월천예	11	10	9	8	7	6/18	5/17	4/16	3/15	2/14	1/13	12
	23	22	21	20	19	30	29	28	27	26	25	24
월천수	12	11	10	9	8	7	6/18	5/17	4/16	3/15	2/14	1/13
	24	23	22	21	20	19	30	29	28	27	26	25

1 일 천귀성

　일 천귀는 본인 궁에 천귀성을 타고난 것을 말한다. 따라서 결혼한 후, 중년에 공명^{功名}을 이루어 이름을 날리거나 부를 축적하여 남들로부터 부러움을 받게 된다. 다만, 안타까운 것은 규방이 외로울 수가 있으니 각별히 신경을 써야 부부가 해로^{偕老}할 수 있다.

　만약 일^{日}에 천귀성을 타고난 사람 중에서 월에 천액성이나 천파성을 가지거나 천고성을 타고난 사람은 운이 많이 줄어들어 중년 늦게 세운^{歲運}이 열리는 시기에 자리를 잡게 되고[61], 그렇지 않으면 배우자의 내조로 생활을 꾸려가게 된다.

　월에 천복성을 타고난 사람은 부귀겸전^{富貴兼全}이니 보통 사람은 복을 감당하기 힘들어 변고^{變故}가 많겠다. 그렇지 않으려면 큰 재주를 연마하여 세상을 경영하는 재주가 있어야 한다.

　만약 월에 천귀성이 든 사람이 일에 천귀성을 보면, 일찍 하는 결혼은 후회가 생길 수 있다. 서로 간에 조심하여 후회할 일을 만들지 않는 것이 좋다. 만약에 동거 생활을 하면 나중에 인연이 바뀔 가능성이 많다. 동거남이 이 운을 가졌으면 동거녀는 이 동거남을 잡는 것이 좋다. 지금은 힘들어도 공부하는 사람이면 차후에 나은 생활이 보장된다.

　월에 천액성이 든 사람이 일에 천귀성을 보면, 결혼을 한 후 안정이 빨리 된다. 배우자를 고를 때 신중할 필요가 있다. 그렇지 않으면 재혼

---

61) 자기 띠에 따라서 다르나, 대체로 삼합이 드는 해이거나 용신(用神)이 드는 해라고 보면 틀림이 없다.

의 운이 도사리고 있다.

월에 천권성이 든 사람이 일에 천귀성을 보면, 출세의 길을 달릴 수 있다. 잠시 가정에 소홀할 수도 있으니 특별히 신경을 써야 한다.

월에 천파성이 든 사람이 일에 천귀성을 보면, 배우자의 도움으로 가정이 자리를 잡아가는 격이다. 가정에 충실하면서 작은 것부터 하나씩 만들어 가는 것이 좋다.

월에 천간성이 든 사람이 일에 천귀성을 보면, 언변이 출중하고 총명하니 뜻하는 바를 이룰 수 있다. 아랫사람을 챙길 수 있는 마음의 여유를 가질 수 있으면 일이 쉽게 이루어진다.

월에 천문성이 든 사람이 일에 천귀성을 보면, 학문이 총명함을 만나는 격이다. 교육 계열에 종사하는 사람은 중요한 사람이 된다.

월에 천복성이 든 사람이 일에 천귀성을 보면, 부귀겸전의 명을 이루게 된다. 젊어서는 부를 이루고, 이를 발판으로 하여 지인을 사귀게 되며 그들이 수준이 있어서 귀를 이룬다. 또는 배우자나 자식이 총명할 수도 있다.

월에 천역성이 든 사람이 일에 천귀성을 보면, 타지나 외국에서 잘 되는 경우다. 외국과 교역을 하거나 유학 생활을 하는 사람은 좋다.

월에 천고성이 든 사람이 일에 천귀성을 보면, 그 동안의 수고로움이 좋은 결과를 맺게 된다. 본인이 관리만 잘하면 자신의 대(代)부터 집안이 번성하기 시작한다.

월에 천인성이 든 사람이 일에 천귀성을 보면, 자기가 속한 단체에서 알아주는 중견인이니 큰 실수만 없으면 중후만 멋으로 인생을 보내게 된다.

월에 천예성이 든 사람이 일에 천귀성을 보면, 예술 분야에서 지명도가 있게 되니 관리만 잘 하면 부도 얻을 수 있다.

월에 천수성이 든 사람이 일에 천귀성을 보면, 입산수도하거나 성직자의 길을 걸어가는 사람은 실력이 있어서 대중들에게 지명도가 있게 된다.

② 일 천액성

일 천액은 부부의 궁에 천액성이 들었으니, 배우자의 몸에 흠이 있는 형상이다. 그러므로 특별히 신경을 쓰지 않으면 생사별을 면하기 힘들다. 월에 흉성인 천액성, 천파성, 천고성이 있으면 본인의 능력이 작아서 배우자 운세 또한 약한 것이니, 동병상련同病相憐의 마음으로 서로를 위로하며 살아가는 것이 상책이요, 월에 복성인 천귀성, 천권성, 천복성이 들었으면 노력하여 그 액을 면할 수도 있다. 시에 만약 흉성이 들었으면 자식과의 인연이 약함이니, 자식이 몸이 약하거나 자식을 두기 어렵다. 배우자와 같이 특별한 노력을 기울여야 후사를 잇게 된다.

만약 월에 천귀성이 든 사람이 일에 천액성을 보면, 배우자가 소심하여 스트레스를 많이 받는다. 궁합을 보고 선택하는 것이 좋다.

월에 천액성이 든 사람이 일에 천액성을 보면, 동병상련에 해당하는 배우자를 만나서 가정을 지켜간다. 불초한 자식이 생기지 않을까 걱정된다. 없는 가운데서도 베푸는 넉넉한 마음을 가져야 가정이 화목해진다.

월에 천권성이 든 사람이 일에 천액성을 보면, 출세 가도를 달리던 사람이 연이 닿지 않아서 중도에 하차하는 수가 있다. 실력을 연마하든지 좋은 연을 잘 만들어야 한다.

월에 천파성이 든 사람이 일에 천액성을 보면, 본인이 부족해서 배우자가 고생하는 격이다. 서로간에 위로하고 의지하며 꿋꿋하게 사는 모습이 있어야 자식 대에 빛을 보게 된다.

월에 천간성이 든 사람이 일에 천액성을 보면, 말이 교묘하여 오해를 불러일으켜서 중도에 떨어지는 수가 있다. 능력도 중요하지만 주위 사람으로부터 진실한 모습을 인정받는 것이 중요하다.

월에 천문성이 든 사람이 일에 천액성을 보면, 교육계에 종사하면 사표師表로서 이름은 얻으나 고지식하여 가정의 희생이 많아지게 된다.

월에 천복성이 든 사람이 일에 천액성을 보면, 돈이 쉽게 들어오나 나가기도 잘 해서 모으기가 어렵다. 그렇지 않으면 가족 중에 아픈 사람이 생긴다.

월에 천역성이 든 사람이 일에 천액성을 보면, 몸과 마음이 분주하여 피곤하다 병을 얻는 격이다. 생활이 안정되는 과정에서 병이 생기니 안타깝다. 건강이 재산이라는 생각으로 평소에 관리를 잘 해야 후회가 없게 된다.

월에 천고성이 든 사람이 일에 천액성을 보면, 혼자서 자수성가하려다가 병을 얻는다. 더불어 살 때 기회가 더 많은 이치를 알아야 탈이 없다.

월에 천인성이 든 사람이 일에 천액성을 보면, 본인은 강인하나 여건이 어려워서 그만 병이 들고 만다. 기회는 다음에도 있으므로 돌아가는 여유를 발휘하면 좋다.

월에 천예성이 든 사람이 일에 천액성을 보면, 본인의 안목이 인정을 받지 못해 마음의 상처를 받는다. 때를 만나지 못한 것이라 스스로 위안하며 실력을 더 연마하는 것이 좋다.

월에 천수성이 든 사람이 일에 천액성을 보면, 마음이 한가롭다가 일에 낭패를 본다. 미리미리 준비해서 급하게 처리하지 않으면 잘 넘길 수 있다.

❸ 일 천권성

일 천권은 본인 궁에 권세가 들었으니, 임금님으로부터 명을 받아서 그 권세를 사용함과 같아 그 권세가 하늘을 찌르고도 남는다. 그러나 아무리 좋은 권세도 10년을 넘지 못한다고 했으니, 세만 믿고 관리하지 못하면 망하고, 아랫사람을 잘 키우면 계속 흥한다. 복이 약한 사람은 배우자의 덕을 보게 된다.

일에 천권이 든 사람 중에서 연에 천귀성이나 천권성, 천인성을 보고 월에 다시 천권성이나 천간성을 보면 팔자가 엄숙한 격이라 반드시 한 조직의 리더가 되고도 남는다.

꺼리는 바는 월에 천파성이나 천고성을 보는 것을 말함인데, 이는 인복이 없음이니 상생관계가 되지 못해서 일 천권 권세의 인연을 살리지 못하는 이치에 해당한다.

만약 월에 천귀성이 든 사람이 날짜에 천권성을 보면, 총명으로 등과급제하여 출세가도를 달린다. 만인이 우러러보니 자기 관리만 잘하면 부도 이룰 수 있다.

월에 천액성이 든 사람이 일에 천권성을 보면, 이제까지의 고생이 결실을 맺는다. 가족과 주위 사람에게 고마움을 돌릴 줄 알면 행복이 오래 지속된다.

월에 천권성이 든 사람이 일에 천권성을 보면, 실력과 후원자로 인하여 남보다 빨리 승진이 된다. 정도正道로 운영을 잘하면 빨리 내려오는 것을 막는다. 오르는 것이 빠르면 내려오는 것도 빠른 이치에 해당하는 것이다.

월에 천파성이 든 사람이 일에 천권성을 보면, 본인의 실력으로 생활을 영위해 나간다. 이제부터 시작이라는 마음으로 하나씩 이루어 나가면 주위의 부러움을 얻는다. 전화위복이 된다.

월에 천간성이 든 사람이 일에 천권성을 보면, 언변으로 권세를 얻는다. 잘 나갈수록 밑을 보고 올라가야 떨어지지 않는다. 정치에 투신해도 성공한다.

월에 천문성이 든 사람이 일에 천권성을 보면, 배움으로 권세를 영위하게 된다. 교육계에 종사하는 사람은 학교장은 기본이니 인연을 잘 만들어 가는 것이 좋다.

월에 천복성이 든 사람이 날짜에 천권성을 보면, 주위에 도와주는 사람이 많으니 이보다 더 좋은 힘이 없다. 조금만 노력해도 원하는 바를 쉽게 얻을 수 있다.

월에 천역성이 든 사람이 일에 천권성을 보면, 가는 곳마다 권세가 있으니 재주가 비상하다. 상업으로 천금을 희롱하거나 주위의 도움으로 일이 쉽게 성취된다.

월에 천고성이 든 사람이 일에 천권성을 보면, 나에게 주어진 외로움이 직업으로 소멸된다.

월에 천인성이 든 사람이 일에 천권성을 보면, 심성이 강인하여 반드시 다른 사람 위에 서게 된다. 어려움을 만나도 정면 돌파하면 이겨낼 수 있다. 배우자도 본인의 수준에 맞는 스타일이 큰 사람이 잘 어울리게 된다.

월에 천예성이 든 사람이 일에 천권성을 보면, 예술적 안목을 가진 사람이 행정력도 겸하니 남 앞에 설 기회가 많게 된다. 큰 실수만 하지 않으면 부도 이룰 수 있다.

월에 천수성이 든 사람이 일에 천권성을 보면, 정직한 대가로 부를 이룬다. 입산수도한 사람은 실력이 있어서 대중에게 나서는 기회가 많게 된다.

4 일 천파성

일 천파^{天破}는 부부 궁에 천파성이 들었으니, 결혼이 늦거나 생·사별수가 있게 된다. 그러므로 일 천파가 든 사람이 배우자를 정할 때에는, 내가 가진 조건의 70~80% 정도로 조금 못한 대상을 고른다면 늦게까지 독신을 고집하지 않아도 되고, 그 인연으로 생이별을 면할 수 있게 된다.

만약, 일찍 운을 열고 싶으면 인연을 소중히 여겨 최선을 다하고 좋은 인연을 많이 맺어주면 그 인연으로 운이 빨리 열릴 수 있게 된다.[62]

월에 복성이 든 사람이 이 운을 만나면 운이 잠시 주춤됨이요, 반대로 월에 흉성이 든 사람이 이 운을 만나면 더욱 흉하니, 나의 인복이 부족해서 일이 틀어짐을 느끼고 조심해서 후일을 기약함이 좋다. 출세가도를 달리는 사람이 이 운을 만나면 복이 바뀌어 화가 된다. 인생의 참맛을 알게 하기 위해 인생의 늪이 준비하고 기다리는 모양이니, 지혜로운 자는 물러섬으로써 피해나가고, 자신을 맹신하는 자는 화를 입는다. 이것도 내가 선택함이니, 누구에게 하소연 하겠는가?

만약 월에 천귀성이 든 사람이 일에 천파성을 보면, 총명함이 결혼을 한 후 줄어들게 된다. 배우자를 선택할 때 신중히 해야 후회가 없다.

월에 천액성이 든 사람이 일에 천파성을 보면 동병상련이다. 비슷한 사람끼리 서로 이해하며 살아가는 것이 제일 좋다.

월에 천권성이 든 사람이 일에 천파성을 보면, 출세가도를 달리는 사람이 한때 생각을 잘못 일으킨 이유로 미끄러지게 된다. 주위에 자문을 구하는 것이 좋다.

월에 천파성이 든 사람이 일에 천파성을 보면, 젊어서 풍파를 겪어

---

62) 천파성은 인복(人福)이 약하므로 만남의 인연을 중요시하면 연개호운(緣開好運: 인연이 좋은 운을 만든다는 의미로, 만남이 중요하다는 말)하여 본인도 모르는 사이에 좋은 사람을 만나서 그로 인해 운이 상승하게 된다.

산전수전 다 겪은 이후라 득도 실도 없다. 스스로 헤쳐 나가면서 작은 보금자리를 빨리 마련하는 것이 유리하다.

월에 천간성이 든 사람이 일에 천파성을 보면, 권위의식에 의해 주위 사람의 신뢰를 못 얻어서 풍파를 만난다. 높은 자리에 있을 때, 밑을 살필 줄 알아야 한다.

월에 천문성이 든 사람이 일에 천파성을 보면, 결혼을 한 이후에 많이 기울게 되므로 배우자 선택 시 신중함을 기하는 것이 좋다. 양가의 반대를 무릅쓰고 하는 결혼은 반드시 후회가 있게 된다.

월에 천복성이 든 사람이 일에 천파성을 보면, 중년 이후에 새로 일을 도모하다 낭패를 보게 된다. 동업은 절대 금물이며, 돈을 빌려 주어도 받지 못한다.

월에 천역성이 든 사람이 일에 천파성을 보면, 이동하는 곳마다 실패를 겪으니 상담을 받아서 자리를 찾는 것이 중요하다.

월에 천고성이 든 사람이 일에 천파성을 보면, 주위에 믿을 사람이 없다. 돈을 빌려 주고도 욕을 들어먹지 않으면 다행이다.

월에 천인성이 든 사람이 일에 천파성을 보면, 강인한 것이 화근이다. 때와 장소를 가려서 강해야 한다. 여성에게 폭력은 금물이다.

월에 천예성이 든 사람이 일에 천파성을 보면, 너무 앞서가는 것도 좋지 않다. 주위에서 인정해 주는 범위를 잘 정해야 실속이 있게 된다.

월에 천수성이 든 사람이 일에 천파성을 보면, 결혼이 잘 이루어지지 않는다. 집에서 반대하는 결혼은 큰 부담이니 원만한 사람을 잘 선택하는 것이 좋다. 그렇지 않으면 가정에 풍파가 기다린다.

일 천간^{天妍}은 본인 궁에 간이 들었으니, 물고기가 물을 만난 격에 해당하여 나의 능력을 한껏 펼칠 기회가 온다. 조심스러운 것은 규방에서 두 사람이 나를 기다릴 수가 있으니, 조심하지 않으면 후회가 따른다. 이 운이 여명에 있으면 여자의 운세가 너무 강해서, 배우자와 이혼하거나 남자가 기세에 눌려 오히려 몰래 외도를 하게 된다. 그러므로 자신의 능력보다 더 뛰어난 남자를 만나든지, 가정에 충실하여 남자가 가족간의 정을 느낄 수 있게 해야 뒷탈이 없어서 두 마리의 토끼를 한꺼번에 잡을 수 있게 된다.

일 천간을 가진 자가 월에 천권성을 가지고 시에 복성을 가지면, 고위직에 있는 사람이 될 수 있다. 만약 이 복성을 누리지 못하면, 오히려 몸에 병이 생겨 하강의 운을 맞으며 인생을 정리하는 차원에서 살아가게 된다.

만약 월에 천파성이나 천고성을 보면, 실력은 있으나 혼자만의 실력이라 진흙 속에 진주가 있는 격이니 빛이 나기 힘들다. 의외로 나를 알아주는 사람을 만나면 능력은 발휘되나 주위의 구설이 항상 뒤따르니, 대인관계를 특히 원만히 할 필요가 있다.

만약 월에 천귀성이 든 사람이 일에 천간성을 보면, 총명함을 바탕으로 인물이 출중해지나 자기 관리를 잘 해야 우러러 보는 자리에 이른다.

월에 천액성이 든 사람이 일에 천간성을 보면, 성실한 사람이 언변까지 출중하니 주위 사람들이 약간은 부담스러울 수가 있다. 아래 사람을 잘 챙겨 주면 더 많은 사람으로부터 존경을 받게 된다.

월에 천권성이 든 사람이 일에 천간성을 보면, 세도를 가진 사람이 언변이 출중하니 많은 사람이 따른다. 주위 사람과 더불어서 일을 추진하면 호감을 얻어서 일이 더 잘 될 수 있다.

월에 천파성이 든 사람이 일에 천간성을 보면, 말은 잘 하나 실천이 약하거나 주위 배경이 약하다. 허세를 부리지 말고 작은 것에서 이루어 나가는 모습이 오히려 아름답게 보이게 된다. 배우자가 본인의 집을 낮게 보는 편협한 시각을 가질 수 있다.

월에 천간성이 든 사람이 일에 천간성을 보면, 실력과 배경이 있는 사람이다. 너무 따지지 말고 더불어 행하는 모습이 돋보이면 많은 사람을 모을 수 있다. 배우자 운은 잠시 떨어져 있는 것이 좋다.

월에 천문성이 든 사람이 일에 천간성을 보면, 실력과 이론이 겸비된 사람이다. 현실에 바탕을 두고 접목만 잘 시키면 성공이 보장되는 사람이다. 배운 이론을 토대로 하나씩 풀어나가면 좋다.

월에 천복성이 든 사람이 일에 천간성을 보면, 주위의 좋은 배경이 나를 도와주니 설득만 잘 하면 된다.

월에 천역성이 든 사람이 일에 천간성을 보면, 타지에서 좋은 사람을 만나서 가정을 꾸려 나갈 수 있다. 배우자의 도움을 많이 보게 된다.

월에 천고성이 든 사람이 일에 천간성을 보면, 배우자 덕으로 산다. 서로 신뢰하며 사는 것이 중요하다.

월에 천인성이 든 사람이 일에 천간성을 보면, 언변이 좋아서 사람을 끄는 매력은 있으나 강인함이 지나쳐서 자주 부딪치게 된다. 양보가 더 많은 사람을 모을 수 있다는 믿음을 가지는 것이 중요하다.

월에 천예성이 든 사람이 일에 천간성을 보면, 예술적인 안목이 있는 사람이 언변이 뛰어나므로 예술 계통에서 남을 가르치게 된다. 나중에 제자의 후광도 얻을 수 있다.

월에 천수성이 든 사람이 일에 천간성을 보면, 도를 이론으로 설명하는 데 유능하니 제자를 키워 내는 일에 치중하면 좋다.

6 일 천문성

일 천문天文은 본인과 배우자 궁에 문(文: 배움의 인연)이 들어 마음이 정직하고 고상하니, 학문에만 매진하면 일가를 이루고도 남음이 있고 의식이 풍족하겠다. 근심스러운 바는 규방의 원앙새가 외로우나 관록을 얻으면 자연히 소멸된다.

일 천문성을 가진 사람이 시에 천액성을 가지게 되면 운이 약해서 관록을 얻기 힘들게 된다. 그러므로 본인의 능력을 알아주는 사람을 만나면 직위가 낮더라도 출사出師를 하는 것이 좋다. 그렇지 않으면 운의 곤궁함으로 몸에 병을 얻기 쉽다. 시에 천권성이나 천인성을 보면 반드시 출사표를 던질 만한 귀인과 상봉하게 되니, 때를 기다리는 것이 현명한 선택이 될 수 있다. 남자는 자기를 알아주는 사람을 위해 목숨을 바치고, 여자는 자기를 알아주는 사람을 위해 치장을 한다고 하지 않았던가? 나와 뜻이 통하는 사람을 만나는 것이 중요하게 작용한다.

만약 월에 천귀성이 든 사람이 일에 천문성을 보면, 총명함이 학문으로 일가一家를 이루게 된다.

월에 천액성이 든 사람이 일에 천문성을 보면, 형제 중에서 많이 배운 인연으로 유복한 생활을 하게 된다. 나누어 가질 수 있는 미덕을 발휘할 수 있으면 이 행복이 오래 간다.

월에 천권성이 든 사람이 일에 천문성을 보면, 형제들은 공직 생활을 하나 자신은 학문에 관심이 있다. 교육계에 종사하면 주위의 도움으로 승승장구할 수 있다.

월에 천파성이 든 사람이 일에 천문성을 보면, 주위의 인덕이 없으니 나의 실력으로 자수성가한다. 배우면 복록이 늘어나니 기회를 잘 잡도록 하라.

월에 천간성이 든 사람이 일에 천문성을 보면, 언론에 관심이 많다. 칼럼니스트가 되거나 작가로서의 길을 걸어가는 것이 좋다.

월에 천문성이 든 사람이 일에 천문성을 보면, 교육자 집안이다. 배우자가 직업이 같으면 자식도 교육에 적성이 있게 된다.

월에 천복성이 든 사람이 일에 천문성을 보면, 부를 바탕으로 학문에 뜻이 있으니 학원을 세워서 운영하게 되거나 학교 법인을 세워서 운영하게 된다.

월에 천역성이 든 사람이 일에 천문성을 보면, 자동차 학원을 운영하면서 가르치는 일을 하거나 해양에 관련된 일을 하게 된다.

월에 천고성이 든 사람이 일에 천문성을 보면, 타지나 외국에 나가서 배우는 기회를 갖게 되고 자수성가를 하게 된다.

월에 천인성이 든 사람이 일에 천문성을 보면, 도장을 운영하는 데 있어서 알기 쉽게 잘 가르쳐 주니 원생들이 많이 모이게 된다.

월에 천예성이 든 사람이 일에 천문성을 보면, 예술 계통에서 이론 체계를 세우게 되어 제자들이 많이 모이게 된다.

월에 천수성이 든 사람이 일에 천문성을 보면, 종교나 도에 박학다식하여 신자나 제자들이 많이 모이게 된다.

7 일 천복성

일 천복天福은 배우자와 본인 궁에 인복이 들었으니, 재주가 비상하여 상업에 종사하면 천금을 희롱하게 된다. 한때 찾아오는 신액만 조심하면 부를 이루고도 남음이 있게 된다.

월에 천귀성을 보거나 천문성을 보는 사람은 일 천복의 운세가 강하게 작용하여 자수성가의 명을 띠게 되니, 부모로부터 유산을 물려받으면 오히려 운이 줄어든다. 이 운을 가진 사람이 시어도 복성을 띠면 걱정이 없는 순탄한 명이 되며, 시에 천예성을 가지면 변화무쌍한 명이 되고, 시에 만약 흉성을 보게 되면 하강운인 삼재운에 의해 복이 줄어들어 기우는 것이니, 능력이 될 때 미래를 대비하여 투자를 할 줄 아는 지혜가 필요하다.

만약 월에 천귀성이 든 사람이 일에 천복성을 보면, 브귀겸전의 명이다. 나라의 녹을 입는 사람과 교제하면 복록이 늘어나나, 바르면 길하고 이익을 위해 사귀면 흉하다.

월에 천액성이 든 사람이 일에 천복성을 보면, 주위에 인덕은 없으나 집안의 복이 나에게 비추니 영화로움이 있다. 형제간에 나눌 수 있는 마음의 여유가 있으면 오래 간다.

월에 천권성이 든 사람이 일에 천복성을 보면, 나라의 녹을 먹는 복성福星이 들었다. 만인이 존경하니 아래 사람을 잘 살펴주면 복이 오래 간다.

월에 천파성이 든 사람이 일에 천복성을 보면, 형제간에 우애가 없으니 자수성가의 명이다. 형제들에게 의지하는 것보다 내가 만들어서 나누어 주는 것이 빠르다.

월에 천간성이 든 사람이 일에 천복성을 보면, 언론계에 종사하여 부를 이루게 된다. 월에 천문성이 든 사람이 일에 천복성을 보면, 교단에 서거나 교육 공무원으로 종사하여 안정된 생활을 영위해 나간다.

월에 천복성이 든 사람이 일에 천복성을 보면, 명문가의 집안이다. 배우자도 좋은 집안의 자손이니 부러울 바가 없다. 시의 운에 따라 변화의 폭이 좌우된다.

월에 천역성이 든 사람이 일에 천복성을 보면, 운송업으로 생활을 해 나간다. 월에 천고성이 든 사람이 일에 천복성을 보면, 자수성가의 명이다. 주위의 도움을 기대하지 마라. 얻기 어렵다.

월에 천인성이 든 사람이 일에 천복성을 보면, 경호업이나 군·경찰에 투신하여 안정된 생활을 해 나간다.

월에 천예성이 든 사람이 일에 천복성을 보면, 예술 방면에 지명도가 있어서 안정된 생활을 영위해 나간다.

월에 천수성이 든 사람이 일에 천복성을 보면, 성직자나 각종 상담직에 종사하여 안정된 생활을 해 나간다.

8 일 천역성

일 천역天驛은 본인 궁에 역마가 들었으니, 역마가 문門에 이른 것이다. 집에 가만히 있으면 불리하고, 출타를 하면 곳곳에 이로움이 있다. 걱정되는 바는 부부 궁에 생이별이 들었으니 외기러기가 홀로 날아가는 형상이 된다. 시에 복성이 도래하여 역마의 운이 길성이 되면, 잠시 한때의 생이별로 끝나고, 흉성이 자리 잡고 있으면 잠깐의 이별이 영원한 이별로 이어지기도 한다.

시에 천귀성이나 천권성, 천간성, 천문성, 천복성을 코면 좋고, 천액성이나 천파성, 천고성, 천역성은 꺼린다. 천귀성과 천복성은 의식이 풍족하여 좋으며, 천권성과 천간성, 천문성은 관록을 입는 경우라서 좋고, 천액성은 몸에 병이 찾아오니 좋지 않으며, 천파성은 동분서주해도 일이 이루어지지 않아 허송세월하는 방랑객의 신세이니 한탄스럽고, 천고성은 만리타향 객지에서 이 한 몸 의지할 곳 만나기 힘드니 외로운 신세라 좋지 않으며, 천역성은 노년까지 동분서주하는 역마의 운이니 일신이 고달픈 명이기 때문에 좋지 않다.

만약 월에 천귀성이 든 사람이 일에 천역성을 보면, 기술이나 재주로 돌아다니며 생활한다. 한때 생이별이 있게 된다.

월에 천액성이 든 사람이 일에 천역성을 보면, 직장을 자주 옮기게 된다.

월에 천권성이 든 사람이 일에 천역성을 보면, 부임지를 자주 옮기는 인연이 있다. 해외에 근무하는 것도 좋다.

월에 천파성이 든 사람이 일에 천역성을 보면, 직장을 자주 옮기거나 이사를 자주 하게 된다.

월에 천간성이 든 사람이 일에 천역성을 보면, 영업팀에 근무하거나 판매원으로 종사하여 생활을 해 나가면 유리하다.

월에 천문성이 든 사람이 일에 천역성을 보면, 공부를 위해 유학을 가거나 강단에 서기 위해 타 지역에 가서 살게 된다.

월에 천복성이 든 사람이 일에 천역성을 보면, 해외 무역업으로 천금을 희롱하게 된다.

월에 천역성이 든 사람이 일에 천역성을 보면, 역성驛星이 중첩되니 운수업을 하거나 교통기관과 연관이 있는 곳에 근무하여 생활을 해 나간다. 배우자 운수에 외로움의 운수가 들어 있다.

월에 천고성이 든 사람이 일에 천역성을 보면, 거처를 자주 옮겨서 사람을 사귈 기회가 상대적으로 줄어들게 된다.

월에 천인성이 든 사람이 일에 천역성을 보면, 제반 건축업에 종사하여 생활해 나간다.

월에 천예성이 든 사람이 일에 천역성을 보면, 모델이나 설치 예술에 종사하여 생활해 나간다.

월에 천수성이 든 사람이 일에 천역성을 보면, 운수 기관의 매표 안내원이나 역이나 터미널 근처의 숙박업에 종사하며 생활을 해 나간다.

일 천고天孤는 부부 궁에 고독한 운이 들었으니, 내 방에 다리가 2개뿐이다. 생사별을 하거나 같이 살더라도 떨어져 있는 날이 많다. 전생의 부부인연 중에 나의 배우자에게 빚이 남아 있는 과보니, 스님들께 옷 보시布施를 많이 하거나 좋은 인연을 만들어 주면 그 액을 빨리 면한다.

시에 천고성을 다시 보거나 천액성天厄星, 천파성을 보견 자식의 인연도 약하니, 2세를 만들 떠 일기日氣, 시간, 부부의 생체리듬 같은 것에 신경을 많이 써야 한다. 그렇지 않으면 불초不肖한 자식이 나오게 된다. 시에 복성을 만나면 결혼은 어렵게 하더라도 자식운의 인연이 강하니, 같이 노력하면 귀자貴子를 둘 수 있다.

이 운을 가진 사람 중에서, 연이나 월에 길성이 있고, 지지地支에 천문天門이 있으면 입산출가의 인연이 강하니[63], 참고하여 처신하는 것도 괜찮다.

만약 월에 천귀성이 든 사람이 일에 천고성을 보면, 총명함이 겉으로 드러나기 힘들다. 입산하여 수도하면 복록이 최고로 되어 원만한 생활이 진행된다.

월에 천액성이 든 사람이 일에 천고성을 보면, 병원에서 보내는 시간이 많아진다. 젊어서 건강관리를 잘 해야 나중에 후회하지 않는다.

---

63) 천문(天門): 육십갑자의 지지에 사(巳)나 해(亥), 또는 술해(戌亥 : 주역 팔괘로 건괘에 해당)가 있는 것을 일컫는다.

월에 천권성이 든 사람이 일에 천고성을 보면, 출세가도를 달리다 연이 바뀌어 좌천될 수 있다. 불우한 날을 보내지 않으려면 잘 나갈 때 아래 사람 관리를 잘 해야 한다.

월에 천파성이 든 사람이 일에 천고성을 보면, 형제복이 없는 사람이 배우자 운도 없으니 어렵게 생활을 영위해 나간다. 경제적인 이유로 잠시 배우자 간에 별거를 하게 된다.

월에 천간성이 든 사람이 일에 천고성을 보면, 말은 논리정연하나 내성적이어서 혼자 있는 시간을 많이 보내며 생활한다. 나의 마음을 알아주는 이를 만나기가 어렵다.

월에 천문성이 든 사람이 일에 천고성을 보면, 학력은 상대적으로 높으나 드러낼 수 있는 기회가 적다. 활용이 부족하게 되니 전공을 잘 선택하라.

월에 천복성이 든 사람이 일에 천고성을 보면, 주위에 사람은 많으나 도움이 되는 사람은 적다. 특히 배우자가 나를 잘 이해해 주지 않는다.

월에 천역성이 든 사람이 일에 천고성을 보면, 직장 관계로 배우자와 떨어져서 생활을 많이 한다. 간혹 두 집 살림을 하는 사람도 있게 된다.

월에 천고성이 든 사람이 일에 천고성을 보면, 배우자와 생사별을 하게 된다. 설령 상대가 나를 좋아하더라도 결합 시에는 많은 시간과 노력을 필요로 한다.

월에 천인성이 든 사람이 일에 천고성을 보면, 심성이 너무 강하여 주위에 사람이 잘 모이지 않는다. 부부 싸움 시에 폭력이 난무할 수 있는 성품이니 주의하라.

월에 천예성이 든 사람이 일에 천고성을 보면, 현실과 동떨어진 예술 생활로 가정이 순탄하지 않게 된다.

월에 천수성이 든 사람이 일에 천고성을 보면, 착한 심성을 알아주는 이를 만나기 어렵다. 나를 이용하는 사람이 주위에 많다.

🔟 일 천인성

일 천인天忍은 부부 궁에 천인성이 들었다. 사람됨이 호방하여 불의를 보면 참지 못하여 시비가 끊이지 않는다. 주색을 가까이 하면, 서운했던 부부 사이가 빌미가 되어 큰 싸움으로 이어질 수 있다. 이런 상태가 장기간 계속되면 이혼으로 이어질 수도 있다. 따라서 가정에서는 다정한 모습을 보여 주는 것이 원만한 가정을 이끌어 가기 위해 필요하다.

시에 천복성이 따르면 길 작용이 강하여 부부 간에 서먹했던 것이 사라진다. 천권성이나 천인성을 보면 접대를 받으니 본인은 즐거우나, 배우자가 외기러기 신세여서 잘못하면 파탄에 이를 수 있다. 그러므로 이럴 경우 배우자에게 여가 생활이나 밖에서의 활동을 권해 주는 것이 좋다.

시에 천고성이 오면 배우자의 운에 변화가 심하니, 뒤늦게 생이별의 운이 따른다. 미리 조심하여 대책을 세우지 않으면 나중에 후회할 일을 맞이하게 된다.

만약 월에 천귀성이 든 사람이 일에 천인성을 보면, 군·경찰의 간부로 생활하고 부인도 경제적인 수완이 있게 된다.

월에 천액성이 든 사람이 일에 천인성을 보면, 가정은 자리를 잡고 안정된 생활을 하나 집안의 형제들이 상대적으로 힘들게 산다. 그렇지 않으면 몸은 약해도 의지가 강해서 어려워도 형편껏 잘 살아간다.

월에 천권성이 든 사람이 일에 천인성을 보면, 정부의 요인을 경호하는 일을 하거나 권세를 행사하는 단체에 들어가서 생활을 한다.

월에 천파성이 든 사람이 일에 천인성을 보면, 심성이 강인하여 자수성가를 이루어 낸다.

월에 천간성이 든 사람이 일에 천인성을 보면, 언론계나 기자로 종사하며 생활한다.

월에 천문성이 든 사람이 일에 천인성을 보면, 어려운 여건 속에서도 공부로 자리를 잡게 된다.

월에 천복성이 든 사람이 일에 천인성을 보면, 돈 되는 일을 적극적으로 해서 돈을 만진다. 각종 서비스업을 운영하는 것이 좋다.

월에 천역성이 든 사람이 일에 천인성을 보면, 터미널이나 역 근처에서 마사지 숍을 운영하며 생활하면 좋다.

월에 천고성이 든 사람이 일에 천인성을 보면, 타지나 외국에서 본인의 적성을 살려 생활하는 경우다. 건축 계통의 종사자, 무예 사범, 군인 등이 좋다.

월에 천인성이 든 사람이 일에 천인성을 보면, 무도인의 집안이나 군·경찰에 종사하는 집안이다.

월에 천예성이 든 사람이 일에 천인성을 보면, 예술과 스포츠가 만난 형태의 운동과 관련된 생활을 한다. 사교춤, 발레, 피겨스케이팅 등을 선택하면 좋다.

월에 천수성이 든 사람이 일에 천인성을 보면, 마음과 육체의 병을 치료해 주는 일과 관련을 맺으며 살아간다.

⑪ 일 천예성

일 천예天藝는 본인 궁에 천예성이 들었으니, 재주가 비범하여 사방에 이름을 드날리겠다. 아쉬운 것은 가내에 근심이 있음이니 외기러기가 홀로 날아가는 이치다.

시에 천액성이나 천파성을 보면 실력에 비해 작품이 인기를 얻기 힘들고, 또 제자들이 잘 모이지 않으며 궁핍하게 유지한다. 흉성이 도사리고 있으면 차라리 해외로 나감이 오히려 좋다. 시에 천권성이나 천인성을 보면 내가 가르친 제자나 나의 작품을 감상한 제자 중에 반드시 이름을 드날리는 제자가 있으니 후광을 입겠고, 천복성을 보면 나의 작품이 지명도가 좋아서 많이 팔려 나가겠다.

만약 월에 천귀성이 든 사람이 일에 천예성을 보면, 전문 예술가로서 생활해도 좋고, 예술전문학교에서 강의를 해도 이름을 날린다.

월에 천액성이 든 사람이 일에 천예성을 보면, 예술인으로서 불려 다녀도 본인은 큰 실속이 없이 생활하게 된다.

월에 천권성이 든 사람이 일에 천예성을 보면, 전문의나 전문 예술가로 생활한다.

월에 천파성이 든 사람이 일에 천예성을 보면, 전공하지 않은 예술가나 치료사로서 생활한다.

월에 천간성이 든 사람이 일에 천예성을 보면, 강단이나 교단에서 예술과 관련된 전공을 강의하며 생활한다.

월에 천문성이 든 사람이 일에 천예성을 보면, 문학계통에 종사하며 생활한다.

월에 천복성이 든 사람이 일에 천예성을 보면, 예술 사업에 종사하며 부를 이룬다.

월에 천역성이 든 사람이 일에 천예성을 보면, 의료기구나 의약품을 판매하거나 예술품을 판매하며 생활한다.

월에 천고성이 든 사람이 일에 천예성을 보면, 영매靈媒로서 상담을 하며 생활한다.

월에 천인성이 든 사람이 일에 천예성을 보면, 제약회사나 병원 계통에 종사하여 생활한다.

월에 천예성이 든 사람이 일에 천예성을 보면, 예술성이 중첩되니 예술가 가족으로 살아간다.

월에 천수성이 든 사람이 일에 천예성을 보면, 동양화나 서예, 꽃꽂이 등을 하며 생활해 나간다.

12 일 천수성

일 천수天壽는 부부 궁에 천수성이 드니, 배우자와의 인연이 약하다.

생·사별의 운이 강하다. 의식은 풍족하나 규방에 근심이 있으니, 초혼보다는 재혼이 더 유리하다.

시에 천파성이나 천고성을 보면 생이별을 맞이해서 입산하여 수도하는 운이 강하며, 천복성을 보면 주위의 도움으로 위기를 넘길 수 있다.

시에 천액성이나 천역성을 보면 초혼인 경우에는 생사별을 하고 나서 재혼하는 운이 도사리고 있다.

만약 월에 천귀성이 든 사람이 일에 천수성을 보면, 건강과 관련된 학원을 운영하며 생활하면 좋다.

월에 천액성이 든 사람이 일에 천수성을 보면, 젊어서 시작한 투병 생활로 종교를 가지고 착실히 생활해 간다.

월에 천권성이 든 사람이 일에 천수성을 보면, 한직이나 중요한 자리에 앉아서 대접을 받으며 생활을 한다.

월에 천파성이 든 사람이 일에 천수성을 보면, 객지에서 혼자 자수성가를 이루어 가며 생활한다.

월에 천간성이 든 사람이 일에 천수성을 보면, 명상이나 요가, 호흡법, 기체조와 관련된 것을 가르치며 생활을 하게 된다.

월에 천문성이 든 사람이 일에 천수성을 보면, 기나 도에 관련된 저술 활동을 하거나 시를 쓰며 생활하면 좋다.

월에 천복성이 든 사람이 일에 천수성을 보면, 종교시설이나 복지시설에 투자하여 생활하면 좋다.

월에 천역성이 든 사람이 일에 천수성을 보면, 역 근처에서 숙박업이나 식당업을 운영하여 생활하면 좋다.

월에 천고성이 든 사람이 일에 천수성을 보면, 입산하여 수도하거나 은둔을 즐기며 생활한다.

월에 천인성이 든 사람이 일에 천수성을 보면, 풍류를 좋아하여 술을 즐겨 마시거나 다도생활을 즐기며 살아간다.

월에 천예성이 든 사람이 일에 천수성을 보면, 예술작품으로 깊은 정신세계를 표현하여 심성을 정화시키며 살아간다.

월에 천수성이 든 사람이 일에 천수성을 보면, 의약 계통의 종사자나 성직자, 전문 상담자가 많은 집안이다.

6. 총운 보는법

찾는 법

세로 줄에서 본인의 태어난 날이 가진 12운성의 의미를 찾고, 그 줄에 있는 태어난 시를 찾아서 위에 연결되는 가로 줄의 12운성의 의미를 찾으면 본인의 총운에 해당하는 12운성이 된다.

예1 쥐띠 3월 18일 사시생의 건명(남자)이면 〈말년운 보는 법—남명〉에 의해 일 천역성의 운을 가진다. 따라서 먼저 세로 줄에서 본인의 말년운에 해당하는 일천역성을 먼저 찾으면 여덟 번째 칸에서 발견할 수 있다. 이어서 본인의 태어난 시에 해당하는 사시를 찾아 나가면 첫 번째 칸에 사가 있으므로 그 위에 의미하는 12운성을 찾으면 천귀성이 된다. 따라서 이 남자의 총운은 천귀성에 해당된다.

예2 원숭이띠 2월 24일 오시생의 곤명(여자)이면 〈말년운 보는 법—여명〉에 의해 일 천고성의 운을 가진다. 따라서 먼저 세로 줄에서 본인의 말년운에 해당하는 일 천고성을 먼저 찾으면 아홉 번째 칸에서 발견할 수 있다. 이어서 본인의 태어난 시에 해당하는 오시를 찾아 나가면 세 번째 칸에 오가 있으므로, 그 위에 의미하는 12운성을 찾으면 천권성이 된다. 따라서 이 여자의 총운은 천권성에 해당한다.

표준시에 의한 12지 시각

12지 시	시 간	비 고	12지 시	시 간	비 고
자 시	01:30~03:30	표준시	오 시	13:30~15:30	2시간 간격
축 시	03:30~05:30	2시간 간격	미 시	15:30~17:30	
인 시	05:30~07:30		신 시	17:30~19:30	
묘 시	07:30~09:30		유 시	19:30~21:30	
진 시	09:30~11:30		술 시	21:30~23:30	
사 시	11:30~13:30		해 시	23:30~01:30	

마음의 자세

시는 개인의 사주에서 그 격을 결정한다. 젊을 때 부유하여 즐거움이 많더라도 늙어서 파산하여 가난하고 병들어 외로이 죽음을 보낸다면 불행하다 아니 할 수 없다. 따라서 타고난 시에 의한 운세가 제일 중요하다고 해도 과언이 아니다. 시는 총운으로서 시의 운세가 좋으면 총운의 작용이 좋아서 초년이나 중년, 말년의 한 운이 나쁘더라도 슬기롭게 이겨나갈 수 있고, 비록 초년이나 중년, 말년의 운이 좋더라도 시의 총운이 나쁘면 그 좋은 운을 제대로 살리지 못함과 동시에 뜻밖의 일로 인하여 어려움을 만나게 된다.

따라서 시가 가지는 총운의 의미를 살펴서 길성·평성·흉성의 운이 초년·중년·말년의 운과 어떤 식으로 맺어 가는지를 잘 이해한다면 본인의 사주 전체를 이해하여 중후한 멋을 부릴 수 있는 여유로움이 생길 수 있을 것이다. 정독으로 본인의 타고난 숙명을 알아서 운을 개척하는 좋은 방편이 되었으면 한다.

참고로 타고난 시의 기준이 일반적인 개념과 다르므로, 틀리지 않도록 다시 싣는다. 확인하여 알맞은 시간을 선택하기 바란다. 그리고 부록에 태어난 날을 중심으로 시각에 의해 결정되는 사주의 격을 분류해 놓았으므로 참조하면 본인의 사주를 더 정확하게 알 수 있다고 본다.

12운성 날짜	천귀성	천액성	천권성	천파성	천간성	천문성	천복성	천역성	천고성	천인성	천예성	천수성
일천귀	자	축	인	묘	진	사	오	미	신	유	술	해
일천액	해	자	축	인	묘	진	사	오	미	신	유	술
일천권	술	해	자	축	인	묘	진	사	오	미	신	유
일천파	유	술	해	자	축	인	묘	진	사	오	미	신
일천간	신	유	술	해	자	축	인	묘	진	사	오	미
일천문	미	신	유	술	해	자	축	인	묘	진	사	오
일천복	오	미	신	유	술	해	자	축	인	묘	진	사
일천역	사	오	미	신	유	술	해	자	축	인	묘	진
일천고	진	사	오	미	신	유	술	해	자	축	인	묘
일천인	묘	진	사	오	미	신	유	술	해	자	축	인
일천예	인	묘	진	사	오	미	신	유	술	해	자	축
일천수	축	인	묘	진	사	오	미	신	유	술	해	자

총운 시로 보는 법 – 여명

날짜 \ 12운성	천귀성	천액성	천권성	천파성	천간성	천문성	천복성	천역성	천고성	천인성	천예성	천수성
일천귀	**자**	해	술	유	신	미	오	사	진	묘	인	축
일천액	축	**자**	해	술	유	신	미	오	사	진	묘	인
일천권	인	축	**자**	해	술	유	신	미	오	사	진	묘
일천파	묘	인	축	**자**	해	술	유	신	미	오	사	진
일천간	진	묘	인	축	**자**	해	술	유	신	미	오	사
일천문	사	진	묘	인	축	**자**	해	술	유	신	미	오
일천복	오	사	진	묘	인	축	**자**	해	술	유	신	미
일천역	미	오	사	진	묘	인	축	**자**	해	술	유	신
일천고	신	미	오	사	진	묘	인	축	**자**	해	술	유
일천인	유	신	미	오	사	진	묘	인	축	**자**	해	술
일천예	술	유	신	미	오	사	진	묘	인	축	**자**	해
일천수	해	술	유	신	미	오	사	진	묘	인	축	**자**

시 천귀는 자식 궁에 천귀성을 타고 났음이니 귀한 자식을 둘 운이 며, 나의 노년의 운이 형통하겠으니 끝맺음이 좋게 된다. 지금까지 준 비를 잘 해왔으니 반드시 영화로움을 볼 것이요, 그렇지 않더라도 고 진감래苦盡甘來니 무슨 걱정이 있겠는가! 다만, 늦게 영화로움을 얻어서 원기를 보전하지 못하니 심신이 피곤하고 몸을 온전히 보전하지 못함 을 걱정함이로다.

연에 천귀성을 타고난 사람이 시에 천귀성을 보면, 월과 일에 천파 성이나 천고성을 만나지 않으면 인생이 대체로 순탄한 명이며, 만약 천권성이나 천복성을 만나면 단체나 조직의 수장首將이 되어 경영 일 선에 나설 명이며, 천문성을 만나면 교직에서 리더가 된다. 그러나 재 주가 부족하여 이를 영위하지 않으면 몸에 병이 찾아와서 오히려 운 의 막힘이 있게 된다.

만약 일에 천귀성이 든 사람이 시에 천귀성을 보면, 귀한 자식이나 제자를 두게 된다.

일에 천액성이 든 사람이 시에 천귀성을 보면, 부부 중에서 한쪽이 건강이 약하나 노력하여 귀한 자식을 둘 수 있다. 아들은 외가의 인연 이 강하며, 딸은 친가의 인연이 강하다.

일에 천권성이 든 사람이 시에 천귀성을 보면, 나의 권세로 배우자 도 재원이니 귀한 자식을 두게 된다.

일에 천파성이 든 사람이 시에 천귀성을 보면, '청출어람' 처럼 부모보다 나은 자식이 생기겠다.

일에 천간성이 든 사람이 시에 천귀성을 보면, 자식이 언어에 두각을 나타내며 실력이 앞서게 된다.

일에 천문성이 든 사람이 시에 천귀성을 보면, 내가 많이 배웠으니 자식도 상대적으로 총명하여 공부에 소질이 있게 된다.

일에 천복성이 든 사람이 시에 천귀성을 보면, 내가 이룬 부로 자식을 재주가 있는 사람으로 만든다. 자식이 경영에 소질이 있거나 경제에 민감하다.

일에 천역성이 든 사람이 시에 천귀성을 보면, 자식이 방향 감각이 좋아서 자동차를 좋아하거나 기계에 재주가 있게 된다.

일에 천고성이 든 사람이 시에 천귀성을 보면, 자식이 혼자 있기를 좋아한다.

일에 천인성이 든 사람이 시에 천귀성을 보면, 자식의 성품이 강인하여 고집이 세면서 지기를 싫어한다.

일에 천예성이 든 사람이 시에 천귀성을 보면, 자식이 예술 계통에 소질이 있다.

일에 천수성이 든 사람이 시에 천귀성을 보면, 자식의 성품이 정직하다.

2 시 천액성

시 천액은 자식의 궁에 천액성이 들었으니, 자식과의 연이 약하다. 늦게까지 자식을 돌보거나 신경을 써야 하니, 오히려 무자식이 상팔자가 될 수 있다.

시에 천액성이 든 사람은 미리 준비하여 노년을 설계하면 큰 액난이 들어도 쉽게 넘어가지만, 대충 살다가 이 운을 맞이하는 사람은 노년에 몸이 병들었으니 누가 나를 돌보겠는가? 긴 병에 효자 없다고 했으니 누구를 한탄하고 원망하랴! 나의 신세가 한스럽구나.

> 명사십리 해당화야 꽃 진다고 서러워 마라.
> 너는 내년 봄이 오면 다시 피지마는
> 한번 간 우리 청춘은 언제 다시 오겠는가?
> 병든 몸을 당해 보니 흘러간 우리 인생 아쉬우며
> 늙은 몸을 당해 보니 지나간 우리 인생 아쉽고 아쉽도다.

월·일·시에 천액성이 든 사람은 미리미리 준비함이 상책이요, 전생에 인색하거나 열심히 일하지 않고 넘치게 사용했거나 남에게 살상을 입힌 과보이니, 대중에게 음식 접대를 많이 올리면 속히 풀어진다.

운이 불리하다고 포기할 필요가 없다. 일하지 않고 어떻게 먹을 수 있으며, 가만히 노는데 일이 이루어지지는 않는다. 성실함을 무기로 융통성만 발휘한다면 전화위복이 될 수 있다. 그 후에는 맡아서 가지는 만큼 나의 것이 되고, 내가 누리는 만큼 주위에서 인정해 주니 부러울 바가 없다. 어려울 때의 입장을 생각하여 나누어 가질 줄 알면 금상첨화다.

만약 일에 천귀성이 든 사람이 시에 천액성을 보면, 총명함이 떨어지는 자식이 생기겠다. 신경을 쓰는 것이 좋다.

일에 천액성이 든 사람이 시에 천액성을 보면, 자식이 귀하거나 불초한 자식을 두겠다.

일에 천권성이 든 사람이 시에 천액성을 보면, 내가 권세를 이루었으나 자식은 관심이 없게 된다.

일에 천파성이 든 사람이 시에 천액성을 보면, 심은 공덕이 없으니 자식이 잘 생기지 않게 되거나 불초한 자식이 나오게 된다.[64]

일에 천간성이 든 사람이 시에 천액성을 보면, 자식이 내성적이어서 말주변이 없다.

일에 천문성이 든 사람이 시에 천액성을 보면, 자식이 공부에 흥미가 없다. 배우자를 잘 선택하면 영향력을 줄일 수 있다.

일에 천복성이 든 사람이 시에 천액성을 보면, 부를 물려주어도 자식이 유지하기 힘들다. 음덕陰德의 형태로 물려주는 것이 좋다.

일에 천역성이 든 사람이 시에 천액성을 보면, 거주지를 자주 옮기니 자식이 적응이 잘 안되어 병이 생긴다.

일에 천고성이 든 사람이 시에 천액성을 보면, 고향을 떠나서 오랜 객지 생활로 마음의 병을 얻으니 자식도 울적해진다.

일에 천인성이 든 사람이 시에 천액성을 보면, 자식에게 엄격히 대하니 자식이 부모를 두려워하여 심신이 안정되지 못한다.

일에 천예성이 든 사람이 시에 천액성을 보면, 색다른 감각으로 일

---

[64] 문맥상 불초한 자식은 크게 2종류로 나뉜다. 첫째는 육체나 정신적인 결함이 있는 자식을 말한다. 둘째는 딸이 많은 집안에 딸이 나오고, 아들이 많은 집안에 아들이 나오는 이치로 성(性)의 희소가치가 떨어지는 것을 말한다.

상생활이 정상적이지 못하니 자식이 혼돈스러워 한다.

일에 천수성이 든 사람이 시에 천액성을 보면, 너무 한가하여 생활을 방치하니 자식이 반감이 생기게 된다.

❸ 시 천권성

시 천권은 시에 권서가 들었으니, 이제까지의 노력이 결실을 보게 된다. 주위에 뿌렸던 인덕의 씨앗을 거둬들이게 된다. 대문에 인적이 끊이지 않는다. 이것은 권세를 만인을 구제하는 용도로 쓴 것이다. 만약 다른 용도로 쓰게 되면 뜻밖의 구설과 횡액을 면하기 어렵다.

시에 천권성이 든 사람 중에서 연월일에 길성인 천귀성, 천권성, 천복성을 고루 가지거나 길성 2개와 천간성天奸星이나 천인성天刃星을 가진 자는 정치에 뜻을 두면 휘하에 사람이 모여 반드시 뜻한 바를 쉽게 이룰 수 있다.

큰 뜻을 두고 있는 사람은 정도正道로 권력을 쓰면 처음은 궁하나 나중은 장대하며, 편법으로 권력을 자주 쓰면 처음은 결실이 보이나 끝맺음을 맺기 힘든 이치를 알아 편법은 절대 절명絶對絶命의 위험한 순간이 아니면 사용하지 말아야 한다.

만약 일에 천귀성이 든 사람이 시에 천권성을 보면, 배우자가 총명하여 자식이 재주가 있어서 쉽게 출세하여 공직에 종사하게 된다.

일에 천액성이 든 사람이 시에 천권성을 보면, 내가 열심히 산 인연으로 자식이 발복하여 입신양명하게 된다.

일에 천권성이 든 사람이 시에 천권성을 보면, 나의 영향으로 자식 대에도 공직에 근무하게 된다.

일에 천파성이 든 사람이 시에 천권성을 보면, 내가 인복이 없는 것을 보고 자식이 크게 노력하여 입신양명의 길을 걸어가게 된다.

일에 천간성이 든 사람이 시에 천권성을 보면, 배우자가 내조를 잘하여 결국은 자식도 출세를 시키게 된다.

일에 천문성이 든 사람이 시에 천권성을 보면, 내가 배운 학문의 힘을 빌려 자식이 공직에 근무하게 된다.

일에 천복성이 든 사람이 시에 천권성을 보면, 내가 쌓은 부를 바탕으로 자식이 공직에 근무하게 된다.

일에 천역성이 든 사람이 시에 천권성을 보면, 나는 가정에 소홀하나 자식은 분발하여 빨리 자리를 잡게 된다.

일에 천고성이 든 사람이 시에 천권성을 보면, 편모나 편부로 자랐으나 자식은 바르게 성장하여 빨리 자리를 잡는다.

일에 천인성이 든 사람이 시에 천권성을 보면, 나의 강인함을 이어받아 자식이 공직에 근무하게 된다.

일에 천예성이 든 사람이 시에 천권성을 보면, 나의 예술성을 이어받아 자식이 빨리 자리를 잡는다.

일에 천수성이 든 사람이 시에 천권성을 보면, 나의 정직함을 이어받아 자식이 다른 사람의 귀감이 되며 공직에 근무하게 된다.

4 시 천파성

시 천파天破는 자식의 궁에 천파성이 들었으니, 일을 믿고 맡길 사람이 없구나! 말뜻을 알아듣기 힘든 소가 오기를 기다리는 것보다 내가 다가가서 잡는 것이 더 쉽다. 이 이치를 터득해야 고생을 적게 한다. 말년부터 노년에 이르는 운에 흩어지고 분산되는 운이니, 지금까지 인색하게 살아온 사람은 인생을 정리하는 차원에서 내가 가진 것을 이웃이나 가까운 사람에게 나눠 주면 이 운을 가장 잘 활용하는 것이요, 인색하게 끝까지 재물에 집착하는 사람은 갑작스런 재난과 액厄으로 재산이 일순간 흩어지게 되니 써 보지도 못하고 버리는 모양이 된다. 그리하여 나중에는 의지할 곳도 없으니 누구를 한탄하겠는가? 있을 때, 적선하는 것이 약 중에 묘약이 된다.

시에 천파성이 든 사람이 일에 천파성을 보면, 천파가 두 개 겹치니 보통 사람은 흉성이 더욱 크게 작용하여 재화災禍가 크게 미치나, 일 천파의 운에서 인생의 참 멋을 알고 경험한 사람은 노련한 솜씨로 인생을 즐길 수 있다. 다만 아쉬운 것은, 노년임에도 불구하고 남에게 의지함이 없이 내가 직접 편안함을 만들어야 하니 일신이 조금 고달프다는 것이다.

만약 일에 천귀성이 든 사람이 시에 천파성을 보면, 내가 자리를 잡는 동안 가정에 소홀하여 자식이 불초하겠다.

일에 천액성이 든 사람이 시에 천파성을 보면, 내가 능력이 부족하니 자식도 경쟁에서 밀리게 된다.

일에 천권성이 든 사람이 시에 천파성을 보면, 출세 지향에 의해 자리를 잡는 동안 자식이 반발심에 비뚤어지게 된다.

일에 천파성이 든 사람이 시에 천파성을 보면, 내가 인복이 없으니 자식도 인복이 부족하다. 멀리 내다보고 가정의 질서를 정비하고 인간관계를 잘 맺을 필요가 있다.

일에 천간성이 든 사람이 시에 천파성을 보면, 권모술수가 드러나서 좌천되어 불우한 노년이 기다린다. 자식도 자수성가의 힘겨운 인생이 주어진다.

일에 천문성이 든 사람이 시에 천파성을 보면, 본인은 배운 재주를 토대로 자리를 잡았으나 자식은 공부에 흥미를 느끼지 못한다.

일에 천복성이 든 사람이 시에 천파성을 보면, 내가 이룬 부가 자식 대에 이르러 썰물처럼 빠져 나간다.

일에 천역성이 든 사람이 시에 천파성을 보면, 가정에 소홀하니 그 영향으로 자식도 불초해진다.

일에 천고성이 든 사람이 시에 천파성을 보면, 배우자의 빈 자리가 크게 느껴진다. 자식의 성격이 비뚤어진다.

일에 천인성이 든 사람이 시에 천파성을 보면, 가정에 엄격한 것이 크게 도움이 되지 않는다. 상황을 판단해서 처신하는 것이 좋다.

일에 천예성이 든 사람이 시에 천파성을 보면, 배고픈 예술인이니 자식이 자연스럽게 다른 길을 모색하게 된다.

일에 천수성이 든 사람이 시에 천파성을 보면, 정직한 심성이 현실적인 어려움 때문에 가정에서 발휘되기가 힘들어진다. 자식이 비뚤어지니 신경을 써야 한다.

5 시 천간성

시 천간天奸은 자식의 궁에 간奸이 들었으니, 지혜가 남보다 앞서기 때문에 가만히 있어도 남이 알아주는 격이 된다. 만약 나서게 되면 이상과 현실의 차이를 확인해서 실행의 구체적인 방법을 알고 실행하면 성공할 수 있다. 이 운을 가진 사람은 그 동안의 경험과 언변을 바탕으로 상업에 활용하면 의식이 쉽게 풍족해진다. 만약 일에 천문성이 들었으면 교육계에 공을 세우고, 천권성이 들었으면 공직에서 알아주는 사람이다. 반대로 일에 흉성이 들면 머리가 비상하고 재주가 있어 언변은 출중하나 현실 생활이 받쳐주지 못해, 남들이 나의 말을 쉽게 믿어 주지 않는 격이니 가슴만 답답하겠다.

만약 일에 천귀성이 든 사람이 시에 천간성을 보면, 자식이 총명함을 물려받았다. 한마디를 하더라도 경우에 맞는 말이라서 듣는 사람이 놀라게 된다.

일에 천액성이 든 사람이 시에 천간성을 보면, 직언을 잘 해서 사람들이 마음의 상처를 받기 쉽다. 결국은 그 화살이 나에게 돌아온다.

일에 천권성이 든 사람이 시에 천간성을 보면, 물러나서 영향력을 행사하게 된다. 후임이 잘 섬기게 된다.

일에 천파성이 든 사람이 시에 천간성을 보면, 퇴락한 나의 신세에 의해 내뱉는 말이 불평불만으로 받아들여지게 된다. 재기의 기회가-

올 수 있다.

일에 천간성이 든 사람이 시에 천간성을 보면, 언변이 뛰어난 성품을 자식이 물려받게 된다.

일에 천문성이 든 사람이 시에 천간성을 보면, 가정에 책이 많으니 그 영향으로 자식이 똑똑해진다.

일에 천복성이 든 사람이 시에 천간성을 보면, 부유함으로 인하여 자식이 일을 맡을 기회가 많아져서 행사를 주도할 기회가 많아진다.

일에 천역성이 든 사람이 시에 천간성을 보면, 많이 옮겨 다녀서 여러 곳에 대해 아는 것이 많다. 인기가 좋아서 먹는 것은 걱정하지 않아도 된다.

일에 천고성이 든 사람이 시에 천간성을 보면, 혼자된 몸이 자식의 일에 간섭을 많이 하게 된다. 적당하게 해야 눈칫밥을 먹지 않는다.

일에 천인성이 든 사람이 시에 천간성을 보면, 입 바른 말을 잘 하니 물러나도 따르는 사람이 많게 된다.

일에 천예성이 든 사람이 시에 천간성을 보면, 예술계에서 원로 대접을 받을 수 있는 영향력을 가지게 된다.

일에 천수성이 든 사람이 시에 천간성을 보면, 은퇴했으나 자문을 구하러 종종 찾는 이가 있게 된다.

6 시 천문성

시 천문天文은 말년부터 노년까지의 운에 문이 들었다. 아는 것이 많으니, 누구인들 나에게 자문을 구하러 오지 않겠는가? 식솔이 끊이지 않으니 경제적으로 두려울 바가 없다. 근심스러운 바는, 쉽게 마음이 동하여 불장난을 하는 것이니 후회할 바가 있게 된다. 만약 시에 천문의 운을 가진 자가 관록을 입지 않으면 오히려 처자妻子가 곤궁하게 되어 근심 걱정이 많이 생긴다.

만약 일에 천귀성이 든 사람이 시에 천문성을 보면, 겸허한 자세로 늘 배우니 진정한 총명함을 얻게 된다.

일에 천액성이 든 사람이 시에 천문성을 보면, 건강을 잃으니 건강에 관한 상식을 배우게 된다.

일에 천권성이 든 사람이 시에 천문성을 보면, 권세를 누리게 된다 존경받는 리더가 되기 위해 자기 계발로 여러 가지를 배우는 자세가 필요하다. 그러면 실력이 있으니 자연히 후배들도 많이 따르게 된다.

일에 천파성이 든 사람이 시에 천문성을 보면, 본인이 부족함을 알고 배움으로 일신(日新)하게 된다.

일에 천간성이 든 사람이 시에 천문성을 보면, 언변이 유창한 것도 자료가 많아야 가능하니 자료를 모으면서 지식을 습득한다.

일에 천문성이 든 사람이 시에 천문성을 보면, 집안이 교육자 집안이니 자식도 교육 계열에 종사한다.

일에 천복성이 든 사람이 시에 천문성을 보면, 부富가 있으니 자식을 교육시켜 다음 세대를 설계한다.

일에 천역성이 든 사람이 시에 천문성을 보면, 여러 지방에서 보고 배운 것이 많아 박학다식한 것을 체계적으로 정리하니 다음 세대도 배울 수 있다.

일에 천고성이 든 사람이 시에 천문성을 보면, 내 한 몸 힘든 것을 자식을 위해 감수하게 된다.

일에 천인성이 든 사람이 시에 천문성을 보면, 후배들이 배울 수 있게 강인함을 기르는 방법을 학문적으로 정리한다.

일에 천예성이 든 사람이 시에 천문성을 보면, 본인이 종사했던 예술 부문을 체계적으로 정리하여 후학을 키우게 된다.

일에 천수성이 든 사람이 시에 천문성을 보면, 본인이 공부했던 전문 상담의 영역이나 도에 관한 것을 정리하여 후학을 가르치게 된다.

7 시 천복성

시 천복天福은 자식 궁에 복이 들었으니, 자손이 영화롭다. 물려주고 뒤에 서면 복록이 가중되나, 전면에 서면 오히려 신병이 찾아와 한때 후회함이 있다.

일에 복성이 따른 자는 이 운을 맞으면 더 이상 바랄 것이 없음이요, 일에 흉성을 띤 자가 이 운을 맞으면 이제까지의 수고로움이 이제 열매를 맺는 격이 되니, 고생이 끝난 것이다.

만약 일에 천귀성이 든 사람이 시에 천복성을 보면, 귀한 재주로 부를 이루니 자식이 누리겠다.

일에 천액성이 든 사람이 시에 천복성을 보면, 성실히 노력한 대가로 자식이 부유함을 누리게 된다.

일에 천권성이 든 사람이 시에 천복성을 보면, 나의 권세로 인해 자식 대에 부를 부르니 명문가의 집안이 된다.

일에 천파성이 든 사람이 시에 천복성을 보면, 혼자 이룬 부가 자식 대에 드러난다.

일에 천간성이 든 사람이 시에 천복성을 보면, 언론에 종사하여 부를 이루었으니 자식도 부를 같이 누린다.

일에 천문성이 든 사람이 시에 천복성을 보면, 내가 남긴 학문의 성과나 글로 부유해진다.

일에 천복성이 든 사람이 시에 천복성을 보면, 자식 대까지 부유하니 명문가의 집안이다. 지출을 잘 하면 오래 유지된다.

일에 천역성이 든 사람이 시에 천복성을 보면, 운수업이나 해외 무역업으로 큰 부를 이루니 자식 대까지 누린다.

일에 천고성이 든 사람이 시에 천복성을 보면, 자수성가로 이룬 부를 자식이 누리게 된다.

일에 천인성이 든 사람이 시에 천복성을 보면, 무도를 배우는 문하생이 많다.

일에 천예성이 든 사람이 시에 천복성을 보면, 예술 작품으로 큰 부를 이룬다.

일에 천수성이 든 사람이 시에 천복성을 보면, 도道나 술術, 상담으로 일가를 이룬다.

8 시 천역성

시 천역^{天驛}은 노년에 역마 운이 들었으니, 세업^{世業}이 불리하다. 처자와의 인연이 박하여 만리타향의 객^客이 될 운이 강하니 객사^{客死}를 하겠다. 관록을 먹어야 그 액을 피할 수 있다. 문서를 다루는 상업에 종사해도 그 액을 면할 수 있다.

만약 일에 천귀성이 든 사람이 시에 천역성을 보면, 총명한 재주로 은퇴 후에도 불려다니게 된다. 과로사를 조심해야 한다.

일에 천액성이 든 사람이 시에 천역성을 보면, 건강에 이상이 생겨서 좋은 곳을 찾아서 돌아다니게 된다.

일에 천권성이 든 사람이 시에 천역성을 보면, 은퇴할 무렵에 좌천되어 돌아다니게 된다. 이 운을 가진 사람은 정년보다 앞당겨 스스로 물러나는 것이 좋다.

일에 천파성이 든 사람이 시에 천역성을 보면, 사람으로 인한 마음고생으로 거주지를 자주 옮기게 된다. 내가 조건을 만들어서 그에 맞지 않으면 힘든 것이니 남을 이해하고 받아들이는 연습이 되면 거처를 옮기지 않아도 된다.

일에 천간성이 든 사람이 시에 천역성을 보면, 언변이 좋아서 불려다니는 것이다. 시기를 조절할 줄 아는 현명함이 있으면 행복한 삶이 된다.

일에 천문성이 든 사람이 시에 천역성을 보면, 배운 글을 널리 전하는 것이다. 배운 글이 힘이 있으면 본인이 직접 안 해도 널리 퍼지니, 만족함을 알고 후학에게 인수인계를 잘 하는 것이 좋다.

일에 천복성이 든 사람이 시에 천역성을 보면, 늦게까지 경영의 일선에서 뛰는 것이니 적절한 시기에 잘 물러나야 인생이 편안한 것이다.

일에 천역성이 든 사람이 시에 천역성을 보면, 노년에도 역성을 만났으니 객사客死하는 것이 분명하다. 가족이 타지에서 살거나 이민을 가서 사는 것이다.

일에 천고성이 든 사람이 시에 천역성을 보면, 외로움을 면하기 위해 새 인연을 만들었으나 피곤함이 크다. 정리를 잘 하는 것이 좋다.

일에 천인성이 든 사람이 시에 천역성을 보면, 노년까지 다 잡고 있게 된다. 갈 때 빈 손으로 가는 이치를 알아서 제 때에 물려줄 수 있는 사람이 현명하다.

일에 천예성이 든 사람이 시에 천역성을 보면, 인생의 마지막 걸작을 남기기 위해 노력한다. 인생 자체가 큰 예술품인 것을 느껴서 마무리를 잘 하는 것이 좋다.

일에 천수성이 든 사람이 시에 천역성을 보면, 한가토운 성품에 의해 노년에 정리할 일이 많이 남아서 동분서주하는 모습이다. 미리미리 인연에 맞게 정리하는 것이 현명하다.

⑨ 시 천고성

시 천고天孤는 자식 궁에 외로움이 들었으니 자식의 인연이 약하거나 아랫사람과의 인연이 약하다. 나의 휘하에 사람이 모이지 않으니, 은혜를 베풀어도 원한이 되어 돌아오는구나! 누구를 원망하고 한탄할까? 내가 이전에 잘못 뿌린 과보니 빨리 뉘우치고, '콩 심은 데 콩 나고, 팥 심은 데 팥 난다' 는 믿음을 갖고 신뢰를 회복하는 것이 중요하다. 그렇지 않으면 노년의 삶이 참으로 궁색하다. 혹 재산을 가졌더라도 나의 측근에 사람이 모이지 않는 외로움은 감수하지 않으면 안 되고, 쓸쓸히 노년을 보낼 수밖에 없다.

이 운을 가진 사람은 세상의 일을 빨리 정리하고, 삶을 정리하는 마음으로 수양이나 하면서 인생을 즐기는 게 상책이다.

만약 일에 천귀성이 든 사람이 시에 천고성을 보면, 총명함이 본인 대에서 끊기게 된다.

일에 천액성이 든 사람이 시에 천고성을 보면, 몸이 약해서 요양생활로 인해 혼자 있는 시간이 많게 된다.

일에 천권성이 든 사람이 시에 천고성을 보면, 권세를 부리는 것이 자식 대까지 이어지지 않는다.

일에 천파성이 든 사람이 시에 천고성을 보면, 배우자와의 인연도 약하니 자식도 인연이 없다. 노년이 쓸쓸하다. 관리를 잘 해야 한다.

일에 천간성이 든 사람이 시에 천고성을 보면, 입 바른 말을 잘 해서 주위에 후배나 자식이 없게 된다. 사람에 따라 말을 가려서 해야 한다.

일에 천문성이 든 사람이 시에 천고성을 보면, 배운 글이 인기가 없어서 활용하는 범위가 적어지게 된다.

일에 천복성이 든 사람이 시에 천고성을 보면, 한순간의 실수로 부를 탕진하여 거리로 나가게 된다.

일에 천역성이 든 사람이 시에 천고성을 보면, 자식이 해외나 타지에 가서 살게 되니 돌보아 주는 이가 없다.

일에 천고성이 든 사람이 시에 천고성을 보면, 독신으로 삶을 마치거나 해외에서 생활을 한다.

일에 천인성이 든 사람이 시에 천고성을 보면, 부모가 강인하여 자식이 모시기를 꺼린다.

일에 천예성이 든 사람이 시에 천고성을 보면, 예술성이 독특하여 배우는 후학이 드물게 된다.

일에 천수성이 든 사람이 시에 천고성을 보면, 도제(徒弟)를 만들지 않아서 노년을 홀로 보내는 형태가 된다.

⑩ 시 천인성

시 천인天刃은 자식 궁에 천인성이 비추니, 인물은 준수하고 재주가 있으나 때를 만나지 못함이라. 이미 나이가 있으니, 후학을 위해 물려주고 지원하거나 후계자를 따로 키우면 일신의 편안함을 얻을 수 있다. 그리하여 분수를 알고 지키고 있으면 한때의 액이 물러가고 영화롭게 생을 즐길 수 있으나, 그렇지 않고 옛날을 생각하여 경거망동해서 직접 나서면 그 화가 자식에게도 미치니, 분수를 알고 언행을 조심하며 삼가야 뒤탈이 없다.

만약 일에 천귀성이 든 사람이 시에 천인성을 보면, 퇴임 후의 생활에 의욕이 앞서 낯선 곳에 투자를 하면 낭패수가 도사리고 있다.

일에 천액성이 든 사람이 시에 천인성을 보면, 몸은 약해도 강인한 정신력으로 의욕은 앞서나 제반 여건을 고려해서 도모하는 것이 좋다. 물러설 줄 아는 사람이 진정으로 강한 자이다.

일에 천권성이 든 사람이 시에 천인성을 보면, 잘 나가던 시절을 회상하여 의욕은 앞서니 처음은 좋으나 끝을 맺기 힘들다. 도모하지 말고 물려줄 줄 알아야 편안한 노년을 보내게 된다.

일에 천파성이 든 사람이 시에 천인성을 보면, 제반 여건이 갖추어졌으나 이미 노년의 몸이다. 열심히 산 인생에 만족하면 넉넉한 삶을 살 수 있다.

일에 천간성이 든 사람이 시에 천인성을 보면, 노년임에도 아직까지 언어의 표현이 직설적으로 그침이 없으니 반드시 굴곡이 있겠다.

일에 천문성이 든 사람이 시에 천인성을 보면, 학문적 활동이 왕성하니 과로를 조심해야 건강에 탈이 없다.

일에 천복성이 든 사람이 시에 천인성을 보면, 부를 과신하지 마라. 부는 인연이 만들어져 저절로 오는 것이다. 본인의 능력만 믿으면 한 번은 낭패를 보겠다.

일에 천역성이 든 사람이 시에 천인성을 보면 출장이 잦다. 건강을 과신하지 마라. 장거리는 신중하게 추진하는 것이 좋다.

일에 천고성이 든 사람이 시에 천인성을 보면, 새로운 인연을 만들지 마라. 본인의 마음에 들지 않는다. 더불어 사는 마음을 가지면 이웃이 다 내 가족이 된다.

일에 천인성이 든 사람이 시에 천인성을 보면, 집안이 남들과 다른 무도인의 집이니 자식도 영향을 받는다.

일에 천예성이 든 사람이 시에 천인성을 보면, 예술성의 추구가 강하여 마지막까지 창작활동을 하다가 생을 마감한다.

일에 천수성이 든 사람이 시에 천인성을 보면, 정직한 성품이 너무 강하여 일상생활 자체가 시계다.

11 시 천예성

시 천예天藝는 자식 궁에 천예성이 있음이니, 노년에 재주가 있으나 그 재주를 사용할 곳이 마땅하지 않아 변화가 많다. 만약에 공문公文에 출입하면 복록이 늘어나 심신이 편안하고, 그렇지 않으면 자수성가로 힘겨운 명이 될 수 있다. 아무튼 시 천예성의 운은 길성과 흉성이 오는 것에 따라서 변화가 심하니 철저한 준비가 많이 필요하고, 운이 좋을 때와 안 좋을 때를 준비하여 저축하거나 다른 것에 투자해 두는 것이 참 좋다.

만약 일에 천문성이 와 있으면 공문을 만지니 더 이상 바랄 것이 없고, 천권성이나 천인성이 있으면 실력이 있으니 여기저기 초대를 많이 받고, 천복성이 와 있으면 작품의 주문을 많이 받는다.

반대로 일에 천파성이나 천고성의 흉성이 와 있으면 예술적인 기질은 있으나, 현실이 따라주지 않아서 전업에 의해 겨우 소질만 살리게 된다.

천액성이 와 있으면 주문은 받되, 기일 맞추기가 힘드니 시간에 항상 쫓기겠다. 천역성을 보면 월에 도래한 복성의 정도에 따라 결정되니 복성이 와 있으면 타지나 해외에까지 출타할 여력이 되고, 흉성이 와 있으면 기질을 살리기 위해 옮겨 다니기 바쁘다.

만약 천수성이 와 있으면 도성道性과 예술적인 기질이 만나는 격이니 도의 원리를 예술에 접목하여 사람들의 심성을 순환시킨다.

독자들의 이해를 돕기 위해 활동하고 계신 예술인을 잠시 거론해 보면, 소설가로서 유명하신 이외수 선생님의 작품 세계가 대표적이라 할 수 있다.[65]

만약 일에 천귀성이 든 사람이 시에 천예성을 보면, 총명함이 남달라서 드러낼 때와 숨길 때를 안다. 기복이 있다.

일에 천액성이 든 사람이 시에 천예성을 보면, 건강에 관련해서는 반 의사가 되어 해박함을 갖추게 된다.

일에 천권성이 든 사람이 시에 천예성을 보면, 큰일을 이루기 위한 참다운 권세를 사용할 줄 안다.

일에 천파성이 든 사람이 시에 천예성을 보면, 내 주위에 사람이 모이지 않는 것에 구애받지 않는다.

일에 천간성이 든 사람이 시에 천예성을 보면, 언변이 출중하여 표

---

65) 이 분의 예술적인 경향을 두고 이른 것이지, 이 분의 당사주의 운을 두고 언급한 것이 아니니, 오해하지 말기를 바란다.

현이 묘함을 이룬다.

일에 천문성이 든 사람이 시에 천예성을 보면, 학문이 깊어서 실생활에 적용이 자유자재다.

일에 천복성이 든 사람이 시에 천예성을 보면, 부의 창출이 자유자재다. 마음만 먹으면 큰 부를 불러들일 수 있다.

일에 천역성이 든 사람이 시에 천예성을 보면, 오고 감이 자유롭다.

일에 천고성이 든 사람이 시에 천예성을 보면, 혼자 있는 것을 즐길 수 있게 된다.

일에 천인성이 든 사람이 시에 천예성을 보면, 강유의 조절을 자유자재로 할 수 있다.

일에 천예성이 든 사람이 시에 천예성을 보면, 삶 자체가 구현된 예술 작품의 세계다.

일에 천수성이 든 사람이 시에 천예성을 보면, 정직함이 진실과 거짓의 사이에 있게 된다. 그러므로 말이 구속을 받지 않고 자유롭게 구사가 된다.

12 시 천수성

시 천수天壽는 자식 궁에 천수성이 비추니, 의식이 풍족하여 근심이 없이 한가한 명이로다. 분수를 지키지 않고 욕심을 부리면 화가 되어 배우자에게 근심이 생긴다. 만약 일에 천귀성이나 천권성을 보면 부귀쌍전이며 휘하의 사람들이 받들어 모시고, 천문성을 보면 학문으로 일가를 이루고, 천복성을 보면 가정이 화목하다. 만약 흉성인 천파성이나 천고성을 보면 인덕이 부족하여 깊은 산속에 홀로 수행하는 형국이니 외로움을 동반하지 않으면 안 된다. 시 천수성은 태어난 띠와 달에 복성이 많이 들었느냐 아니면 흉성이 들어 있느냐로 판가름을 하면 조금의 오차도 생기지 않으리라고 본다.

만약 일에 천귀성이 든 사람이 시에 천수성을 보면, 운영하던 건강 관련 센터를 물려주고 한적하게 보내게 된다.

일에 천액성이 든 사람이 시에 천수성을 보면, 요양을 하며 노년을 보낸다.

일에 천권성이 든 사람이 시에 천수성을 보면, 명예 이사를 맡고 있어도 나의 주도하에 일이 이루어진다.

일에 천파성이 든 사람이 시에 천수성을 보면, 어지러운 가정사를 정리하며 노년을 보낸다.

일에 천간성이 든 사람이 시에 천수성을 보면, 언어를 구사하는 방법을 후학에게 물려주고 한적하게 보낸다.

일에 천문성이 든 사람이 시에 천수성을 보면, 배운 글을 후학에게 물려주고 한적하게 보낸다.

일에 천복성이 든 사람이 시에 천수성을 보면, 경영을 2세에게 물려주고 일선에서 물러나 한적하게 보낸다.

일에 천역성이 든 사람이 시에 천수성을 보면, 돌아다니는 것을 접고서 가정에서 분주하게 생활을 한다.

일에 천고성이 든 사람이 시에 천수성을 보면, 외로움을 받아들이고 종교시설에서 삶의 마지막을 준비한다.

일에 천인성이 든 사람이 시에 천수성을 보면, 가는 세월을 받아들여서 간섭을 자제하며 한적하게 생활을 한다.

일에 천예성이 든 사람이 시에 천수성을 보면, 생활 자체가 예술인 것을 알고 항상 즐겁게 보낸다.

일에 천수성이 든 사람이 시에 천수성을 보면, 생활 자체가 한적함이니 평상시대로 생활하며 삶을 즐긴다.

당사주는 이렇듯 보는 방법이 간단하다. 하지만 연월일시에 어떤 별이 오느냐에 따라 해석이 판이하게 달라진다. 따라서 다독을 통하여 그 원리를 이해함이 더 중요하다고 하겠다.

보통 천귀성과 천권성, 천문성, 천복성은 길성으로 복을 부르지만 천액성, 천파성, 천고성, 천역성은 흉성으로서 화를 부르는 경우가 많고, 천간성, 천인성, 천예성, 천수성은 평성으로서 길흉이 반반으로, 수반하는 길성과 흉성이 좌우된다.

하지만 이것은 일반적인 원칙론이고 예외적인 것도 있다. 본인의 타고난 명조命條에 길성을 많이 갖고 있어도 오히려 운의 활용 면에서 부족하면 길성이 없는 것만 못하기 때문에 오히려 흉성이 됨도 알아야 한다.

예를 들면 무자생 음력 1월 1일 인시생의 건명(乾命 : 남자의 명)일 경우 연·월·일에 천귀성이 들고 시에 천권성이 들어 길성의 작용이 강하다고 할 수 있다. 그러나 타고난 사주에서는 복록이 무궁하나, 개인적인 실제 인생에서는 노력이 부족하여 오히려 일찍 중병이 찾아와 불행하게 인생을 보내고 있었으며, 노년에 가족들의 도움으로 일신의 편안함을 겨우 얻은 경우도 있는 것이다. 따라서 타고난 사주에 길성이 많다고 해서 무조건 좋은 것이 아님을 알아야 하며, 타고난 복에 맞게 본인의 노력에 따른 자기 계발이 이루어져 선천적인 것과 후천적인 것이 일치가 될 때, 그 사주가 더 가치가 있는 것임을 알아야 한다.

흉성과 길성은 인생의 순서로 볼 때, 흉성은 일찍 찾아오는 것이 좋고, 길성이 나중에 찾아오는 것이 좋으나, 유년 시절에 복이 너무 없어 제대로 배우지 못하면 이것도 인생의 운이 막힘이 많게 된다. 따라서 대체로 유년 시절에는 평성이 들고, 중년에 길성이 들어 운이 차츰 상승하는 것이 제일 무난한 사주다. 만약 길성이 먼저 들고 흉성이 나중에 찾아오면 차츰 운이 쇠퇴하거나 한순간의 실수로 일시에 몰락하는 운이 도사리고 있으니, 있을 때 관리를 잘 해야 큰 화를 면할 수 있다.

또, 사주에 복이 많다고 거만할 것도 없고 반대로 복이 없다고 실망할 것도 없다. 복이라는 것은 유한하여 쓰고 나면 사라지는 성질이 있으니, 부족함을 알고 지속적으로 노력하는 사람에게는 못 당하게 된다. 복이 많은 사람도 복 쌓기를 게을리 하면 머지않아 복이 없어져서 좋은 인연을 만나기 힘들고, 복이 부족한 사람이 열심히 선행을 통하여 복을 쌓는다면 장차 좋은 인연을 통하여 복을 얻게 되는 것이다. 따라서 복이 있는지 없는지는 내가 어려움에 처했을 때, 나를 도와줄 수 있는 좋은 인연이 많이 있는지 없는지에 좌우가 되고, 나아가 그런 인연을 통해서 그 어려움을 극복할 수 있는 상태라야 복이 많다고 할 수 있는 것이다.

사람은 누구나 한두 번은 어려움을 만난다. 따라서 복이 있고 없고
는 그 어려움을 극복할 수 있는 좋은 인연을 가지고 있는지 없는지에
달려 있음을 깨달아야 하며, 진정으로 복이 있는 사람은 필요할 때 생
기게 할 수 있는 사람임을 알고 이와 비교했을 때 부족하다면 노력하
야 한다.

당사주는 이처럼 인생을 크게 초년, 중년, 말년, 노년(총운)을 으로
개론적으로 언급한 것이므로 길성이 많다고 너무 좋아할 필요도 없으
며, 반대로 흉성이 많다고 싫어할 필요도 없다. 현실을 받아들이고 적
극적으로 노력하는 자세가 더 중요하다는 말씀을 남기면서 당사주에
관한 것을 마친다.

제 3 장

그 밖의 법칙성

사주를 정확하게 풀기 위해서는
확률의 법칙과 인과의 법칙 등
여러 가지 법칙이 적용되어야 한다.

여기서는 사주를 명리학의 한 부분으로 보고, 불확실성의 원리, 인과의 법칙, 천지인 삼재의 원리, 체용(體用)과 이기(理氣)의 원리, 기타 법칙에 의해 명리학을 설명해 보겠다.

이런 법칙이나 사상을 몰라도 명리학의 자료에 해당하는 사주를 감정할 수 있지만 막힘이 많게 되고, 제반 법칙이나 사상을 아는 상태에서 명리학을 바라보면 좀 더 넓은 관점에서 더 정확하게 감별할 수 있는 힘이 본인도 모르게 생기게 되므로, 이런 관점에서 이해를 해 주면 좋겠다.

1. 불확실성의 원리

아인슈타인의 '상대성 이론' 발견 이후 세상에 널리 퍼져 있던 확실성의 원리에 의한 과학의 지배는 가고 불확실성의 원리가 주류를 이루게 되었다. 다시 말하면 확률의 원리가 세상에 통용이 된 것이다. 서양에서는 이러한 원리에 자연 과학이 이론적 배경을 제공해 주고 있으나, 동양에서는 찾아보기 어렵다. 좀 더 정확하게 표현하자면 잊혀져 왔다고 보는 것이 올바른 표현 같다. 그 동안 생활해 왔던 문화의 곳곳에 자취가 있으나, 다만 못 느끼고 있는 것이다. 역에서 점단占象을 내림에 있어서 확률의 원리가 깊숙이 관련되어 있다고 하겠다. 사주 명리학도 마찬가지다.

이런 확률의 원리와 관련되어 있는 사주 명리학에서 연월일시의 네 기둥 여덟 글자를 가지고, 그 사람의 인생 전체를 논할 수 있단 말인가? 같이 한번 생각해 보고자 한다.

사주팔자四柱八字란 그 사람이 갖고 태어난 연월일시를 육십갑자의 문자로 표현한 것이다. 따라서 사주팔자를 올바르게 이해하기 위해서는 육십갑자에 대한 올바른 개념부터 선행되어야 한다.

육십갑자에 대한 이야기를 하기 전에 먼저, 이해를 돕기 위해 1960년대에 들어서 미국을 중심으로 하는 물리학자들의 이야기를 잠시 언급하겠다. 이들이 공동으로 투자를 해서 학회를 하나 설립하였다. 어학회에서 실험하여 증명된 것으로, 자연계에는 상존하는 힘이 4가지가 있다고 한다. 만유인력에 해당하는 '중력重力', 음극·양극 또는 N극·S극의 두 가지 상반된 극성을 가지며 통하는 '전자기력電磁氣力', 두 물체 간에 서로 끌어당기는 힘인 '인력引力'과 서로 미는 힘인 '척력斥力'이 그것이다.

그런데 동양에서는 훨씬 이전에 자연계에 존재하는 힘을 발견하여 나름대로 문자를 사용하여 기호화 하였는데, 이것이 오늘날 우리가 알고 있는 '육십갑자'인 것으로 보면 무리가 없다고 하겠다.[66] 육십갑자는 천간(天干: 하늘·우주의 시공을 나타냄)과 지지(地支: 지구의 시공을 나타냄)와의 관계에서 생기는 서로 다른 에너지힘를 다시 오행으로 나타내고 있는 것이다.

우리 인간은 자연계에 속하는 생명체의 일부분으로서 에너지를 갖고 있는데 사주팔자는 이 에너지를 육십갑자로 기호화한 것이며, 우주의 흐름 속에서 흐르고 있는 우주 전체 에너지와의 관계를 토대로 길흉화복을 보는 명리학의 기본 자료라고 할 수 있다.

그러므로 성현들이 역易이라는 학문을 통하여 예측하게 한 뜻은 미래를 미리 알아서 좋은 것은 더 좋게 하는 '길장吉長'의 의미가 있고, 나쁜 것은 그 화를 미리 알아서 예방하는 '방책方策'의 의미가 동시에 있는 것이다. 특히 천재지변과 같은 큰 재앙을 사전에 방비하여 그 화

---

66) 치우천황과 싸웠던 황제 헌원이 육십갑자를 처음 사용했다고 하는데, 황제 헌원이 기원전 2692~2562년 경의 사람이므로 지금으로부터 약 4500년 전에 이런 원리가 사용되었다고 할 수 있다. 동서양의 문화를 비교하는 기준점이 다르지만, 이런 원리가 동양에서 더 앞서서 도입되었다고 보면 큰 무리가 없다고 생각한다.

를 줄이는 방책으로서 자연에 적응하는 방법인 것이다. 그런데 시대의 흐름에 따라 올바르게 믿어지기도 했으나, 불행한 역사에 해당하는 일제강점기 35년과 6·25 동란의 큰 혼란을 맞이하고, 그 후 서양의 물질문화 중심으로 '과학'이라는 두 글자에 밀려서 여러 가지 오해를 불러일으키고 있는 현실이다.

그 사람이 타고난 연월일시에 천간과 지지 각각 2글자씩 해서 '사주팔자'가 되고, 이것은 육십갑자에 속하는 암호 문자 4개에 불과한데, 이 문자 4개로 어떻게 그 사람의 일대기를 예측한단 말인가? 이런 이유로 터무니없다고 생각할 수 있다. 그러나 원리를 알면 너무나 간단하다. 동양학의 원리로 보면 씨줄과 날줄이 만나는 중요한 부분만 잡아당기면 나머지는 다 당겨오게 마련인 것이다.

그러므로 사주팔자에 우리가 배운 수학의 원리를 잠시 대입하면 간단히 해결된다. 신뢰도 구간이 그것이다. 신뢰도 범위에 의해 그 사람이 가진 조건을 대입하여 무한대의 시간과 공간의 연속성을 보내게 되면 극한의 수렴 값처럼 일정한 조건을 가지게 된다. 그 조건이 사주에서 말하는 격이 되는 것이다. 따라서 암호의 문자인 '사주팔자'에 의해 그 사람은 이러이러한 운을 가진 사람으로 이렇게 될 것이라고 예측할 수 있으며, 격극에 의해서도 이러한 격에 의해 이렇게 될 것이라고 추명할 수 있는 것이다. 그러므로 이런 점 때문에 '추명 사주학推命四柱學'이 인기가 있는 것이다.

인구가 많다 보니 같은 날, 같은 시각에 태어나는 사람도 많다. 그러면 이 사람들의 사주는 어떻게 풀어야 될까? 체體와 용用의 이론으로 풀면 간단히 해결된다. 태어난 사주팔자가 같으니, 체는 바뀌지 않는다. 그러나 태어날 때의 집안 주위의 환경이나 부모의 교육 정도, 형제 관계, 친구관계와 같은 요인에 따라 용의 쓰임이 다르게 되므로, 100인 100색, 1000인 1000색의 특징을 가지며, 특히 그 사람이 가지고 있는 부모와의 인연이나 내장된 업에 의해서도 전혀 다른 길을 걸어가게 되는 것이다. 그러므로 옛날에 사주팔자로써 그 사람을 감정할 경우에는 대개 고향이나 직업, 학력 따위의 기초 자료를 가지고 세밀히 판별하였다. 고향은 태어난 곳으로 그곳의 경·위도를 기준으로 하여 태어난 시각을 정확히 산출하기 위함이요, 직업이나 학력은 격의 낮고 높음을 판별하기 위한 자료로 삼기 위함인 것이다. 필요한 경우에는 성씨도 참조하여 조상의 음덕 유무도 고려하였다고 하니 일리가 있다고 하겠다. 이와 관련하여 우리가 잘 알고 있는 당나라 태종 이세민의 이야기가 전해 오는데, 소개하면 다음과 같다.

당나라는 도교를 숭상하여 술사들이 많았다. 태종이 하루는 자기와 같은 사주를 가진 사람은 무엇을 할까? 궁금하여 수소문하여 찾아보게 하였다. 며칠이 지나자 한 사람이 불려 왔는데, 알아보니 그도 태종 못지않게 밑에 휘하를 많이 거느리고 있었다. 알고 보니 수천 마리의 벌을 키우는 꿀벌 장수였던 것이다. 태종이 감탄을 하고는 그에게 상을 주면서 내가 백성을 위해 정치를 잘 하는 것처럼 벌을 잘 키우라고 격려를 했다는 이야기가 전한다.

　이 이야기처럼 태종과 꿀벌 장수는 사주팔자는 같았지만 그들의 개인적인 능력에 의해 한 사람은 천하를 호령하는 큰 영웅이 된 반면, 한 사람은 벌을 키우고 경영하는 꿀벌 장수가 되었던 것이다. 그러므로 비록 사주팔자에 해당하는 체는 같았으나, 용이 천차만별이 되어 분명한 차이가 있으므로 그 사람이 하는 일도 천차만별이 되는 것이 당연한 것이다.

2. 인과의 법칙

인과의 법칙은 보통 불가^{佛家}에서 쓰는 전문 용어에 해당하는 말이다. 그럼에도 불구하고 친숙하게 느껴지는 것은 불교가 우리의 일상생활에 끼친 영향이 크기 때문이라고 할 수 있다. '인과^{因果}'를 다른 말로는 보통 '인연^{因緣}' 또는 '연기^{緣起}'라고 하지만 차이점은 조금 있다.[67] 이 말의 뜻은 '원인에 의하여 결과를 맺는 것'을 말한다. 우리 속담에 '콩 심은 데 콩 나고, 팥 심은 데 팥 난다'는 말이 단적으로 이를 잘 나타내 주고 있다. 4대 성인의 한 사람인 예수도 '뿌린 대로 거두리라'라는 말을 하여 간접적으로 시사한 바가 있다.

사주를 제대로 이해하려면 이 인과의 법칙을 알아야 한다. 시간의 연속성과 공간의 상관성^{相關性}에 의해 이 우주 법계는 제석천의 인드라 망과 같은 그물망으로 가득 채워져 있다. 다만 우리의 눈에 보이지 않는 존재로 나타나기 때문에 못 보고, 못 느낄 따름이다. 따라서 법의 눈으로 보면 시간의 연속성에 의해 인과를 받으며, 공간적인 상연^{相緣}에 의해서 내 주위에 있는 무수한 존재들과 상의상관^{相依相關}의 관계를

---

67) 인연: 인은 결과를 생기게 하는 내적인 직접적 원인이고, 연은 외부에서 이를 돕는 간접적인 원인에 해당한다.
연기: 연에 의하여 발생한다는 것으로, 일체 현상은 서로 의존되어 있는 조건의 인연들이 상호 작용하여 발생한다는 것이다. 그러므로 제 조건의 원인이 없으면 결과도 없는 것이다. 따라서 일체 현상의 생기소멸(生起消滅)의 법칙을 연기라 한다.

유지하고 있는 것이다. 따라서 내가 부모의 몸을 받고 그 집안과 연관하여 태어나는 것도 보이지 않는 인연법에 의해 과果를 맺은 것이니, 결국은 내가 선택한 인연에 의한 것이다.

어릴 때에는 부모와 서로 작용을 통해서 성장하지만, 내가 미치는 영향보다는 부모가 나에게 끼치는 영향이 더 강하다. 그러므로 부모가 복이 있어야 성장이 순조롭게 되고, 태어난 띠가 좋아야 한다.

재성이나 관록이 있으면 양가良家에 태어난 인연이 된다.

그리고 월에 길성이 도래하고, 연주年柱와 상생관계를 이루거나 합이 들면 사회활동을 하는 기반이 되는 중년의 운이 순조롭게 풀려 나가는 것이다. 그리고 일에 길성이 들고, 월주와 상생관계에 놓이거나 천을귀인天乙貴人이 들면 순탄한 결혼생활을 하고 이를 통해 다른 사람보다 빨리 안정을 찾으며, 풍요롭게 말년을 보내게 되는 것이다. 또, 시에도 마찬가지다. 반대로 이런 조건이 없으면 초년, 중년, 말년, 노년으로 이어지는 삶에 우여곡절이 많아서 고단해진다.

육십갑자 중에서 대체로 상격에 해당하는 간지는 12개 정도니 비율로는 20% 정도다. 중격이 24개니 40% 정도이고, 하격이 24개로 40%를 차지한다. 따라서 비율만 따져보면 잘 사는 사람보다 못 사는 사람이 더 많은 셈이다.

다수에 해당하는 사람들의 삶이 힘들고 고단하더라도 실망할 필요가 없다. 왜냐하면 이번 생에서의 삶은 내가 전생에 해당하는 앞의 삶에서 다른 사람보다 노력을 적게 한 탓이니, 금생今生의 삶에서 남들보다 더 열심히 일하고 노력하면 내생來生은 풍요로운 삶을 살아갈 게 뻔

명하기 때문이다. 그러므로 주어진 인연에 충실하면서 좋은 인연을 많이 만들어라. 그러면 운이 빨리 열리게 되어 내생來生까지 가지 않더라도 이번 생에 복을 얻을 수 있게 된다.

전 대한항공의 회장이었던 J씨의 경우, 한 미국인이 자동차가 진흙탕에 빠져서 고생하는 것을 보고 본인이 마다하지 않고 도와준 것이 인연이 되어 지금의 대한항공이 있게 된 것은 아주 좋은 예에 해당한다.

또 인생이 힘들다고 해서 삶을 포기할 수는 없다. 만약 힘들다고 포기한다면 내생에 이어지는 삶은 더 비참하고 힘들어지는 것이기 때문이다. 따라서 타고난 사주가 조금 부족하더라도 마음을 잘 써서 열심히 다음을 준비하면서 살다 보면, 운이 돌아왔을 때 쌓였던 복을 다 찾을 수 있는 기회가 자연스럽게 주어지는 것으로, 준비하지 않고는 얻을 수 없는 것이다.

동서고금을 막론하고 인과의 법칙을 무시하고 살았던 사람치고 끝이 좋은 사람이 없었다. 독자의 귀감이 되라는 의미로 이야기 2편을 들려 드리고자 한다. 첫 번째 이야기는 옛날 인도에 실제로 있었던 빈비사라 왕과 그 아들 간에 얽혀 있었던 미생원(未生怨: 태어나기 전의 원한)에 관한 이야기이고, 또 다른 한 편은 신라시대 김유신의 여동생이 언니로부터 길몽을 사서 왕비가 되었다는 이야기이다.

빈비사라 왕과 그의 부인 위제희는 남들이 부러워할 정도로 부부금슬이 좋았다. 그리하여 즐거운 생활이 계속 되었다. 그러나 운명의 장난인지, 아니면 신의 질투인지 이 둘 사이에 당연히 있어야 되는 아기가 생기지 않았다. 그래서 여러 가지 방법을 써 보았으나, 후사가 없었다. 그 원인을 모르던 차에, 그런 방법을 잘 아는 관원에게 물어 보았다. 앞에 있는 산에서 수행하는 선인仙人이 죽어야 당신의 아들로 태어난다는 이야기를 듣게 된다. 그래서 차일피일 기다리던 중에 자식을 빨리 얻고 싶은 조바심이 나서 자객을 보내어 그만 살해하고 만다. 그리고 그 자객도 소문이 날까 봐 두려워하여 지하 감옥에 가두어 굶겨 죽이게 된다. 그런 후에 얼마 지나지 않아서 부인은 임신을 하고, 10달이 지난 후에 잘 생긴 옥동자를 낳으니, 관원이 이야기한 그대로였다. 왕과 왕비는 뛸 듯이 기뻐하면서 '아사세'라는 이름을 지어 주었다. 태어난 아들은 애지중지하며 잘 키워졌으며, 그 아들은 훌륭한 왕자의 모습으로 성장해 갔다.

어느 날, 왕자는 자기 측근으로부터 이상한 이야기를 듣게 된다. 내용인 즉, 부왕이 장수를 하게 되어 왕 노릇을 많이 하면 자기 자신이 왕을 할 기회가 줄어든다는 것이었다. 그래서 며칠 동안을 고민하다가 모의를 하여 군사를 동원해서 왕을 지하 감옥에 가두게 된다. 그리고는 소문이 나지 않게 굶겨서 죽이기로 작정을 하였다. 이 소식을 들은 위제희 왕비는 남편을 위해 아들 몰래 급식을 넣어주어 죽음을 면하게 도와준다. 한달쯤 지나서 이제는 왕이 죽었을 것이라고 생각하고 확인을 했던 아사세는 살아있는 부왕의 모습을 보고, 놀라지 않을 수 없었다. 그리하여 그 원인을 알아보니 어머니가 도와준 것을 알고 어머니에게 다시는 아버지를 도와주지 않겠다는 다짐을 받는다. 그리하여 이번에는 위제희 부인도 어쩔 수 없이 사랑하는 남편의 죽음을 기다리는 수밖에 없었다. 그리하여 왕으로서 부귀를 누리고, 사랑했던 부인과 행복한 나날을 보냈던 빈비사라 왕도 사랑했던 아들에 의해 결국은 한 줌의 재로 돌아가게 되었다. 불행한 죽음을 맞이한 것도 본인이 뿌린 과보果報니 누구를 원망하겠는가?

한편 부왕을 죽인 아들 아사세 왕은 아버지가 죽은 날이 둥근 달이 뜨는 보름이었는데, 그 과보로 보름날만 되면 가슴이 미어지는 고통을 받게 되고, 그 미어지는 고통을 없애기 위해서 갖은 방법을 다 써 봐도 소용이 없었다. (후략)

이 이야기처럼 왕이라고 해서 본인 마음대로 인과의 법칙을 벗어날 수 있는 것은 아니다. 시간은 누구에게나 평등하게 하루에 24시간 주어지듯이 인과의 법칙도 평등하게 적용이 된다. 그러므로 착한 선행을 통해서 열심히 살다가 그 과보가 익으면 복이 되어 돌아오는 것이고, 악한 행위도 그 과보가 익어야만 화가 되어 돌아가는 것이지 아무 때나 복이 굴러오고, 화가 미치는 것은 아니다. 그런 의미에서 인과의 법칙을 믿고 시간을 기다릴 줄 알면 반드시 뿌린 씨앗을 거둘 수 있다고 확신하는 바이다.

신라의 명장 김유신의 작은 누이 문희文姬는, 언니 보희寶姬가 꾼 꿈을 사서 마침내 신라 제 29대 태종무열대왕太宗武烈大王의 왕비 문명황후文明皇后가 되었다. 관련 이야기를 《삼국유사》에서 발췌하여 기록하면 다음과 같다.

처음에 문희의 언니 보희가 꿈에서 서악에 올라가 오줌을 누니 온 도성이 물바다가 되어 빠지고 말았다. 이튿날 아침에 동생 문희에게 꿈 이야기를 하자, 문희가 이를 듣고 "내가 그 꿈을 사리다" 하였다. 언니가 "무엇으로 사겠느냐?"고 물으니 "비단 치마를 주고 사리다" 하니 그러마고 승낙하였다.

그리하여 동생이 옷끈을 풀고 꿈을 받으매, 언니가 이르기를 "어젯 밤 꿈을 네게 주노라" 하였고, 동생은 그 대가로 비단 치마를 주었다.

그런 일이 있은 지 열흘이 지났다. 정월 오기일(烏忌日 : 15일)에 유신 이 춘추공과 함께 집 앞에서 공차기를 하다가 일부러 춘추의 옷을 밟 아서 옷고름이 떨어지게 만든 후, "우리 집에 들어가서 옷고름을 달도 록 하자"고 하매 춘추공이 그 말을 좇았다. 유신이 아해[68]에게 옷을 꿰매드리라 하니 아해가 "어찌 그런 사소한 일로 해서 가벼이 귀공자 를 가까이 하리오?" 하고 사양하였다. 이에 유신이 아지[69]에게 이 일 을 명하였다. 춘추공은 유신의 뜻을 알고 드디어 아지를 받아들여 이 로부터 자주 왕래하였다. 그 후에 혼례를 올렸다. 진덕왕이 죽자 영휘 (永徽 : 당나라 고종의 연호) 5년 갑인에 춘추공이 왕위에 오르니 자연히 왕비가 되었다.

이 이야기처럼 일상생활 자체에도 눈에는 보이지 않지만 인과의 법 칙이 작용하는 것이다. 세상에는 공짜가 없는 것이다. 언니 보희가 좋 은 꿈을 꾸었지만 보희는 그 꿈의 의미를 몰랐고, 동생 문희는 꿈의 의

---

[68] 보희의 어릴 때 이름.
[69] 문희의 어릴 때 이름.

미를 알았기에 언니 보희에게 대가를 지불하고 그 꿈을 사서 자기 것으로 만든 것이다. 일에는 순서가 있어 유신공이 언니 보희에게 먼저 기회를 주었으나, 보희는 그 꿈을 팔았기에 기회가 문희에게 돌아갔고, 춘추공과 문희는 유신의 뜻에 의한 서로의 인연을 알았기에 결혼을 하게 되었다.

세상을 살아가는 일반인들도 마찬가지다. 개개인이 태어난 인연을 알아야 행복을 쉽게 성취할 수 있는 것이다. 그러므로 의사의 인연은 의사로, 정치가의 인연은 정치가로 살아갈 때 마음 깊은 속에서 삶의 희열을 느끼며 행복하게 살아갈 수 있는 것이다.

3. 천지인 삼재의 원리

천지인天地人 삼재三才 사상은 오랜 옛날부터 내려온 우리 민족 고유의 사상이다. 천부경의 기본 원리에 해당하고, 주역에서도 육효가 나오는 배경이 되는데, 중요한 의미가 있으므로, 여기서 좀 더 자세히 다루어 보겠다.

삼재 사상을 이해하기 위해서는 그 구성 요소에 해당하는 하늘天과 땅地, 사람人에 대한 올바른 이해가 선행되어야 한다. 그래야 쉽게 그 맥을 짚을 수 있으므로,《천부경》에 나타난 삼재의 원리와《삼일신고》에 나타난 하늘 편을 통해서 살펴보도록 하겠다.

1 천부경론(天符經論)[70]

一始無始一 일 시 무 시 일	하나는 시작이 없는 하나에서 시작한다.
析三極無盡本 석 삼 극 무 진 본	세극으로 나누어도 그 근본은 다함이 없다.
天一一地一二人一三 천 일 일 지 일 이 인 일 삼	한 하늘이 하나요, 한 땅이 둘이요, 한 사람이 셋이라.

---

70) 전해지는 천부경은 태초의 역인 '환역(桓易)'의 원리가 담겨져 있는 것으로, 녹도문으로 된 것을 최치원 선생이 81자의 한문으로 나타낸 것이다. 주역의 모태가 되므로, 따로 실었다. 여기(천부경)에 해석을 붙여 논을 달았다.

一積十鉅 無櫃化三
일 적 십 거 무 궤 화 삼

하나가 쌓여 열로 불어나고 셋으로 화하여 다함이 없다.

天二三 地二三 人二三
천 이 삼 지 이 삼 인 이 삼

하늘 둘 셋, 땅 둘 셋, 사람 둘 셋,

大三合六 生七八九
대 삼 합 육 생 칠 팔 구

큰 셋이 여섯과 합하여 일곱, 여덟, 아홉을 만들며

運三四 成環五七
운 삼 사 성 환 오 칠

삼과 사로 운행하며 다섯과 열로 고리를 이룬다.

一妙衍 萬往萬來
일 묘 연 만 왕 만 래

하나가 묘하게 퍼져서 무수히 왔다 갔다 해도

用變不動本
용 변 부 동 본

쓰임은 변하지만 그 근본은 움직이지 않는다.

本心本太陽
본 심 본 태 양

본래의 마음과 본래의 태양은 밝음을 우러러 본다.

昂明人中天地一
앙 명 인 중 천 지 일

사람 가운데와 하늘, 땅에 있는 하나로

一終無終一
일 종 무 종 일

하나는 끝없는 하나에서 끝난다.

'하나'는 무슨 뜻인가?

이르기를, '하나'는 형체가 있는 유형의 것으로, 유有를 나타내니, 인식認識될 수 있는 첫째의 것을 일컫는다. 그러므로 뒤에 오는 천·지·인을 포함하는 큰 하나를 뜻한다.

'시작이 없는 하나'는 무슨 뜻인가?

이르기를, 이는 하나 이전의 상태로, 유형의 하나를 있게 한 인자因子가 되는데, 다만 형체가 없어 인식하기 힘들므로 '시작이 없는 하나'

라 한다.

 '(하나를) 세 극(중심)으로 나눈다' 함은 무슨 뜻인가?

 이르기를, 큰 하나는 마치 중심이 되는 셋(하늘·땅·사람)의 합과도 같은 것이니, 이를 알기 쉽게 나눈다 함이다. 큰 하나(태알)는 비워 있어서 셋으로 나누어도 줄어들지 않는다.

 '그 근본은 다함이 없다' 는 무슨 뜻인가?

 이르기를 이것은 하나가 중심이 되는 셋으로 나누어도 그 모습만 변했을 뿐 근본 실체는 다르지 않아서, 그 쓰임이 무궁함을 뜻하는데. 이를 일러 하나가 셋이 되는 것으로 용用이라 한다.

 '한 하늘이 하나요, 한 땅이 둘이요, 한 사람이 셋이라' 함은 무슨 뜻인가?

 이르기를 한 하늘과 한 땅과 한 사람은 세 가지 중심三極을 말함인데 사용함用에 있어서 이보다 큰 것이 없으니 '크다'는 뜻의 하나 '한'이요, 하늘이 하나요, 땅이 둘이요, 사람이 셋이 되는 것은 하늘이 먼저 하나에서 비롯되어 땅과 사람의 쓰임이 이어지는 뜻이 있다. 그러드로 천문天門이 자子에서 열리고, 지호地戶가 축丑에서 열리며, 사람의 기운이 인寅에서 열린다고 하여 순서를 둔 것을 말한다.

 '하나가 쌓여 열로 불어나도 셋으로 화하여 다함이 없다'는 것은 무슨 뜻인가?

이르기를 하나는 비롯되는 수요, 열은 가득 찬 만수^{萬數}니, 하나가 분화하여 가득 차더라도 이것은 삼극(천·지·인)의 끝없는 작용에 불과하다는 뜻이다.

'하늘 둘 셋, 땅 둘 셋, 사람 둘 셋, 큰 셋이 여섯과 합하여 일곱, 여덟, 아홉을 만든다'는 것은 무슨 뜻인가?

이르기를 하늘 둘 셋, 땅 둘 셋, 사람 둘 셋은 하늘에는 음양의 명암^{明暗}이 있어 이것으로써 조화됨이요, 땅에는 강유^{剛柔}가 있어 이것으로써 조화됨이요, 사람에게는 인의^{仁義}가 있어 이것으로써 조화됨을 말한다. 또 큰 셋이 여섯과 합하여 일곱·여덟·아홉을 낳는 것은 하늘, 땅, 사람이 그들의 공통분모이면서 만물을 낳는 자리에 해당하는 여섯과 어울려 각각 일곱, 여덟, 아홉을 생성시키니 일곱은 하늘과 여섯의 어울림이요, 여덟은 땅과 여섯의 어울림이요, 아홉은 사람과 여섯의 어울림이다.

그래서 6은 태음^{太陰}의 수요, 7은 소양^{少陽}의 수며, 8은 소음^{少陰}의 수이고, 9는 태양^{太陽}의 수라 하니, 6은 변화하게 하는 수요, 9는 스스로 변화는 수인 것이다. 그러므로 6은 부족하여 변화하게 하는 수요, 9는 마지막에 오는 완성의 수인 것이다.

'삼과 사로 운행하며 다섯과 열로 고리를 이룬다'함은 무슨 뜻인가?

이르기를, 삼과 사는 삶과 죽음이니, 삼은 음^陰과 양^陽이 각각 하나씩 조화를 이룬 것이니 삶을 나타내고, 사는 음^陰만 둘이니 음약의 조화가 깨져서 음이 지나친 것이니 죽음을 나타낸다.

또, 칠七은 십十의 고자古字이니, 다섯과 열로 교리를 이룬다 하고, 다섯은 무토戊土요, 열은 기토己土를 나타내며, 이 둘이 태극 모양(☯)으로 고리를 이루고 있음을 말하는 것이다.

'하나가 묘하게 퍼져서 무수히 왔다 갔다 해도 쓰임은 변하지만, 그 근본은 움직이지 않는다' 함은 무슨 뜻인가?

이르기를, 하나가 열로 불어나거나 다시 본래대로 줄어들어 하나로 돌아와도 쓰임만 변할 뿐, 그 본체는 변하지 않는다는 것이다.

'본래의 마음, 본래의 태양은 사람 가운데와 하늘 가운데에 있는 하나로 밝음을 우러러 본다'는 무슨 뜻인가?

이르기를, 사람은 소우주小宇宙니 태양계의 중심中心인 태양과 본래면목本來面目인 사람의 마음은 밝음을 생명으로 하니, 태양이 빛을 잃으면 태양이 아니오, 사람의 마음도 밝은 빛을 잃으면 어두워 기혹되는 것이다. 그래서 태양과 사람의 마음이 밝음을 우러러 하늘 가운데에 천리天理가 있고, 사람 가운데에 성품이 있는 이치인 것이다.

'하나는 끝없는 하나에서 끝난다' 함은 무슨 뜻인가?

이르기를, 하나가 시작 없는 하나에서 비롯되었으니, 그것으로 다시 돌아감을 일컫는 이치인 것이다. 그래서 유형의 하나는 다시 무형의 無로 돌아가는 것이 되어, 다시 일시무시일一始無始一이 되는 이치로 대구對句가 맞게 되는 것이다.

이런 이유로, 동양철학에서는 시작과 끝도 없는 무시무종無始無終이라 하는 것이니, 연속하는 이치에 의한 것이다.

이렇게 본다면, 어느 종교에서 말하는 종말론은 허황된 것이라고 할 수 있다. 생명력을 가진 유기체는 반드시 흥망성쇠를 통하여 생멸을 반복하는 이치가 있는 것이다. 그러므로 서양이 몰락하고 동양이 융기하여 정신문화로 세계질서가 재편되는 과정을 서양인의 입장에서 종말이라고 하는 것이지, 우리가 사는 세상 자체의 문화가 없어지지는 않는 것이다. 따라서 큰 변동기에 의해 예기치 못한 변화가 주어지는 것을 알고, 능동적으로 대처하는 자세가 올바르다고 본다. 종말론에 사로잡혀 주어지는 호운을 얻지 못하게 되는 것은 큰 불행이 아닐 수 없다. 단군 국조가 정신문화 개벽기에 자손들이 번영할 수 있도록 산이 많은 동북 간방艮方에 터전을 잡은 이치를 안다면 문제될 것이 전혀 없는 것이라고 본다.

이어서, 하늘의 뜻을 살펴보겠다. 가장 잘 풀이한 것이 있으니, 《삼일신고》에 전하는 천훈天訓 편이다.

저 푸른 것이 하늘이 아니며
저 아득한 것이 하늘이 아니니라.
하늘은 형상과 바탕도 없고 시작도 끝도 없으며
위와 아래와 사방과 겉도 속도 없느니라.
하늘은 어디나 있지 않은 곳이 없으며
무엇이나 감싸지 않은 것이 없느니라.[71]

하늘은 천지인 중에서 처음 시작된다. 그래서 제1 명제라고도 한다. 하늘은 처음 시작하므로, 험난함을 만나도 굴하지 않고, 스스로 주재하여 밝음을 드러내며, 양의 덕을 기른다. 이것을 일러 비워 있음을 체로 하여 일체를 다 거두어들이는 것을 용으로 한다. 그러므로 하늘이 자시에 천문을 열어, 밝고 어두운 음양陰陽의 도로써 강건한 하늘의 기운을 전하니, 땅이 하늘의 도를 이어 받지 않을 수가 없는 것이다.

땅은 천지인 중에서 두 번째로 비롯된다. 그래서 제2 명제라 하니, 하늘이 양이 되면 땅은 하늘에 이어 음이 되는 것이다. 그러므로 땅은 이어서 시작된다고 한다.

땅은 하늘의 뜻을 받아서 전하는 것이 목적이다. 따라서 험난함을 피하여 새 생명의 잉태를 주로 하니, 양과 함께 한다. 그러므로 음은 나설 수도 있으나 순종함으로써 덕을 기른다. 따라서 가득 차서 견고함이 체에 속하나, 하늘을 본받으니, 비움을 용으로 한다. 그러므로 하늘에 이어 축시에 지호地戶를 열어, 높고 낮은 강유剛柔의 도로써 강건한 하늘의 기운을 수용하여 만물을 길러내니, 만물이 땅의 길러내는 도를 이어 받지 않을 수 없는 것이다.

사람은 천지인 중에서 세 번째로 비롯된다. 그래서 제3명제라 한다. 그러므로 하늘의 밝은 광명의 빛과 땅의 유순한 양육의 덕을 함께 받아들여 머리로는 이성으로써 밝은 광명의 도에 부합되게 하려고 하며,

---

71) 蒼蒼非天 玄玄非天 天無形質 無端倪 無上下四方 虛虛空空 無不在 無不容

가슴으로는 감성으로써 양육의 덕에 부합되게 하려 한다. 따라서 비움과 채움의 조화인 중으로써 체와 용을 삼으니, 우러러 하늘의 강건한 도가 성하면 하늘의 도에 따라 나아가 힘써 인륜을 행하고, 굽어봄에 유순한 양육의 땅의 덕이 성하면 땅의 덕에 따라 물러나 보존한다.

보존하는 것은 물러나서 지키는 만큼 좋은 것이 없기 때문이니, 물러나 후일을 도모하여 하늘과 땅의 도와 덕을 전하는 것이다. 그러므로 하늘과 땅의 도와 덕을 참되게 받드는 것과 허위로 받드는 진망眞妄이 있다. 그런데 만물 중에서 오직 사람만이 기정신氣精神이 치우치지 않아서 참된 것을 받드니, 참된 것의 벼리가 되는 인仁과 의義로써 다른 사람을 사귀는 것이다.

이상과 같이 간단하게 천지인의 삼재 사상에 대해 살펴보았다. 이 삼재 사상이야말로 우리가 처해 있는 어려움을 슬기롭게 헤쳐 나갈 수 있는 답을 제시해 주는 것이다. 따라서 이 삼재 사상의 묘리를 터득한다면 강태공이 주 무왕을 도와서 주왕조를 열었던 것처럼 21세기에 대한민국이 웅비할 수 있는 간접적인 열쇠가 된다고 본다.

이 삼재 사상을 사주에 대입시켜 보면, 천간은 하늘 길을 십간으로 좌표화하여 천문의 의미를 나타내니 무형의 도로서 일의 범위를 나타내고, 지지는 지구가 운행하는 길을 12지를 사용하여 지리의 의미를 나타내니 하늘의 보이지 않는 무형의 도를 이어 받아서 일에 대한 길흉의 정도를 나타내고, 지지에 숨어 있는 지장간이 천지조화의 원리를 사용하여 만물을 변화시키니 인도人道: 인사에 해당한다고 할 수 있다.

하늘은 일월에 의한 명암과 별들의 운행으로 도를 말함이니 무형의 도라 하며, 포함하지 않은 것이 없는 이유로 평등하여 이법理法 그 자체를 뜻한다.

땅은 산천초목에 의한 강유로 하늘의 도를 받아서 차별의 이치를 말함이니 지리라 한다. 땅은 한정성이 있는 유형의 이치로서 높고 낮은 차별성을 표현하나, 그 근본은 하늘의 도를 이어 받은 이유로 평등하다. 그러므로 시·공간에 의한 차별로 평등의 이치를 실현시킨다.

사람은 성명정에 의한 진망眞妄의 이치로 무형의 도와 유형의 이치를 본받으니, 위로는 천문을 보고 아래로는 지리를 숙지하여 도道와 술術을 부리는 것이다. 도는 있으나 술이 없으면 도가 널리 퍼지기 힘드니 세상의 큰 일이 이루어지기 힘들고, 술은 있으나 도가 없으면 그 근본을 몰라서 작은 재주로 쇠락하여 결국에는 문을 닫게 된다. 그러므로 도가 술보다는 큰 개념에 해당되나, 도와 술이 함께 온전해야 만물의 어머니로서의 도가 잘 행해질 수 있는 것이다.

삼재의 순서에 있어서 하늘이 먼저이고, 그 다음이 땅이고, 마지막이 사람이다. 하지만 사람은 만물의 영장으로 천지조화의 주체이니 일을 이룸에 있어서는 인사를 얻어 인화단결을 이룸이 으뜸이며, 그 다음이 지리를 얻는 것이며, 그 다음이 천문을 얻는 것이다.

지리를 얻고 천문을 얻어도 인화단결을 얻지 못하면 큰 일은 성사될 수 없고, 인사와 지리를 얻으면 천문을 얻지 못해도 일은 성사될 수 있는 것이다. 따라서 이 이치를 잘 적용하여 천하의 패권을 차지하는 데 있어서 유리하게 만든 이가 있는데, 우리가 잘 아는 한신 대장군이다. 그가 조나라와의 싸움에서 강을 등지고 배수의 진을 쳤으나, 지리의 열세를 딛고 인화단결로서 죽기 아니면 살기로 싸워 승리를 얻게 된 것은 유명한 이야기로 이것을 잘 나타내 준다고 할 수 있다.

그러므로 사람이 범인凡人에 속하는지 아니면 현인이나 성인에 속하는지를 구분할 수 있는 것은 무형의 도를 통해서 일의 기미를 얼마나 빨리 정확하게 알아내고, 그 도를 지역적인 차이에 의한 한정성을 극복하여, 보다 많은 사람에게 참된 것을 전해주고, 그들을 위해서 일을 할 수 있느냐의 여부에 달린 것이다. 눈에 보이는 확실한 것만 이해할 수 있는 것은 누구나 할 수 있기에 특별한 공덕을 쌓을 수 없는 이유로 범인에 지나지 않는 것이다.

고구려의 대장군이었던 을지문덕과 연개소문도 천문과 지리, 인사에 능수능란하였기에 수나라 30만 별동대와 이세민이 이끄는 당의 대군을 섬멸시킬 수 있었던 것이다.

천지인 삼재가 서로 영향을 끼치며, 서로 주고받는 원리를 독자 여러분이 쉽게 이해할 수 있도록 조선조 세조와 관련하여 전해오는 이야기 한 편을 소개하면서 삼재三才에 관한 언급은 마치도록 하겠다.

광묘光廟, 세조는 수양대군이 된다. 춘추 열넷에 창기 집에서 하룻밤을 묵었다. 야밤에 그 창기娼妓와 사통하던 자가 그 집에 와 방문을 두드렸다. 광묘가 깜짝 놀라 일어나 발로 차 뒷벽에다 꼬꾸라뜨린 뒤에 도망쳐 나왔다. 몸을 날려 몇 길 밖의 담을 뛰어 넘자, 그 사람도 담을 넘어 쫓아왔다. 광묘가 삼중으로 된 성을 넘자 그 자도 계속해서 성을 넘어 쫓아왔다. 광묘가 큰 길을 일리 정도 달리다 보니 길옆에 오래된 버드

나무가 있어 그 속에 숨었다. 그 사람이 뒤쫓아 오다가 종적을 놓쳐버리자 투덜거리며 가버렸다.

잠시 뒤에 장자長者가 문을 열고 나오더니 작은 다리 옆에서 오줌을 누었다. 고개를 들어 별을 살펴보더니 괴이하다는 듯 혼잣말로 "자미성이 유수를 지나니, 필히 인군이 버드나무에 기대어 있는 상이로다. 심히 괴이하구나"라고 중얼거리며 한참을 서 있다가 들어갔다. 광묘가 집에 돌아와 다음날 그 사람을 물색해 보니 바로 관상감에서 천체의 운행을 관측하여 책력을 만드는 자였다. 광묘가 속으로 그 성명을 기억해 두고 마음속으로 홀로 기뻐하였다.

그 후 보위에 오른 뒤에 그 사람에 관하여 물어보니 벌써 죽은 지가 오래되었다. 이에 그 자손들에게 후히 상을 내렸다.

—《五山說林草藁》중에서

수양대군이 보위에 오르기 전에 이 일이 있었으니, 아마도 태어날 때에 왕이 될 기운이 있어서 왕위에 오를 명이었는지도 모른다. 우여곡절 끝에 지략이 능한 책사 한명회를 만나서 보위에 오르고, 조카 단종까지 죽이면서 친정親政체계를 다진 것을 보면 하늘의 뜻이라고 하지 않고는 설명되기가 힘들다고 할 수 있다.[72]

---

72) 단종이 태어날 때, 탯줄이 늦게 나와 목숨이 위태로운 것을 세조가 수양대군 시절 아는 상궁을 통해서 손을 쓴 결과로 위기를 벗어났는데, 결국에는 세조에 의해 목숨을 마치니 아이러니한 부분이다. 단종은 살고 죽는 선택이 수양의 손에 의해 좌우되었음을 이야기하는 대목이다.

4. 체용과 이기의 원리

1 체용론

체용體用론은 사물을 본체本體와 작용作用으로, 원리原理와 응용應用의 두 측면으로 나누어 논의한 것인데, 이 체용의 입장에서 명리학을 잠시 살펴보도록 하겠다.

이 체용에 관해서는 여러 가지 학설과 주장이 있으나, 여기서는 지면 관계상 송나라 사람으로 성리학을 집대성시킨 주희의 학설을 중심으로 설명하겠다.

그는 도道에 체와 용이 있는 것으로 보고, 체는 원기가 움직이지 않는 것으로 불변의 것으로 보았으며, 용은 충기沖氣가 천지 사이에서 운용하는 것으로 규정하여 체용을 근원과 유행으로 설명하였다.

또, 마음을 체와 용으로 구분해 발發하기 전의 것을 마음의 체體라 하고, 이미 발한 것을 마음의 용用이라고 하였다.

그러면서, 맹자의 "측은지심惻隱之心은 인仁의 단서다"라는 말에서 '인'은 성性으로, '측은'은 정情으로 보고 성을 체, 정을 용으로 분속시켜 성정을 체용으로 보았다. 이러한 체와 용은 개념상으로는 분리된다고 하더라도 실제로는 둘이 아니라고 하였다.

그리하여, 그는 "가령 귀가 체라면 듣는 것은 용이요, 눈이 체라면 보는 것은 용이다"라는 비유로 이런 사실을 설명하였다.

이러한 체용의 관계를 명리학의 한 부분인 추명사주에 적용시키면, 타고난 '사주팔자'의 여덟 글자는 나의 숙명에 해당하는 것으로, 자연으로부터 조건지어진 바꾸기 힘든 근원적인 체體에 해당된다면 대운이나 세운은 그 체를 드러나게 하는 용用으로서 작용하는 것이다.

이런 입장에서 본다면 용에 해당하는 대운이나 세운에 따라 똑같은 사주도 후천의 시대인 21세기에는 노력을 어떻게 하느냐에 따라 천차만별의 용법에 의해 운명을 다르게 가질 수 있는 것이다. 그러므로 엄밀히 따진다면 팔자는 고칠 수 있는 것이다. 그러므로 수많은 사람들이 내가 가진 나의 명을 알고 싶어 하는 이유가 여기에 있다고 본다.

따라서 사주팔자에 있어서는 체에 해당하는 연월일시의 '네 기둥 여덟 글자'도 중요하지만 용에 해당하는 세운이나 대운의 활용이 더 중요한 것이다. 그러므로 이 용을 잘 활용할 수 있으면 고수가 되는 것이고, 그렇지 않으면 아무리 오래 배워도 만년 하수가 될 수밖에 없는 것이다.

이런 이유로, 개인에 따라서는 체에 해당하는 팔자는 좋게 태어나도 용에 해당하는 대운에서 그 운이 이끌어 주지 못해서 평범한 운을 받아서 살아가는 사람도 많은 것이다. 이렇게 보면 좋은 운을 만나기가 쉬운 것만은 아닌 것이다. 따라서 좋은 운을 만났을 때 열심히 노력해서 그 운을 잘 활용해야 인생에서 패배자가 되지 않는 것이다.

또, 수행하시는 분들이 사주에 연연하지 않는 것도 인생의 용을 잘 알아서 구태여 사주를 몰라도 남들보다 복을 많이 받고 잘 살 수 있다고 보기 때문이다. 이런 이치로 보면 용이 정말 중요한 것이다. 그러나

가능하면 체를 잘 알아서, 그 체에 맞는 용을 쉽게 잘 사용할 수 있으면 좋은 기회가 더 많이 주어지므로 '금상첨화'라는 생각이 든다.

보통 70~80세를 산다고 보면, 좋은 운은 3번이상 찾아오지 못한다고 한다. 그러므로 인생에서 성공한 사람은 이 찾아온 기회를 놓치지 않고 잘 잡아서 목표를 성취한 사람이며, 실패한 대부분의 사람은 운이 찾아온 것도 모르고 인생을 즐기고만 산 사람인 것이다.

필자가 어려운 체용^{體用}의 이치까지 언급해서 이야기하는 이유도 여기에 있는 것이다.

아무쪼록 체용의 이치를 잘 알아서 체를 바로 보고, 용을 잘 사용해서 성공하는 사람이 되기를 바란다. 이런 의미에서 실제 있었던 내용을 간단히 소개하겠다.

하루는 아는 후배가 찾아와서는 상담을 신청하였다. 생활하고 있는 여러 가지 일이 잘 안 되어서 힘들다는 내용이었다. 그래서 감명^{勘命}을 해 보니, 사주는 좋은데 용을 잘못 사용한 경우였다. 용신이 을목에 해당하는데, 학과 공부에 적극적으로 열심히 하는 것도 아니고, 따로 어학을 배우는 것도 아니었다. 따라서 그 사주에 맞는 용을 설명해 주면서 출판이나 언론 계통으로 나가든지, 아니면 학업을 더 하는 것이 지금의 상태에서 제일 좋다는 이야기를 해 주었다. 이 일이 있은 후 몇 달 뒤에 대학원에 진학하여 학업을 계속하던 중에 좋은 사람과 인연이 맺어져, 그 후배로부터 감사하다는 이야기를 듣게 되었다.[73]

이 이야기처럼 기회는 멀리 있는 것이 아니다. 체용의 원리를 사용하여 조금만 신경을 쓰면 좋은 기회로 얼마든지 만들 수 있는 것이다. 독자 여러분께도 한번쯤 시도해 보기를 권해 드리면서, 체용의 원리는 여기서 줄인다.

2 이기론

이기는 이理와 기氣로서 우주와 인간을 설명한 성리학의 이론에서 나온다. 기는 만물을 생성하는 질료적인 것으로 형이하적인 것이고 이는 음양陰陽·오행五行의 변화와 생성을 주재하는 이치로 형이상적인 것을 가리킨다. 인식론의 측면에서는 기는 실증적인 인식의 대상이며, 이는 관념적 사유대상에 속한다.

이 이기에 대한 학설도 여러 가지가 있지만, 이 글에서는 이이의 이기이원론적 일원론의 입장에서 기술하겠다.

그는 사단과 칠정이 모두 기가 발하여 이가 타는 것氣發而理乘之이라고 주장하였다.[74] 그는 실재로서의 기와 기를 있게 하는 것으로서의 이를 모두 인정하면서 그 양자는 분리되어 있지 않고 불가분의 관계를 가진다고 보았다. 따라서 그의 이기론은 인간의 윤리성만을 추구하는 이 우위적 경향이나, 우주의 실재성에 치중하는 기 일원적 경향을 종합하여 지향하는 특성을 지닌다.

그는 이기를 설명하여 이통기국理通氣局을 말하였다. 이통기국설은

---

73) 을목이 용신인데다 그 해가 무인년이었으므로, 본인이 방향을 잡아서 조금만 노력한다면 좋은 결과가 이루어질 수 있는 여건이 되는 것으로 나왔다. 그래서 추진하는 일의 범위까지 일러 주었는데, 노력과 운이 일치한 대표적인 경우였다.
74) 율곡전서 권10 答成浩原

율곡이 독창적으로 주창한 것이다. 인성人性이 물성物性과 다름은 기국氣局 때문이고, 인리人理와 물리物理가 같음은 이통理通이라고 하였다. 비유를 하면, 네모지거나 둥근 그릇들은 모양이 서로 다르나 그 속의 물은 같고, 병甁은 큰 것도 있고, 작은 것도 있으나 그 안의 공기는 같다는 것이다. 그러므로 기의 일본一本은 이통이요, 이의 만수萬殊는 기국이라고 한 것이다.[75]

이기의 원리를 명리학에 적용시키면 다음과 같다. 같은 날, 같은 시에 태어난 사람이 똑같은 사주를 갖고 태어나는 것은, 이의 측면에 해당하는 이통理通의 입장에서 보면 같다고 할 수 있으나, 어떤 사람은 그 타고난 사주대로 인생을 정상적인 방법으로 잘 사는가 하면, 어떤 사람은 타고난 사주와는 전혀 다른 정반대의 길을 가면서 힘들게 사는 경우가 있다. 이들처럼 서로 차이가 나는 것은 기의 입장에 해당하는 것으로 기국氣局에 의해 차이가 나는 것으로 볼 수 있다.

따라서 보편성인 이理의 입장에서 똑같은 사주를 가진 100인이 있다 하더라도 기의 입장인 특수성으로 바라보면 100인 100색의 인생길이 나올 수밖에 없는 것이다. 똑같은 사주라 하더라도 기의 입장에서 보면 차이가 날 수밖에 없는 것처럼, 감정을 잘 해서 상담을 잘 하는 사람은 그 차이를 인정하고 그 사람에 맞는 올바른 길을 제시해 줄 수 있는 능력이 있어야 하는 것이다.

---

75) 상동

이런 입장에서 사주를 감정하는 사람은 사주가 명리학의 한 부분으로 일종의 상담학과 연관시켜 볼 때, 그 사주가 가진 격국이나 기운에 의해 정해진 방향으로 잘 가고 있으면 인생의 가속도를 붙일 수 있는 방법을 이야기해 주는 것이 좋다. 정해진 길이 아닌 반대의 길을 가고 있으면 그 사람이 타고난 사주가 지닌 길을 언급하면서 길을 바로 안내해 주는 것이 올바른 사주 감정의 방법이라고 본다.

5. 인생의 법칙

1 순명(順命)

공자께서 이르시기를 "죽고 사는 것은 명에 달려 있고 부유함과 귀함은 하늘에 달려 있다"[76] 하셨으니, 죽고 사는 것과 같은 큰일은 하루아침에 이뤄지지 않음을 말씀함이요, 강성한 로마도 하루아침에 이뤄지지 않았듯이, 부유함과 귀함도 몇 대에 걸친 꾸준한 선행이 쌓이는 노력이 따라야 함을 간접적으로 말씀하신 것이다.

또, 경행록에 이르기를 "다가오는 화는 요행으로 피해갈 수 없고 놓쳐버린 복은 다시 구할 수 없다"[77] 하였으니, 악행의 과보로 받는 화는 그 화가 숙명으로써 익기 전에 참회를 하고 용서를 구하면 면할 길이 있다. 그러나 그 화가 일어나는 조건이 갖추어진 다음에는 후회해도 이미 때가 늦음을 말함이요, 찾아오는 복도 기회가 있음이니 그 복을 찾을 수 있는 능력이 없거나 열심히 노력하지 않으면 오던 복도 달아나니, 도망간 복은 엎질러진 물을 다시 주워 담을 수 없듯이 아무리 구해도 구해지지 않는 것이다. 그러므로 기회가 올 때 잘 챙겨서 담아야 한다.

---

76) 子曰 死生有命 富貴在天
77) 景行錄 云 禍不可倖免 福不可再求

그러므로 '때를 만나면 왕발이 순풍을 타고 하룻밤에 칠백 리를 가서 등왕각의 서문을 지어 천하에 이름을 날리듯 일이 잘 풀리고, 운수가 나쁘면 어떤 사람이 탁본을 하러 천신만고 끝에 수천 리를 갔지만 그날 밤 천복비에 벼락이 쳐서 비석이 깨어지듯이 온갖 노력에도 불구하고 일이 수포로 돌아간다'[78]라고 하였다.

이를 다시 설명하면, 왕발王勃은 중국 당나라 때의 시인으로 어려서부터 글재주가 뛰어났었는데 이런 일화가 전한다.

왕발이 어릴 때에 동정호 부근에 머문 적이 있었는데, 한 늙은이가 그의 꿈속에 나타나 말하기를 "등왕각[79]이 있는 남창현(지금의 강서성)에서 9월 9일에 낙성 잔치가 있으니, 그 자리에 참석하여 '등왕각서王閣序'를 지어라" 하였다. 그날은 9월 7일이었는데 등왕각이 있는 남창현까지는 칠백 리나 되었다. 하룻밤 사이에 가기에는 도저히 불가능한 일이었다. 그러나 왕발은 꿈이 너무나도 생생하여 배에 올랐다. 그때부터 순풍順風이 불어와 배는 나는 듯이 달려 다음날로 등왕각에 이르렀다. 그래서 명문장으로 이름난 '등왕각서'를 지어 천하에 이름을 떨치게 되었다고 한다.

또, 천복비薦福碑는 강서성 천복사에 있던 비석이다. 당나라 때 구양순이 비문을 썼다고 하는데, 이런 일화가 전한다.

---

78) 출전 :《명심보감》. 시래풍송등왕각(時來風送王閣) 운퇴뢰굉천복비(運退雷轟薦福碑)
79) 남창현에 있는 누각이다. 당나라 고조의 아들인 이원영(李元嬰)이 홍주 자사(洪州刺史)로 있을 때에 세웠는데, 그가 등왕에 봉해졌으므로 등왕각이라 한다.

구래공寇萊公의 문객 가운데 문정文正이란 사람이 있었다. 그는 매우 가난하였다. 천복비 비문을 탁본해 오면 보수를 후하게 주겠다는 말을 듣고는 천복산으로 향하였다. 그러나 수천 리 길을 달려 도착한 바로 그날 밤에 벼락이 떨어져 비석이 산산조각 나고 말았던 것이다.

운의 작용은 이런 것이다. 운이 나쁜 정도가 심하면, '뒤로 넘어져도 코가 깨진다' 하였으니, 비록 내가 가만히 있고자 하더라도 주위의 사람이 나를 가만히 놓아주지 않는 것이다. 그러므로 운이 나쁘면 조심하여 자기 분수를 지킬 줄 알아서 화가 스스로 피해가게 할 줄 알고, 운이 좋으면 최선을 다하여 운을 잡을 줄 아는 것이 진정으로 현명한 사람이 하는 일이다. 이를 한마디로 말하면 하늘의 명에 따라 순리대로 사는 사람이라고 할 수 있는 것이다.

② 부자 되는 법

사람은 누구나 부귀영화를 꿈꾼다. 특히 돈이면 염라대왕도 부린다는 오늘날에 부자가 되고 싶어 하는 사람이 많은 것은 어찌 보면 아주 자연스러운 일이라 할 수 있다. 그래서 부자 되는 방법에 대해 전해 내려오는 것을 소개해 보고자 한다.

우선, 들어오는 돈이 나가는 돈보다 많게 하라는 것이다. 돈을 많이 가진 부자는 들어오는 돈이 나가는 돈보다 더 많다는 이야기다. 그래서 살림을 넉넉하게 하고 싶으면 돈 버는 사람이 돈 쓰는 사람보다 많게 해야 그 집이 자연스럽게 부유해질 수 있는 것이다. 따라서 당신이 지금 가난하다는 이야기는 수입과 지출이 같거나 지출이 수입보다 더 많기 때문에 점점 가난하게 되는 것이다. IMF의 영향으로 수입이 줄어든 생활을 해 본 사람이 많을 것이다. 수입이 줄어들면 당신은 어떻게 했는가? 아마도 틀림없이 지출을 예전보다 줄였을 것이다. 이것은 앞에서 이야기한 이치로 미뤄보면 쉽게 이해할 수 있는 원리인 것이다.

또 다른 방법으로는 들어오는 돈을 꽉 붙들어 쉽게 보내지 말고, 나간 돈은 빨리 들어오도록 노력하라는 것이다. 이 방법은 이해가 쉽게 안 갈 것이다. 예를 들어보건 우리는 매월 전화세나 전기세를 내고 있다. 보통 납입기한은 그 달 말일이다. 그런데 어떤 사람은 요금을 말일 이전에 내고, 또 어떤 사람은 말일에 맞추어 내는 사람이 있다. 이 두 유형 중에서 후자가 전자보다 유리한 것이다. 짧은 기간이고, 어차피 나가는 돈이기 때문에 별 차이가 없겠지만, 요금의 그 액수가 상당히 클 경우, 비록 얼마 안 되는 기간이지만 그 요금의 기간에 해당하는 이자만큼 차이날 수 있는 조건이 갖추어지게 되는 것이다. 그리고 더 중요한 것은 이렇게 하다 보면, 자신도 모르게 아끼는 습관이 붙어서 돈을 함부로 쓰지 않게 되고 나아가서는 돈을 버는 확실한 경우가 아니면 지출을 하지 않게 되는 것이다. 그래서 옛날이야기에 다음과 같은 일화가 전해오는데 소개하면 이렇다.

---

80) 가난한 사람은 대체로 사주가 격을 이루지 못하고 파격에 해당하며, 사주팔자의 여덟 글자는 좋아도 흘러가는 운이 받쳐주지 않으며, 젊은 시기에 배움의 기회가 부족하여 계속 안주하고 사는 사람이 여기에 속한다.

가난한 사람[80]이 부자로 사는[81] 친구를 찾아가서 잘 사는 방법에 대해서 물으니, 그 부자는 가난한 친구를 커다란 나무가 있는 뒤뜰로 데리고 가서는 나무 위로 올라가게 하였다. 그리고 나뭇가지에 매달리게 해놓고는 밑에 아무런 받침대도 없이, 매달린 친구를 혼자 내버려두고는 내려가려고 하였다. 이를 눈치 챈 친구가 큰 소리로 "여보게, 그냥 가면 어떻게 하나. 나 좀 내려 주게" 하였다. 이 말에 부자 친구는 말했다. "여보게, 자네. 만약 내가 가고 없으면 자네는 어떻게 할 것인가? 떨어지지 않으려고 잡고 있는 가지를 더욱 꽉 잡을 게 아닌가? 그것처럼 부자가 되기 위해서는 들어오는 돈을 꽉 잡아서 쉽게 밖으로 내보내지 않아야 하네."[82]

여러분도 이제는 완전히 이해가 될 것이다.

진정한 부자는 돈을 많이 가짐에 있는 것이 아니다. 소유에 대해 자유로울 수 있을 때 가능한 것이다. 그래서 공자가 말하기를 "부귀는 하늘에 있으니, 큰 부자는 하늘이 내고 작은 부자는 사람이 만든다." 했으니, 그 뜻을 능히 알아서 안분지족을 행한다면 심신(心身)이 건강하여 행복을 누릴 수 있는 참다운 부자가 되리라고 생각한다.

그래서 간혹 로또로 갑자기 큰 부자가 된 사람들이 결과가 좋지 않

---

81) 부유하게 사는 사람은 대체로 사주의 격을 이루고 있으며, 사주팔자도 좋고 흘러가는 운이 용신을 받쳐주며 젊은 시기에 배움의 인연이 주어져서 실력이 있고 성취욕망이 강하여 열심히 노력하는 사람이 여기에 속한다.
82) 대체로 사주에 토의 기운(진술축미)이 많은 사람이 자린고비처럼 알뜰하게 모으는 부자형에 속한다.

게 끝나서 더 불행해지는 이유도 여기에 있는 것이다. 그러므로 행복의 복은 더불어 나눠 가질 수 있는 마음이 여유로운 사람에게 저절로 찾아오는 것이다.

❸ 성공한 사람들의 공통점

대부분의 사람들은 다른 사람보다 더 성공해서 출세하기를 바란다. 그러나 성공은 자기가 마음먹은 대로 쉽게 이루어지지만은 않는다. 이제 동서고금의 성공한 사람들을 통하여 우리도 같이 성공할 수 있는 비법을 찾아보자.

만약 당신이 성공을 하고 싶다면 다음을 명심해야 한다.

첫째, 당신에 대해서 정확히 알아야 한다. 나의 적성은 무엇이며, 나가 남보다 뛰어난 장점은 무엇이며, 부족한 단점은 무엇인가? 그리고 나의 운이 좋아지는 개운開運 시기는 언제이며, 언제 운이 변동이 되어 호운好運과 악운惡運이 으는가? 하는 몇 가지를 정확히 알고, 내 것으로 만들어야 한다.

둘째, 실력을 연마해야 한다. 성공은 다른 의미에서 보면, 내가 가진 능력이 다른 사람보다 뛰어난 것을 말한다. 보통 사람의 경우 실력이 있어도 열심히 노력하는 사람에게는 이길 수가 없다. 예외적으로 실력을 타고나는 사람도 있지만, 그런 사람은 불과 1,000명에 1명꼴 밖에 되지 않는다. 그런 예외적인 사람을 빼놓고는 매일 조금씩 연마하-

여 실력을 쌓아가야 한다. 꾸준히 연마하는 사람이 나중에 최후의 승자가 되는 것이다.

이렇게 할 경우, 여러 가지 방법이 있을 수 있지만 반드시 놓쳐서는 안 되는 조건이 있다. 그것은 내가 처한 상황에 맞는 것을 구하는 것이다. 그것은 내가 현실적으로 구할 수 없는 '그림의 떡'이라면 아무리 많은 시간을 투자한다고 해도 크게 달라지지 않는다.

그리고 내가 처한 상황에서 내게 맞는 것을 선택했으면 그 분야의 최고를 찾아서 지도를 받을 수 있도록 하는 것이 중요하다. 직접적으로 가능하지 않으면 교재나 작품을 통해서라도 간접적으로 그 사람의 기술을 배우는 것이 시간적으로 빠를 수가 있는 것이다. 여기에 내가 처해 있는 현실에 맞는 독창성이 가미되면 성공이 보장되는 것이다.

또, 하나는 이론과 실기를 겸해서 발전시키라는 것이다. 간혹 보면 이론에는 밝으나 실기가 안 되는 사람이 있고, 반대로 실기는 잘 하나 이론에는 부족한 사람이 있다. 이 두 형태는 결코 크게 될 수 없는 전형이라고 할 수 있는 것이다. 그러므로 실기와 이론을 겸할 때 진정으로 실력 있는 강자가 되는 것이다.

예를 들면 숯이 습기 조절이나 방충·방향에 좋다 해서 방 안이나 거실에 많이 두는 것으로 안다. 그 숯을 두는 방법도 제대로 알고 두면 효과가 좋으나, 두는 방법을 정확히 모르면 투자한 돈만큼 효과를 볼 수 없는 것이다. 입구가 넓은 용기에 2~3개를 묶어서 두고, 그 그릇의 60~70% 정도의 물을 부어야 숯이 공기와 반응을 활발히 해서 불순물을 제거하고 자기 표면에 흔적이 나타나는 것이다. 그래서 그 흔적이

심해 얼룩이 묻었으면 씻어서 말린 다음 똑같이 해 두면 되는 것이다.

또 한 예는, 녹차가 몸에 좋다고 해서 멋모르고 먹을 경우 오히려 역효과를 낳을 수 있다고 하겠다. 녹차는 겨울의 냉기를 머금어서 자라므로 머리를 많이 쓰는 직업에 종사하는 사람이나 참선할 때 열이 올라와서 상기되는 것을 막기 위해 스님들이 많이 먹는다. 이런 이치를 잘 모르고 몸이 냉한 여자 분이 장기간 복용하게 되면 냉병을 유발할 수 있어서 오히려 좋지 못하다. 특히 임산부는 차게 먹지 말아야 한다. 이런 이치로 녹차는 여름이라도 심한 갈증이 없으면 보통은 약간 따뜻한 상태나 미지근한 상태의 물로 달여 먹는 것이 좋다.

셋째, 기회를 잘 잡아야 한다. 실력을 연마하여 고수가 되어도 현실을 직시하지 못하고 외면한 상태에서는 성공할 수 없다. 따라서 나의 기술이 현실적으로 유용한가, 유용하지 않은가를 잘 선별해야 한다. 만약 유용하지 않으면 변화를 주어서 현실에 따라갈 수 있게 해야 한다. 변화를 주는 것은 가능하면 내용과 형식으로 구분해서 바꾸는 범위를 정하면 더욱 좋다. 현실과 맞지 않는 부분이 크면 양쪽을 다 바꾸고, 조금만 맞지 않으면 두 부분 중에서 바꾸기 쉬운 부분을 선택해서 하면 된다. 이렇게 바꿀 경우에는 성공한 곳을 방문해서 견학하는 기분으로 눈여겨보고 배워 보는 것도 좋다.

만약 처음부터 잘 되면 미래를 대비해서 30% 정도를 저축하여 다음에 대비하는 지혜가 필요하다. 영원히 잘 나가는 사람은 없으니 대비하는 사람만이 어려울 때 살아남는 확률이 높은 것이다.

넷째, 더불어 사는 이치를 아는 것이다. 이제는 성공할 수 있는 요건을 거의 다 갖추었다고 할 수 있다. 그러므로 일상생활만 즐거운 마음으로 착실히 생활해서 주위 사람에게 호감을 살 줄 알면 되는 것이다. 아무리 실력이 있고 안목이 있어도 일상생활이 엉망이면 오던 복도 달아나지 않겠는가? 그러므로 부정적인 사고보다는 긍정적인 사고로, 남에게 호의를 가지고 베푸는 마음으로 더불어 사는 태도가 중요하다. 그러면 만나는 사람들에 의해 좋은 인연이 맺어지므로, 얼마 안 가서 자연스럽게 운이 열리는 것이다. 이때, 억지로 하는 가식이 있으면 잘 찾아오지 않는다.

마지막으로, 반드시 실천하는 것이다. 아는 것만으로는 안 된다. 행위에 의해 실천이 될 때, 완전히 나의 것으로 일이 이루어지는 것이다. 성공하는 사람들이 비율이 낮은 기본 원인이 여기에 있다. 대부분의 사람들은 아는 것에 만족한다. 그러나 성공한 사람들은 본인이 배우고 느낀 것을 꼭 실천해서 이루어지게 만든다.

당나라 때, 조과鳥窠 선사와 백락천이 주고받은 선문답禪問答 가운데 이 주제와 관련이 있는 것이 있어서 잠시 소개하겠다.

하루는 백거이가 조과 선사를 찾았다. 그리하여 묻기를, "불법의 대의가 무엇입니까?" 하니, 조과 선사가 답하기를 "악한 일은 조그마한

---

83) 출전: 조당집(祖堂集), 諸惡莫作 衆善奉行 自淨其意 是諸佛敎

것이라도 하지 말고, 모든 착한 일은 받들어서 행하며, 스스로 마음을 깨끗하게 하는 것이 모든 부처님의 가르침이다"[83] 하니, 백거이가 말하기를 "이렇게 쉬운 것은 세 살 먹은 어린 아이도 알 수 있습니다" 하니, 조과 선사가 답하기를 '세 살 먹은 어린 아이도 알지만 팔십먹어도 행하기는 어렵다"고 하면서 실천을 강조하였다고 한다.

이 이야기처럼 실천이야말로 정말로 중요한 것이다. 아무리 좋은 것도 실천하지 않으면 허사가 아닌가!

성공의 기준은 사람마다 차이가 있겠지만, 자기가 가지고 있는 향기를 제대로 발산할 수 있을 때 성공한 것이라고 말하고 싶다. 누가 말하지 않았던가! "현재는 열심히 사는 자의 것이며, 미래는 준비하는 자의 몫이다"라고. 이 책을 읽고 있는 여러분도 성공하고 싶으면 여러분이 가진 비밀의 문을 지금 당장 두드려라. 그러면 미래의 성공하는 향기로운 문이 활짝 열릴 것이다.

4 꿀똥과 개똥의 차이

옛날 산 속에 '박 처사'라는 사람이 살고 있었다. 그는 개를 좋아해서 개를 한 마리 기르고 있었다. 어느 날 그의 친구들이 찾아왔는데, 대접할 만한 마땅한 것이 없어서 어려워했다. 잠시 생각을 하더니 개가 있는 뒤뜰로 갔다. 얼마 후에 돌아오더니, 뭔가를 접시에 조금씩 덜어서 친구들에게 나눠 주었다. 그러자 접시를 받은 친구들은 물끄러미 쳐다만 보고 있었다. 한참을 그렇게 하고 있자, 눈치를 챈 박 처사가 친구들에게 "비록 모양은 이상하지만 맛은 좋으니 어서 들어 보게”라고 하면서 자기가 먼저 먹기 시작했다. 그제야 친구들도 따라서 먹기 시작했는데, 먹어 보니 맛이 일품으로 말 그대로 꿀맛이었다.

평소에 호기심이 많은 친구 하나가 이상하게 생각하여 자초지종을 물어 보자, 박 처사는 비밀이라서 함부로 일러 줄 수 없다고 하였다. 그러나 박 처사는 친한 친구사이인지라 하는 수 없이 일러주고 말았다.

“내가 기르고 있는 개가 한 마리 있는데, 그 개는 꿀 똥을 눈다네. 그래서 자네들에게 줄 것이 마땅하지 않아, 맛만 보여 주려고 그것을 대접한 것이네. 이해해 주게.”

박 처사의 얼굴에는 민망해하는 빛이 역력했다. 그러나 친구는 아무렇지도 않은 듯이, “그 별미 참 잘 먹었네. 다음에도 맛볼 수 있으면 더 좋겠네”라고 말하는 것이 아닌가!

그래서 더 이상 이 일을 비밀로 할 필요가 없었다. 이 소문은 삽시간에 퍼졌고, 박 처사를 아는 사람이면 누구나 한번쯤 이 별미를 맛보기 위해 박 처사를 일부러 찾아갈 정도가 되었다.

그러던 어느 날, 그 개가 소리 소문도 없이 사라져 버렸다. 누군가가 훔쳐간 것이었다. 박 처사의 얼굴에는 근심의 그림자가 드리워져 있었다. 뭔가를 염려하는 것이 분명했다.

한편, 개는 이웃 마을로 건너와 그 고을 사또께 진상되었다. 훔쳐간 자는 사또께 잘 보일 필요가 있었던 모양이었다. 사또는 다른 사람들의 이목을 피하기 위해 밤에 몰래 맛보기로 하고, 우선 가솔에게 끼니를 굶기지 말고 잘 돌보도록 명했다.

이윽고 밤이 되자, 사또는 식사를 대충 끝내고 개에게로 갔다. 아니나 다를까 개도 배설물을 내놓고 주인을 기다리고 있었다. 사또는 버설물을 가지고 자기의 방으로 가서 몰래 맛보기로 하였다. 방 안에는 조금 전부터 이상한 냄새가 진동하고 있었지만, 사또는 이 별미를 맛본다는 생각 때문에 느끼지 못하고 있었다. 첫 숟가락을 입에 떠서 넣는 순간 저녁을 먹은 것까지 토해내지 않으면 안 되었다.

이 일이 있은 이후 개를 진상한 자는 괘씸죄가 적용되어 응징을 받았고, 죄가 없는 개도 봉변을 당할 수밖에 없었다.

박 처사는 개에게 끼니 때마다 꿀을 먹여서 보통의 개를 꿀 똥 누는 개로 만들었지만, 도득은 이 방법을 모르고 흉내를 내려다 실패하여 최후를 맞이했다.

우리의 인생도 이와 같다. 나의 인생은 나에게 주어진 길을 알고서 제대로 찾아갈 때 빛나는 것이다. 타인의 성공한 인생을 무작정 따라간다고 해서 당신의 인생이 빛나는 것은 아니다. 자기의 길을 알고 므쇠의 뿔처럼 씩씩하거 혼자 걸어갈 줄 알 때 보다 많은 기회가 주어지는 것이다.

제 4 장

사주의 생활 응용

- **궁합** 안 보는 것보다 보는 것이 유리하다
- **임신** 사주에 맞는 택일이 이루어져야 한다
- **이사** 손 없는 날에 하는 것이 유리하다

1. 결혼과 궁합

동양의 정신문화는 택일의 문화라 해도 과언이 아니다. 이사를 한다거나 개업을 할 때, 택일을 해서 하는 것이 여러 가지로 좋다. 특히 '인륜지대사'라고 하는 혼례를 올릴 때에는 말할 필요가 없다. 이것은 아무리 과학이 발달했다고 해도 사람이 살아가는 데에 토대가 되는 시공간을 부정할 수 없기 때문이 아닌가 하는 생각을 해 본다. 《서유기》에 나오는 손오공이 재주가 출중하여 '근두운'을 타고 시공간을 자유자재로 다니기는 하였으나, 부처님과의 시합에서 손아귀를 벗어나지 못한 이야기는 이를 잘 반영한 것이라고 본다.

결혼은 서로 다른 남녀가 만나서 가정을 꾸리고, 나아가 사회를 이루는 구성원을 낳아 양육하고 사회인으로 만들어 내는 제반 과정의 출발점이다. 그러므로 결코 소홀히 할 수 없는 일인 것이다. 서로 다른 환경의 청춘 남녀가 만나서 백년가약을 맺을 때에는 특별한 인연이 있어야 한다. 그렇지 않으면 마지막에는 이혼이라는 파국으로 가는 경우가 종종 있게 된다. 주위에 너무 흔하게 일어나서 남의 일이 아닌 것처럼 느껴지지만, 절친한 사이에 있는 사람이 그렇게 되면 정말 가슴이 아프다. 이런 이유로, '이혼율을 줄일 수 있는 방법이 없을까?' 궁리를 해보았다. 아래에 그 방법 하나를 소개하고자 한다.

연애를 하기 전에 궁합을 보라고 말해 주고 싶다. 보는 집안도 있지만, 그냥 사귀는 두 사람에게 맡기는 집도 많은 것으로 안다. 어떤 방법이 좋다고 단정 지을 수는 없지만 확률적으로 볼 때 궁합을 보는 쪽이 안 보는 쪽보다 이혼율이 낮고 같이 잘 산다고 하니 보는 게 좋은 것 같다. 궁합을 봐서 어느 정도 맞으면 계속 사귀다 결혼하고, 너무 좋지 않으면 서로를 위해 더 잘 맞는 다른 사람에게 양보하는 게 두 사람 모두에게 좋은 일이라고 생각한다. 물론 헤어질 당시에는 가슴이 아프지만 더 나은 인생을 위해서 슬픔을 딛고 일어설 수 있다고 본다.

고려 시대부터 내려온 혼인의 풍속에 의하면 혼인의 적령기에 든 청춘 남녀가 있으면 혼인을 연결하는 매파를 넣어서 혼인의 여부를 따져 보고, 혼인이 일단 성사되면 신랑 집에서 신랑이 난 연월일시의 사주를 적은 간지簡紙를 흰 봉투에 넣고, 청홍실로 맨다. 그리고 청홍의 비단으로 안팎을 다르게 만든 보에 싸서 신부 집으로 보낸다. 신부 집에서는 이 사주단자를 받으면 딸의 사주와 함께 오행에 맞추어 길흉을 점쳐 보는데 이를 '궁합을 본다'고 한다. 궁합이 맞지 않으면 딸이 요절을 하거나 신랑이 일찍 죽어 불행해진다고 생각하였던 것이다.[84] 이 궁합법에 의해 혼례를 치르기에 좋은 날을 받아서 서식에 따라 택

---

84) 남녀는 음양의 기운을 대표한다. 남자는 양, 여자는 음에 해당한다. 그러므로 한쪽이 너무 강하고 다른 한쪽이 너무 약해서 조화롭지 못하면 한쪽이 피해를 보게 되는데 심한 경우에는 병이 들거나 절명으로 생사별을 하게 된다. 따라서 궁합을 미리 보고 참조하면 피해를 줄이고, 2세의 건강에도 나쁜 영향을 주는 것을 막을 수 있으며, 성격이 맞지 않아서 이혼하게 되거나 속궁합이 안 맞아서 이혼하는 일은 없을 것이다.

일을 적고 봉투에 넣은 다음 붉은 보에 싸서 신랑 집으로 보낸다. 이를
연길涓吉이라고 한다.

　시대가 바뀌어 혼례를 예식장에서 하지만, 전통 방법에 의해 사주
단자를 받으며, 연길을 보내는 것으로 안다. 혼례를 하는 장소만 틀리
지 크게 바뀐 것이 없는 것이다. 그것은 전해오는 관습에 의해 자녀의
어머니들이 혼례절차로서 사주단자를 보내고, 받으면 답례로 택일을
하여 연길을 보내기 때문이다.

　신세대는 사귀는 경향이 옛날과는 다르게 훨씬 자유스러워서, 보통
연애를 통하여 결혼까지 이르는 것으로 안다. 따라서 결혼에 이르기
까지 궁합을 볼 기회가 없을 수도 있다. 그러나 꼭 그렇지만도 않다고
본다. 사귀는 도중에 반드시 크고 작은 싸움이 한두 번 있을 것이다.
그럴 때 재결합의 가능성을 두고, 궁합을 보는 것도 좋다. 보통 연인
사이나 애인 사이라면 생일 정도는 서로 간에 다 알고 있으니 생일을
몰라서 못 보는 문제는 없을 것으로 안다. 아니면 서로 마음에 들면 깊
은 관계에 이르기 전에 미리 한번 따져보고, 어느 정도 괜찮으면 발전
을 시키고 아니면 서로를 위해 다른 더 좋은 인연에게 보내 주는 것이
마음에 상처는 남아도 현명한 선택이 아닌가 하는 생각도 든다.

　그러나 굳이 그렇게 하지 않더라도 정말 부부가 될 인연이면 싸운
후에 반드시 재결합하면서 정이 더 두터워질 것이고, 인연이 아니면
그 싸움으로 갈라서게 되는 인연이니, 그 인연에만 충실해도 큰 문제
는 없을 것이다. 그러므로 필자는 반드시 부부의 연이 있어야 결혼까

지 이른다고 본다. 이 일화로 우리가 잘 알고 있는 미당 서정주 선생님이 결혼하게 되신 짧은 사연을 소개해 드리면 다음과 같다.

어느 날 중매가 들어왔는데, 선을 보는 그 사람이 당신과 인연이 있나 없나를 알아보기 위해 48장의 동양화 점을 떠 보니 6월의 목단이 나와서 인연으로 받아들여[85] 결혼을 하셨으며, 두 분이 오래도록 해로偕老하셨다고 한다.

이 이야기는 필자가 D대학교에 다닐 때 아는 동문을 통해서 들은 것인데, 선생님의 문학도다운 재미난 발상과 기상이 두 분을 재미나게 해로하시도록 만들었다는 생각을 하면서 필자의 주장이 일리가 있는 방향으로 무게가 실리는 것 같아 잠시나마 기분이 묘해진다.

남남이 부부가 되려면 보통 3가지의 연이 일치해야 쉽게 이루어진다고 한다. 시간의 일치, 공간의 일치, 행위의 일치가 그것이다. 아직까지 결혼하지 않은 미혼의 청춘남녀가 이 글을 읽고 있다면 눈 여겨 보시라. 시간의 일치라는 말은 나이가 서로 비슷해야 한다는 것이다. 아무리 남녀간에 좋아하는 사이라도 한쪽은 결혼을 했고, 다른 한쪽은 안 했으면 이루어지기 힘든 것이다. 남녀 모두 결혼을 안 한 나이로 보통 남녀의 나이 차이가 3~4살 정도면 딱 맞는 환상의 콤비가 된다. 요즈음은 연상녀와 연하남도 결혼을 많이 하는데, 이들도 아래·위로

---

85) 목단은 부귀를 상징하나, 여기서는 '여자'의 의미로 쓰인다.

3~4살 차이가 좋다. 특히 명리학의 입장에서 볼 경우에도 4살 차이가 합을 이루는 간격이 되므로 무난하고, 동갑은 달에서 서로 잘 맞으면 무난하다. 나머지는 정밀한 감정이 필요하니 뒷부분의 궁합의 원칙 편을 참고하기 바란다.

또, 공간의 일치라는 것은 공간적인 의미인 장소의 일치를 의미한다. 일치된 장소에서 지내다 보면 아무래도 다른 사람보다 만날 기회가 많아지고, 자주 만나다 보면 서로 정이 들어 결혼까지 가는 것이다. 공간인 장소의 일치라는 의미에서 따져 보면, 어릴 때 동네 친구로 알고 지내다 만나거나, 같은 고등학교 사춘기 시절의 친구로 만나거나, 대학에서 만나거나, 직장에서 만나거나, 아니면 알고 지내는 사람의 소개로 만나는 것이 그의 대부분이라고 해도 과언이 아니다. 중매로 만나는 경우도 이런 장소의 일치에 의한 학연과 지연에 의해서 많이 결정된다고 보면 된다.

마지막으로 행위의 일치는 남녀가 함께 연극에서 사건의 의미인 일을 같이 일으키는 것이다. 웃을 때 같이 웃고, 노래방에 갔을 때 노라방에서 보고, 영화 보러 갔을 때 영화 보러 가고, 이렇게 몇 번만 같은 행위에 의해 만나게 되면 서로 호감을 가지고 자연스럽게 이어진다 요즈음은 미팅이나 소개팅에 의해서 많이 만나지만 결혼까지 이어지는 것은 드문 것으로 안다. 결혼까지 이어진 남녀를 보면 같은 행위를 할 수 있는 공통점이 있는 경우가 많다. 따라서 행위의 일치는 성품이나 취향이 비슷하거나 공통점에서 오는 행동의 일치로 이해하면 쉽게 납득이 가겠다. 행위의 일치 마지막 단계는 남녀가 함께 결혼할 수 있는 준비가 되어서 결혼의 0순위가 되어 있어야 한다. 그러면 아무런 문제없이 두 사람은 '결혼'이라는 목표에 골인할 수 있는 것이다. 그렇지 않고 결혼에 이르는 제반 조건이 갖추어지지 않으면 좋아하는 사이는 되어도 결혼에는 이르지 못하는 것이다. 그러므로 경제적인 준비나 다른 제반 조건이 성숙될 때 완전한 행위의 일치가 이루어지는 것이다.

좋아서 결혼을 했다가 싫어서 갈라서는 것은 무슨 연고일까? 텔레비전의 광고처럼 '행복한 결혼생활은 잠시고 현실은 경제생활'이라는데, 여러 가지 생활의 어려움으로 인해 비롯되는 것 같다. 사랑스런 남녀도 살다 보면 싫어질 때가 있는 것 같고, 그로 인해 싸움도 많이 하는 것 같다. 결혼을 안 해보니 알 수는 없지만. 그래서 '부부 싸움은 칼로 물 베기'라는 말처럼 자주 싸우는 게 오히려 당연한 이치가 아닌가 한다. 반평생을 같이 살아야 하는데, 잠시 싸웠다고 헤어지면 어떻게 하겠는가? 보통 궁합에서 합이 들고 인연이 강하면 싸워도 잠시 그때뿐이고, 다시 만나서는 정이 더 들고 싸우기 전보다 서로 배려하며 더 잘 살게 되는 힘이 간직되어 있다. 그러므로 부모들이 자식을 결혼시킬 때 궁합을 보는 이유가 여기에 있는 것이다.

궁합을 보면 좋은 점이 또 하나 있다. 인연이 되면 결혼을 해서 같이 잘 살면 되지만, 인연이 아닐 경우에는 일반 생활의 조건이 좋아도 '사주가 맞지 않는다'는 말 대신 '인연이 아니니, 다음에 만납시다'라는 상대방을 배려하는 겸손한 미덕이 담긴 따뜻한 말 한마디로 상대에게 상처를 주지 않고 더 나은 인연을 만나는 기회가 주어질 수 있는 것이다.

　이 글을 읽는 독자 여러분들 중에는 '일반 조건이 좋으면 사주를 고쳐서 결혼을 하면 되지, 그게 뭐 별개냐?' 하는 생각을 가진 분도 있을 것이다. 이런 분을 비롯한 모든 독자들의 사주팔자에 대한 빠른 이해를 위해 조선왕조실록에 전해 오는 일화를 하나 소개하고자 한다.

　세자빈 간택이 있게 되어 간택령이 내려지고 양가집 규수의 간단한 인적사항과 사주를 적어서 궁궐에 보내자, 궁궐에서는 사주를 감정하는 관원과 내당 왕족들이 의논을 하여 몇몇 규수를 선발하여 2차 시험에 해당하는 면접을 보도록 통보를 하였다. 그런데 이 통보를 전해 받은 규수 하나가 당일이 되어도 입궐을 하지 않자, 궁궐에서는 사람을 시켜 알아보게 하였는데 사연은 이러했다.

　그 규수의 아버지 되는 사람이 집안이 차츰 기울자 심성이 착하고 얼굴이 고왔던 딸아이를 이용하여 집안을 일으켜 세울 욕심에 사주를 잘 보는 사람에게 부탁하여 사주의 일부를 고쳐서 궁궐에 보냈는데, 애쓴 탓인지는 몰라도 딸아이를 입궐시키라는 통보를 받은 것이다. 그런데 그날 저녁에 갑자기 아이가 시름시름 앓더니만 죽고 만 것이다. 그래서 입궐을 할 수 없었다는 것이다. 그 후 죽은 규수의 아버지는 사주를 고쳐서 왕족을 기만한 죄과를 물어 벌을 받아 집안이 완전히 망하였다.

　이 이야기처럼 사주팔자를 한순간에 고칠 수는 없다. 마음을 잘못

쓰니 과분한 하늘이 대신 벌을 내린 것일 수도 있지만, 타고난 복이 되지 않는 이유로 과분한 복을 오게 만들려니 무리가 되어 감당이 되지 않은 탓이다. 특히 심성이 착한 규수가 사주를 고친 것에 대한 심리적인 중압감이 얼마나 컸겠는가? 아버지의 잘못된 선택으로 집안도 망하고 죄 없는 규수도 한순간에 황천길로 보내니 큰 화도 사람이 불러들인 것이다.

궁합을 보는데 있어서 기본 마음가짐으로 새길 수 있는 좋은 원칙이라고 생각되는 것을 독자 여러분을 위해 몇 가지를 제시하고자 한다.

첫째, 결혼하는 남녀 간의 띠가 삼합을 이루는 띠면 좋다. 예를 들면 토끼띠와 돼지띠, 토끼띠와 양띠, 범띠와 말띠가 그것이다. 이럴 경우 음양의 이치에 따라 남자가 토끼띠고 여자가 양띠이거나 남자가 말띠고 여자가 개띠면 더 좋다.

둘째, 남녀 간의 태어난 달이 6개월 차이 나는 사람끼리는 피한다.[86] 예를 들면 음력 1월생과 음력 7월생, 음력 3월생과 음력 9월생이 그것이다. 이때 주의할 것은, 5개월 차이나 7개월 차이가 나더라도 절기가 들어가고 안 들어가는 차이에 의해서 6개월 차이가 날 수 있으므로 잘 살펴야 한다는 점이다. 그리고 달은 남녀가 태어난 달끼리 비교했을 때, 가능하면 형살을 이루거나 파를 당하는 달끼리는 피하는 게 상책이다.

---

86) 6개월 차이는 보통 기운이 상반되므로 남녀 간에 생체리듬이 너무 다르기 때문에 임신이 잘 안 되는 경우가 많다.

셋째, 육십갑자의 납음 오행의 관계가 상생관계이면 이상적인 궁합에 속한다. 예를 들면 1980년 경신생과 1982년 임술생의 경우, 경신생은 납간 오행으로 석류목이고 임술생은 대해수이므로, 수생목水生木이 되어 상생관계를 이루는 이치다.

넷째, 본인의 일주에 해당하는 천간이 남녀 간에 음양의 조화를 맞추는 것이 좋다. 예를 들면 남자가 병 일간을 가지면 여자는 정 일간을 가지거나 신 일간이면 무난하여 좋다는 말이다. 반대로 여자가 양 일간을 가지고 남자가 음 일간일 경우 보통은 싸움이 심하나, 공처가로서 묘한 격을 이루며 같이 살아가는 경우도 있다.

다섯째, 용신이 같거나 용신에서 상생관계를 이루면 가장 좋다.

여섯째, 복덕이 비슷하면 좋고, 너무 차이가 심하면 파경으로 끝나거나 심한 경우에는 요절을 당하는 경우도 간혹 있으니 참조하라.

일곱째, 생년지에서 충이 되거나 원진을 이루는 띠끼리는 서로 피한다.

이런 원칙을 적용하면 무난하나, 예외일 경우도 있으므로 잘 살피기를 바라며, 비록 부부 간에 단명은 하였지만 금슬이 좋게 살았던 남이 장군의 이야기를 소개하고자 한다. 부부의 연에 대해 다시 한 번 제대로 생각해 보기 바란다.

조선 세조 때의 병조판서 남이南怡는, 선산宣山 위남휘尉南暉의 아들로 태종 대왕의 외손인데 그 용기가 대단하였다. 좌의정 권람權擥이 남이의 강한 용기에 감동하여 넷째 딸을 시집보낼 생각으로 남이의 생년월시를 넣어서 복자卜者에게 감정을 의뢰하니 복자가 이르기를 "이 사람은 반드시 요절할 것이니 안 되오" 하매, 딸에 대해서도 운명을 감정케 하니 복자가 이르기를 "그 명이 매우 짧고, 또 자식은 없겠으나 두 사람이 혼인하면 마땅히 복을 누릴 것이며 화도 입지 않을 것이오" 라고 하였다. 권람이 이 말을 좇아 남이를 사위로 삼았다. 그 후 남이는 17세에 무과에 장원급제 하였고 이시애를 토벌하였으며, 건주여진의 적을 평정하여 일등의 준공으로 병조판서에 임용되었다. 그런데 예종조의 간신 유자광이 남이의 재능을 시기하여, 남이가 북정에 있을 때 지은 시[87] 중에 '평국平國'의 '평'자를 '득得'자로 바꿔, 남이가 난을 꾸미고 있다고 찬소撰訴하여 죽음을 당하게 하였다. 그때 남이의 나이 28세였으며, 그의 아내인 권람의 딸은 복자卜者가 예언한 대로 수년 전에 세상을 떠났다.

백두산의 돌은 칼을 갈아서 다 닳았고
두만강의 흐르는 물은 말이 먹어서 마르니
사나이 스무 살에 나라를 못 다스리면
후세에 누가 대장부라 부르오리까?

— 최동주 저《오백년기담》

---

87) 白頭山石磨刀盡 豆滿江波飮馬無 男兒二十未平國 後世誰稱大丈夫

단명은 복이 될 수 없다. 그러나 남녀 간이 함께 단명하니, 이 부부는 단명이 인연이 되어 원앙의 연을 맺은 것이다. 이처럼 부부의 연은 절대적인 복에 의해서 이루어지기보다는 상대적인 연에 의해서 많이 좌우된다. 내가 재산이 많으면 어느 정도 경제력이 있는 사람을 배우자로 맞아들이게 되고, 반대로 궁핍하면 궁핍한 배우자를 맞아들이게 되는 것이 보통의 부부연인 것이다. 따라서 내가 가진 조건에 맞추어 70~80%의 수준에 해당하는 사람을 만나면 큰 문제없이 서로 간에 사랑을 하고 귀여움을 받거나 존경을 받으면서 잘 살아갈 수 있는 것이다. 반대로 눈높이를 위에다 두고 120~130%의 상대를 원하면 그만큼 힘든 것이다. 그러므로 이런 부부의 연은 나에 의해서 만들어지는 게 제일 큰 원칙이라는 것을 안다면 본인의 마음에 따라 좋은 인연을 얻거나 다른 인연을 얻을 수 있다는 것을 알아야 한다.

또, 넓은 의미에서 보면 궁합은 남녀가 혼인할 경우에만 보는 것이 아니다. 궁은 정신이 깃든 집이니, 궁합은 정신의 일치 여부를 따져 보는 것도 된다. 그러므로 인간관계에는 다 통용될 수 있다. 상하관계에 적용하면 상사와 부하직원 간에 이해관계가 쉽게 일치하면 궁합이 잘 맞는 편이 되고, 불화와 반목이 심하면 잘 안 맞는 것이 된다. 특히 영화에서 남녀 주연배우와 감독이 잘 맞아 쉽게 작품이 진행되면 궁합이 좋은 것이고, 진행이 잘 안 되어 시일이 더 많이 걸리게 되면 좋지 않은 편에 속한다.

그리고 영화에서는 남녀 주연배우가 꽃이라고 할 수 있다. 그러므로 남녀 주연배우의 어울림 여부에 따라서도 흥행의 여부를 많이 결정한다. 그래서 가능하면 남녀 주인공을 캐스팅할 경우에도 이런 것을 참작해서 하면 더 좋은 작품이 나와서 흥행에 도움이 되리라 생각한다.

2. 임신과 출산

　결혼은 신랑 신부를 행복의 보금자리로 이어준다. 사회 구성원의 측면에서 볼 때도 새로운 구성원에 해당하는 사랑의 결실인 2세가 나오게 되므로 모두가 행복한 일이 아닐 수 없다. 그러나 주위에 태어난 2세들이 완전하지 못한 육체적 장애를 가지고 있는 것을 보고 마음이 많이 아팠다. 그래서 이번 기회에 풍습에 전해오는 방법을 잠시 소개하여 건강한 2세를 낳는 데 도움이 되었으면 한다.

　부부가 2세를 위한 잠자리를 할 경우에는 택일을 하는 것이 원칙이고, 기후가 고르지 못해서 비가 많이 오는 날이나 눈이 많이 내리는 날, 몹시 추운 날, 매우 더운 날 등은 기운이 한쪽으로 치우치므로 태어난 2세의 성품이 사납거나 건강이 좋지 못해서 피했다.

　또, 시간적으로는 지구의 자기가 강한 자오묘유子午卯酉시는 피했다. 계절적으로는 지구의 기에 해당하는 토기가 들어 있는 3·6·9·12월을 택했으며, 여자의 나이에 맞추어 14살부터 음력 3월, 15살은 6월, 16살은 9월, 17살은 12월로 여자의 나이에 따라 조절을 했다고 한다. 보통 3월과 9월을 택해서 임신을 많이 한다.

　이런 방법으로 일단 임신을 하면 태아교육을 통하여 건강한 2세를 출산하도록 노력하는데, 보통 태아교육 하면 산모만 하는 것으로 생각하는데 그게 아니다 아버지에 해당하는 신랑도 내조하듯 노력을 해야 한다. 부인의 말동무도 되고, 부인이 외모에 신경을 많이 쓰는 사람이면 임신한 외모에 의해 심한 우울증에 빠질 수도 있으므로 애정으로써 더욱 보살펴 주어야 한다.

이와 같이 갖가지로 산모와 아기에게 신경을 써서 산모가 정서적으로 안정이 되어서 출산이 제대로 되어야 2세가 경쟁력이 있게 된다. 이 시기에 남편이 외박이 잦은 사람은 부인이 심리적으로 불안하여 2세의 건강도 좋지 않을 뿐 아니라 일반적으로 갖고 태어난 사주도 복덕이 떨어지며, 특히 부부 궁이 좋지 못한 사례를 많이 보았다.

따라서 출산 후 자라면 교육을 많이 시켜서 경쟁력을 잘 갖춰 잘 살게 하는 것도 중요하지만, 만들 때 잘 만들고 잘 낳는 것도 더 앞선 자녀 사랑이며 더 중요한 방법이 아닌가 하는 생각을 해 본다. 그래서 우리의 옛 풍습에 해산달이 가까워지면 친정으로 보낸 것도 산모의 심리적 부담을 줄이는 방법이 아닌가 하는 생각에서 좋은 방법이라고 본다. 또, 태어난 아기를 위해 금줄을 쳐서 외부 잡인들의 출입을 금한 것처럼 집안에서도 가능하면 큰 소음과 조명에 신경을 써서 심리적 안정에 기여하는 게 최선의 방법이라고 본다. 그래서 인도의 어느 마을에는 아직도 임산부가 동굴에서 혼자 출산을 하고 한 달이 지난 후에 나온다고 하니 얼마만큼 중요한지 충분히 느껴진다.

　자식은 부모로부터 몸을 이어 받으니, 대부분은 부모에 의해 유전된다고 보면 무리가 없다. 그래서 부모가 공부에 소질이 있거나 연이 있으면 자식도 보통 그렇게 된다고 본다.

　부모의 경우 교육을 많이 받은 정도도 중요하지만 성품 자체가 공부를 좋아하는 성품인 것이 더 중요하다. 교육을 받는 기회는 환경에 따라 많이 좌우되기 때문에 경제적 여건이나 시대적 흐름이 뒷받침해 주지 않으면 힘든 것이다.

　자녀가 남자 아이면 인연 법칙에 의해 어머니 집안인 외가의 영향이 강하니, 어머니가 공부에 소질이 있어야 아들이 총명하고 공부에 소질이 있는 것이다. 반대로 여자 아이는 아버지 집안인 친가의 영향이 강하니, 아버지가 공부를 좋아하고 소질이 있으면 상대적으로 딸아이가 총명하여 공부에 소질이 있는 것이다.

　또 대체로 자녀의 사주에 관성이나 인성이 있으면 공부에 소질이 있어 머리 좋다는 이야기를 주위에서 듣게 된다. 그러면서 세운이나 대운에서 공부하고 배우는 시기(10~20대)에 인성이나 관성이 다시 들면, 학교를 다니면서 공부를 잘 하여 상을 받는 기회가 많다. 그렇지 않을 경우에는 조금 드문 경우로, 사주에 화火가 많으면 '문명의 상文明之象'이라 하여 공부에 소질이 있는 경우가 간혹 있다. 노무현 대통령이 이 경우에 해당한다고 할 수 있다.

자녀가 공부에 소질이 없으면, 사회의 큰 흐름에 뒤처지지 않을 정도만 시키고 다른 방향으로 소질을 계발시켜 주는 것도 좋은 일이다. 사주에 보통 상관傷官이 왕성하거나 재성이 강하면 공부에 취미가 없다. 그러면서 배우는 시기인 10~20대 사이에 세운이나 대운에서 상관이나 재운이 오면 더욱 강하다.

우리나라의 부모님, 특히 어머님들은 극성맞을 정도로 자녀의 공부에 애착이 많으신 분들이라 다른 방향으로는 눈을 쉽게 돌리기 힘들 것이다. 우리 사회가 성장하는 과정에서 그동안 '출세지향주의'로 사회신분을 얻는 과정이 배운 정도에 따라 많이 좌우되었기 때문이다. 그러나 지금은 고학력 시대에 접어들어 넘친 것이 석박사요, 외국 유학이니, 고학력과 명문대의 졸업장도 중요하지만, 말 그대로 실력이 겸비되지 않으면 힘든 사회인 것이다.

이런 분위기일수록 본인의 적성에 맞는 방향으로 공부를 지속적으로 해서 실력을 갖추는 게 무엇보다 중요하다.

사주 명리학의 입장에서 이것을 잠시 언급해 보면, 본인의 태생이 봄이나 여름은 문과文科 방향에 적합하고, 가을이나 겨울생은 이과理科 방향이 적합하다고 본다. 특히 봄·여름의 태생이 식신과 재성, 관성의 길신 작용을 받으면서 일간이 기운을 얻는 월지月地가 오행으로 목木이나 화火에 해당하면 더욱 그렇고, 가을·겨울의 태생이 식신이나 재성, 관성의 길신 작용을 받으면서 월지月地가 오행으로 금金이나 수水에 해당하면 더욱 그렇다.

또, 용신이 목이나 화에 속하면 문과에 적합하고, 금이나 수에 속하면 이과에 적합하다고 하겠다. 그리고 이런 진로를 선택하여 공부를 마친 후에는 직업을 갖는 것과도 연관이 있으므로 식신이나 재성이 목이나 화에 속해도 문과 방향으로 적합하고, 금이나 수에 속하면 이과 방향에 적합하다고 하겠다.

공부만 놓고 보았을 때에는 공부 운에 해당하는 인성이 목이나 화에 속하면 문과에 적합하고, 금이나 수에 속하면 이과에 적합하다고 하겠다. 또, 명예 운에 해당하는 관성이 목이나 화에 속해도 문과에 적합하고, 금이나 수에 속하던 이과에 적합하다.

이것은 하나의 기준가이드로 참조할 것이며, 본인의 의사와 부모의 경험이나 직업을 토대르 하여 종합적으로 결정한다면 큰 실수가 없을 것으로 안다. 그래도 자식을 사랑하는 마음이 너무 강해서 올바르게 판단하는 데 있어서 망설여지거나 결정하지 못할 경우에는 전문가를 찾아서 상담을 받아 보는 것이 최선의 방법이라는 생각이 든다.

자녀의 교육과 관련하여 덧붙이고 싶은 것은 자녀가 올바르게 커서 사회에 기여할 수 있는 일꾼이 되게 하려면 지식을 가르쳐 주지 말고, 삶을 살아가는 방법을 가르쳐 주어야 한다. 어려서 수재라고 하는 사람들이 성인이 되었을 때 거의 대부분 평범한 사람으로 돌아온 것은 지식만 주입시켰지, 어떻게 살아가는지 그 방법을 가르쳐 주지 않았기 때문이다. 지식의 입장에서 보면, 학교나 학원을 보내면 지식은 늘어난다. 가정교육에서 꼭 필요한 것은 인연 맺어진 인간관계에서 최

선을 다하는 모습을 실제로 보여주는 것이다. 그럴 때, 여러분의 자녀
들이 부모를 존경하고 따르는 것이다.

4. 직업

　직업은 사람이 생활해 나가는 수단이 되므로 아주 중요하다고 하겠다. 보통 식신이나 재성에 의해 판가름하나, 꼭 그런 것만도 아니다. 사주에서 기본 격국에 해당하는 육신 관계에 의한 격국이 올 경우 그 격국에 따라 직업을 구하게 되면 큰 문제가 없고[88], 그 격국에서 벗어날 경우에는 세밀히 살펴야 한다.

　또, 육신 관계에 해당하는 기본 격국이 같더라도 오행의 성질에 따라서 직업의 분야가 틀려질 수 있으므로 잘 살펴야 한다. 예를 들면 같은 정관 격이라 하더라도 화가 정관에 해당하는 경우와 금이 정관에 해당하는 경우 그 직업이 틀린 것이다. 화가 정관 격이면 명예를 구하되 정신문화에서 구하니, 법조계나 회계사 같은 분야에서 사주 전체의 기운에 맞는 것을 택하면 되고, 금이 정관 격을 이루면 숙살의 기운이 강한 조직이나 단체에서 명예를 구하는 것이 맞으니 군·경찰의 간부가 적성에 맞는 것이 된다.

---

88) 육신 관계는 나에 해당하는 일간과 오행의 성질이 같은 것으로 형제에 해당하는 비견이나 겁재가 있고, 일간을 생하게 해주는 것으로 어머니에 해당하는 인성(인수와 편인)이 있으며, 내가 낳은 자식에 해당하는 식신과 상관이 있고, 내가 극을 하는 것으로 아내에 해당하는 재성(정재와 편재)이 있으며, 내가 극을 당하는 것으로 명예에 해당하는 관성(정관과 편관)이 있다. 만약 정재격이 오면 정재의 오행을 살피고, 정관격이 오면 정관의 오행을 살펴서 직업을 구하면 된다. 육신론에 관련된 나머지 원리도 이와 같다.

이것처럼 기본 격국을 이룬 것 외에는 용신을 위주로 판별하되, 그 용신이 식신이나 재성으로써 작용하면 직업이 한눈에 들어오게 된다. 이럴 경우에는 직업이 자주 바뀌지 않으나, 반대로 식신이나 재성이 흉신으로 작용하면 세운에서 운이 받쳐주는 잠시 동안에 직업을 삼으니 자주 바뀌게 된다.

나머지는 육신론과 십간에서의 작용을 참조하면 무리가 없겠다. 참고로 생년의 간지와 태어난 달로 직업궁을 보는 법을 실으니, 참고하기 바란다.

직업궁(숫자는 음력으로 태어난 달을 나타냄)

구분 \ 생년	갑년	을년	병년	정년	무년	기년	경년	신년	임년	계년
관인	1	2	3	4	5	6	7	8	9	10
도재	2	3	4	5	6	7	8	9	10	11
수재	3	4	5	6	7	8	9	10	11	12
타야	4	5	6	7	8	9	10	11	12	1
사술	5	6	7	8	9	10	11	12	1	2
주관	6	7	8	9	10	11	12	1	2	3
음악	7	8	9	10	11	12	1	2	3	4
의복	8	9	10	11	12	1	2	3	4	5
승도	9	10	11	12	1	2	3	4	5	6
재봉	10	11	12	1	2	3	4	5	6	7
곡상	11	12	1	2	3	4	5	6	7	8
수작	12	1	2	3	4	5	6	7	8	9

1 관인(官人)

나라의 녹을 먹으라는 팔자다. 큰 사람으로 일찍 글공부하여 열심
히 준비하였으면 크고 작은 나라의 녹을 먹을 수 있다. 만약 그렇지 않
으면 문서와 관계되는 직업을 삼으면 좋다. 보통 사람은 나라의 녹 대
신 자연이 주는 혜택을 입는 직종이 좋다. 기르는 것은 다 좋다(농업·
입업·양봉 등). 복이 부족한 사람은 배우자를 나라의 녹을 먹는 사람으
로 구해도 된다.

2 도재(屠宰)

손에 생사의 살권을 지었으니, 큰 사람은 법을 집행하는 판·검사가
맞고, 보통의 사람은 무예로 남을 보호하는 경호업이 좋고, 복이 약한
사람은 고기를 파는 정육점이나 식당업이 적합하다. 아니면 어업이나
해양업도 좋다.

3 수재(手才)

손에 재주가 들었으니, 학문을 많이 한 자는 문서를 다루는 일이면

다 좋고, 보통 사람이면 글씨나 그림을 하거나 손기술로써 생업을 삼고, 복이 부족한 사람은 남의 일을 봐 주는 것으로 업을 삼는다. 운송업도 좋다. 그렇지 않으면 귀금속을 취급하는 것을 업으로 삼으면 좋다.

④ 타야(打冶)

쇠를 다루어서 만들어 내는 일에 연이 들었다. 큰 사람은 조선업이나 철공업이 좋다. 보통 사람은 건축업이나 제과점도 적합하다. 그렇지 않으면 가내 수공업을 해도 무난하다,

⑤ 사술(師術)

남을 가르치는 것에 연이 있으니, 글을 배웠으면 문장이나 학문으로 앞에 선다. 교사나 공무원이 적합하고, 그렇지 않으면 복술卜術로 사람을 구제하리라.

⑥ 주관(酒官)

술과 인연이 있으니, 양조업에 종사를 하거나 물과 관련된 장사를 하면 인연이 있어서 재물이 모여지겠다. 그렇지 않으면 여관업이나 숙박업을 하거나 전문 호텔을 경영해도 좋고, 연예계나 예술계에 투신해도 이름을 날릴 수 있다.

⑦ 음악(音樂)

음악에 소질이 있으니 음악으로 성공한다. 그렇지 아니하면 천지를

벗 삼아 율려의 이치를 배우는 음양가나 감여가^{堪輿家}의 명이다.

⑧ 의복(醫卜)

신농씨와 인연이 있으니, 의술과 관계되는 일이면 다 좋고, 아니면 점술과 인연이 있거나 전문적인 상담과 인연이 있다. 그렇지 않으면 군·경찰에 투신하여 병권^{兵權}을 쥐거나 금융권에 종사하는 것이 적합하다.

⑨ 승도(僧道)

산천을 유람하면서 수행하는 것과 인연이 있으니, 츨가를 하거나 성직자면 적합하다. 아니면 무예를 닦는 것으로써 업을 삼으면 좋다. 그렇지 아니하면 해운업에 종사하거나 원양어선을 타면 좋다.

⑩ 재봉(裁縫)

포목과 인연이 있으니 의류나 패션계에 종사하면 좋고, 디자이너가 되어도 좋다. 이익이 자^尺 끝에 있으니, 큰 사람은 정치에 입신해도 좋다. 그렇지 않으면 사표^{師表}로서 모범이 되는 것도 좋다.

⑪ 곡상(穀商)

오곡과 인연이 있으니, 농산물이나 임산물을 매매하는 것에 연이 있다. 그렇지 않으면 동물을 기르는 사육업이나 양식업을 해도 좋다. 큰 사람은 인재를 길러내는 학원을 해도 무방하다.

12 수작(手作)

나무나 돌을 사용하여 깎고 다듬어서 만드는 일에 연이 있으니 공예가가 분명하다. 급하게 서두르지 말고 시간을 낚을 줄 알면 한꺼번에 부귀를 이루리라.

5. 노년기의 인생

　사람의 인생을 놓고 볼 때 초년, 중년, 말년, 노년으로 나누는데 전반부보다는 인생의 후반부가 좋아야 열심히 잘 살았다고 할 수 있다. 물론 초년부터 노년까지 도두 좋으면 더할 나위 없는 좋은 인생이 되는 것은 자명하다고 하겠다.

　옛말에도 이르기를 "기생이라도 늘그막에 한 남편을 따르면, 한때 분 냄새 풍기던 생활도 거리낌이 없을 것이요, 현모양처라 해도 말년에 정조를 잃으면 그간의 깨끗한 절개가 모두 허사이니라. 따라서 그 사람을 보려면 후반생을 살피라" 하였다. 이 말처럼 인성은 초년보다는 중년이, 중년보다는 말년이 좋아야 인생을 제대로 살았다 할 수 있으며, 또 제대로 살아가고 있는 것으로 평가된다.

　그러면 말년이 편안하려견 어떻게 해야 할까? 여기에는 두 가지 조건이 수반되어야 한다. 한 가지는, 젊어서 열심히 일해서 노년을 준비해야 한다. 경제적으로도 남에게 의지하지 않도록 준비해야 하고, 실력도 자기 분야에서는 어느 정도 있어야 한다. 그래야 은퇴 후에도 찾아오는 사람이 있게 마련이다.

　그리고 또, 한 가지는 나의 자리를 이어 받을 사람을 잘 선정하고 후학을 키워서 잘 물려주어야 한다. 중요한 일의 자리일수록 더욱 그런 것이다. 만약 그릇이 안 되는데 물려주면 본인이 쌓았던 공이 하루아침에 물거품이 되는 것이다. 그러므로 잘 판단해서 물려주어야 하는 것이다.

역사를 돌이켜보면 후계자를 잘못 키워서 집안이 망하거나 나라가 망한 예가 비일비재하다. 사극 〈연개소문〉을 보아도 그렇다. 자기 당대에는 실력이 있어서 절대 권력을 행사하고 나라의 부강을 누렸으나[89], 사후에 막리지의 직위를 놓고 자식 간에, 그리고 동생과 연계가 되어 내분이 일어나 나·당 연합군에 의해, 철옹성이었던 평양성이 함락되는 일이 일어났던 것이다. 누가 상상이나 했던 일인가? 큰일에 해당하는 일이 일어났지만 근본 원인을 살펴보면, 물러날 때 물러나지 않고 후계자를 못 키운 작은 일에서 비롯된 것이라고 할 수 있다. 늙어서 자리에 연연하여 자리를 못 비워주는 것도 불행한 일이다.

공자께서 말씀하시기를 "사람은 평생을 통하여 경계해야 할 것이 세 가지 있다. 아직 혈기가 안정되지 않은 청년기에는 색욕을 자중해야 한다. 장년기가 되면 혈기가 한창 왕성한지라 투쟁욕을 자중해야 한다. 그리고 노년기에는 혈기가 이미 쇠해졌으므로 물욕物慾을 자중해야 한다."[90] 하셨다. 노년에는 하고 싶거나 갖고 싶은 여건이 되어

---

89) 동북아의 최강임을 자처하던 당나라의 태종 이세민도 고구려 원정길에 올라 실패했다. 이는 고구려의 대장군 겸 제1인자였던 연개소문의 책략에 무릎을 꿇은 것으로, 안시성 싸움에서 대패하고 도주로가 차단되어 겨우 목숨만 연명하여 돌아가게 된 것이다. 그 영향으로 당으로 돌아간 후에도 연개소문이 살아 있을 때에는 감히 고구려 원정을 상상도 못했다고 전한다.

도 사물을 가지거나 일을 함에는 삼가야 한다고 하시면서 그 근본 원인으로 혈기가 젊은이와 같지 않음을 언급하신 것이다. 만약 무리하게 추진하다 보면 개인의 신상에 변이 생기고 나아가서는 본인이 속한 단체에도 나쁜 영향을 끼치는 것은 불 보듯 자명한 것이다. 그래서 때가 되어 스스로 물러날 즐 알고 다음 사람에게 넘겨 주는 것을 아는 사회가 가장 생명력이 있는 사회인 것이다.

고대 삼국 중에서 신라가 삼국의 항쟁기에서 패권을 차지할 수 있었던 여러 요인 중의 하나가 이것이었다. 법흥왕 이후로 스스로 왕위를 물려주고는 머리를 깎고, 절에 머무르면서 수행하는 사람으로 마무리를 하고 인생의 다음 여행지로 자유롭게 향해 갔던 것이다. 분명코 보통 사람들이 하긴 힘든 것임에 틀림없다. 그러나 개인을 위해서도 사회를 위해서도 이어 주기로 역할교체가 잘 되면 그 사회는 지속적으로 발전할 수밖에 없는 것이다. 우리 사회도 자신을 위해서 스스로 물러나고 역할을 교체하는 아름다운 뒷모습을 남길 수 있는 사람들이 보다 많아졌으면 하는 바람을 가져본다.

90) 孔子曰 君子有三戒 少之時 血氣未定 戒之在色 及其壯也 血氣方剛 戒之在鬪 及其老也 血氣旣衰 戒之在得

6. 생일을 2번 차려 먹는 법

우리가 쓰는 달력은 태양력을 중심으로 하고, 거기에 음력을 가미한 태음태양력이다. 따라서 우리가 쓰는 달력에 관련된 용어 중에서는 태양력에 관련된 것도 있고, 음력에 관련된 것도 있는데 잘못 쓰는 경우가 많다. 역법의 이치로 따져 보면 아주 기초적인 것이면서 중요해서 잠시 언급해 보겠다.

태양이 황도 상에서 춘분점을 기준으로 이동하여 한 바퀴 돌면 1년이 되는데, 24절기는 1년을 24기로 나눈 것을 말한다. 보통 24절기라고 하지만 실제로 12절기와 12중기가 정확한 표현이다. 이 24기는 음력의 요소가 아닌 태양과 관련된 양력의 요소다.

또 양력으로 연말연시 행사의 하나인 12월의 마지막 날 제야의 타종을 하고 신년을 맞이하면서 "새해 복 많이 받으십시오" 또는 "해피 뉴 이어Happy New Year"라는 표현을 쓴다. 그러면서 보통 그 해의 간지(2012년은 임진년)를 언급하면서 "용띠해에 복 많이 받으십시오"라는 식으로 덕담을 주고받는데, 양력의 새해에 간지를 사용한 이런 표현을 쓰는 것은 큰 잘못이다.

간지는 음력에서 사용되는 동양의 책력문화이기 때문에 음력에서

설달^{12월}이 다 가고 새해가 밝아온 설날부터 그 해의 간지를 붙여 사용할 수 있는 것이다. 2012년 양력의 새해는 실제로 음력으로는 아직도 전년 12월이라서 신묘년에 해당하는 경우인 것이다. 그럼에도 불구하고 각종 매스컴에서 너도 나도 양력 새해에 띠의 간지를 붙여 부르면서 복 많이 받으라고 하는 식은 문화적인 큰 잘못을 저지르는 것이다. 부디 앞으로는 이런 일이 일어나지 않았으면 한다.

그리고 우리가 태어난 기념일인 생일을 챙기는 것도 가능하면 음력으로 하면 좋다. 왜냐하면 양력은 엄밀한 의미에서 주기성(돌)의 개념이 약하기 때문이다. 음력이 주기성의 개념이 강하므로 1년에 한 번씩 찾아오는 생일만큼은 음력을 쓰는 것이 좋다. 특히 자라나는 아이들의 생일을 양력으로 사용하는 집이 많은데 이번 기회에 주기성이 강한 음력으로 바꾸는 것이 좋다고 하겠다.

특히 윤달이 생일인 사람은 보통 3~4년에 한 번씩 찾아오고, 심한 경우에는 19년에 한 번씩 찾아오는 경우도 있는데, 이럴 경우에는 윤달이 없으면 양력으로 사용하거나 윤달이 아닌 음력의 달을 사용하면 되고, 실제 생일에 해당하는 윤달 생일이 되면 자주 찾아오는 것이 아니므로 준비를 잘 해서 생일을 성대하게 차리는 것도 좋은 방법이라고 할 수 있다.

따라서 양력의 생일은 친구들과 같이 하고, 음력은 주기성의 의미를 살려서 가족과 기념하는 의미로 사용하여 생일을 음력·양력으로 1년에 2번 하는 것도 나쁘지 않다는 생각을 해 본다. 특히 유명 연예인들처럼 생일이 알려져 있어서 소중한 사람과 조촐하게 생일을 챙길 수 없는 사람들에게는 한번쯤 권해주고 싶은 방법이다.

7. 이사를 잘하는 법

이사를 갈 경우에 방위가 맞지 않으면 건강에 이상이 생기거나 재물의 손실을 가져오는 수가 있다. 그러므로 이사를 갈 경우에는 그 해의 태세에 따른 방위를 참조하여 길방위로 가는 것이 좋다. 그리고 방위와 연관이 있는 날짜를 참조하여 태백살이 없는 날짜를 정해서 가면 더욱 좋은 것이다.

삼살방과 대장군 방위는 이사 방위와는 연관성이 크지 없으나 참조하면 나쁜 것은 없다. 특히 이사 가는 집의 출입구 대문 방향이 일치하면 안 좋다.

주택 대문이나 아파트 현관문의 방향이 북향이면 가장家長이 근심·걱정이 많이 생겨서 재물 손실이 잦으니 참고하는 것도 좋다(용띠나 개띠는 무난하다).

1 이사 방위[91]

이사 방위는 구궁법을 적용한다. 구궁은 ❶ 천록天祿, ❷ 안손眼損, ❸ 식신食神, ❹ 징파甑破, ❺ 오귀五鬼, ❻ 합식合食, ❼ 진귀進鬼, ❽ 관인官印, ❾ 퇴식退食을 말하는데, 천록과 식신, 합식, 관인방은 길방이므로 그

---

91) 방위: 1천록의 방향이 북쪽이며, 3식신의 방향은 동쪽, 9퇴식의 방향은 남쪽, 7진귀의 방향은 서쪽이다.

방향으로 이사를 가면 좋고, 안손, 징파, 오귀, 진귀, 퇴식방은 흉방이
므로 이사를 가면 손실이 따르므로 삼가야 한다.

남자는 천록의 자리에 1살부터 시작하여 9살에 퇴식의 자리에서 끝
나고(이사 방위 구궁법 참조 : ❶→❷→❸→❹→❺→❻→❼→❽→
❾), 다시 10살부터 천록의 자리에서 새로 시작한다. 방위로는 3식신
의 자리인 동에서 시작하여 4징파인 동남의 순으로 나아간다.

여자는 퇴식의 자리에서 1살부터 시작하여 9살에 관인의 자리에서
끝나고(이사 방위 구궁법 참조 : ❾→❶→❷→❸→❹→❺→❻→❼
→❽), 다시 10살부터 퇴식의 자리에서 새로 시작한다. 방위로는 3식
신의 자리의 동에서 시작하여 4징파인 동남의 순으로 나아간다.

예1 52살의 남자

1천록에서 시작하여 9퇴식에서 끝나므로 번호 순서대로 진행하면 45살이
퇴식에 해당한다. 46살은 다시 천록, 47살은 안손, 이렇게 번호 순서를 따라
가면 52살은 진귀에 해당한다. 그러므로, 시작의 방위인 동에서부터, 진귀를
붙이고, 동남에 8관인을, 중앙에 9퇴식을 붙인다. 이렇게 방위의 순서대로
붙여나가면 서남에 6합식이 놓이게 된다. 자세한 것은 나이별 이사 방위표
를 참조하라.

예2 45살의 여자

9퇴식에서 시작하여 8관인에서 끝나므로, 번호 순서대로 진행하면 45살이
8관인에서 끝난다. 그러므로 시작의 방위인 동의 자리가 관인, 동남에 퇴식,
중앙에 천록, 서북에 안손, 서에 식신, 동북에 징파, 남에 오귀, 북에 합식,
서남에 진귀가 차례대로 붙여진다. 자세한 것은 나이별 이사 방위표를 참조
하라.

이사 방위 구궁법

4 **동남**−징파	9 **남**−퇴식	2 **서남**−안손
3 **동**−식신	5 **중앙**−오귀	7 **서**−진귀
8 **동북**−관인	1 **북**−천록	6 **서북**−합식

연령에 따른 이사 방위 길흉 표를 실으니 참조하여 잘 활용할 수 있도록 하라. 이를 정리하여 표로 나타내면 다음과 같다.[92]

---

92) 방위를 구궁의 순서대로 정리하였다.

나이별 이사 방위표

날짜	나이 \ 방위	동	동남	중앙	서북	서	동북	남	북	서남
남자의 나이	1, 10, 19, 28, 37, 46, 55, 64, 73	천록	안손	식신	징파	오귀	합식	진귀	관인	퇴식
	2, 11, 20, 29, 38, 47, 56, 65, 74	안손	식신	징파	오귀	합식	진귀	관인	퇴식	천록
	3, 12, 21, 30, 39, 48, 57, 66, 75	식신	징파	오귀	합식	진귀	관인	퇴식	천록	안손
	4, 13, 22, 31, 40, 49, 58, 67, 76	징파	오귀	합식	진귀	관인	퇴식	천록	안손	식신
	5, 14, 23, 32, 41, 50, 59, 68, 77	오귀	합식	진귀	관인	퇴식	천록	안손	식신	징파
	6, 15, 24, 33, 42, 51, 60, 69, 78	합식	진귀	관인	퇴식	천록	안손	식신	징파	오귀
	7, 16, 25, 34, 43, 52, 61, 70, 79	진귀	관인	퇴식	천록	안손	식신	징파	오귀	합식
	8, 17, 26, 35, 44, 53, 62, 71, 80	관인	퇴식	천록	안손	식신	징파	오귀	합식	진귀
	9, 18, 27, 36, 45, 54, 63, 72, 81	퇴식	천록	안손	식신	징파	오귀	합식	진귀	관인
여자의 나이	1, 10, 19, 28, 37, 46, 55, 64, 73	퇴식	천록	안손	식신	징파	오귀	합식	진귀	관인
	2, 11, 20, 29, 38, 47, 56, 65, 74	천록	안손	식신	징파	오귀	합식	진귀	관인	퇴식
	3, 12, 21, 30, 39, 48, 57, 66, 75	안손	식신	징파	오귀	합식	진귀	관인	퇴식	천록
	4, 13, 22, 31, 40, 49, 58, 67, 76	식신	징파	오귀	합식	진귀	관인	퇴식	천록	안손
	5, 14, 23, 32, 41, 50, 59, 68, 77	징파	오귀	합식	진귀	관인	퇴식	천록	안손	식신
	6, 15, 24, 33, 42, 51, 60, 69, 78	오귀	합식	진귀	관인	퇴식	천록	안손	식신	징파
	7, 16, 25, 34, 43, 52, 61, 70, 79	합식	진귀	관인	퇴식	천록	안손	식신	징파	오귀
	8, 17, 26, 35, 44, 53, 62, 71, 80	진귀	관인	퇴식	천록	안손	식신	징파	오귀	합식
	9, 18, 27, 36, 45, 54, 63, 72, 81	관인	퇴식	천록	안손	식신	징파	오귀	합식	진귀

② 이사 날짜

보통 이사를 가는 날짜는 손이 없는 날인데, 여기서 손이란 태백 살을 가리킨다. 태백 살이 들면 숙살의 기운으로 인해서 건강을 해치거나 재물의 손실을 가져오므로, 스스로 조심해서 잘 살펴야 한다.

태백성이 들어가는 방위와 날짜(음력 기준)[93]

날짜	방위
1, 11, 21일	항상 동방에 있다.
2, 12, 22일	항상 동남방에 있다.
3, 13, 23일	항상 정남방에 있다.
4, 14, 24일	항상 서남방에 있다.
5, 15, 25일	항상 정서방에 있다.
6, 16, 26일	항상 서북방에 있다.
7, 17, 27일	항상 정북방에 있다.
8, 18, 28일	항상 동북방에 있다.
9, 19, 29일	항상 중앙 입지中央入地에 있다.
10, 20, 30일	항상 천상天上에 있다.

따라서 이사를 가는 방향이 동쪽이면, 반드시 1일·11일·21일만 피해서 가면 되고, 북쪽이면 7일·17일·27일만 피해서 가면 된다. 그러므로 무조건 9일·19일·29일이나 10일·20일·30일을 선택할 필요가 없다. 수요가 많으면 비용이 비싸지 않은가. 잘 활용하면 저렴한 가격

---

93) 출처: 한글대장경 232,《문수사리보살 급제선소설 길흉시일 선악수요경(文殊師利菩薩及諸仙所說吉凶時日善惡宿曜経)》

으로 아무 탈 없이 이사를 잘 갈 수 있으므로 잘 기억해 두면 유용하다고 하겠다.

이상의 내용을 정리하면 다음과 같다.

❸ 이사를 잘 하는 순서

❶ 이사를 하는 본인의 나이를 찾아서 좋은 방위를 고른다. 이때, 여러 좋은 방위 중에서 삼살이나 대장군 방위가 들어 있는 방위는 제외시킨다.

❷ 좋은 방위에 해당하는 집 중에서 본인의 좌향에 맞는 집을 선택한다. 특히 출입구에 해당하는 대문의 위치를 잘 살펴야 한다.

❸ 집을 정했으면, 방위에 따른 날짜를 선택한다.

❹ 짐을 정리하여 정돈을 다한 후에 1주일 안에 좋은 날을 택하여 지기地氣와 조화를 잘 이룰 수 있도록 안택고사를 하면 더욱 좋다.

8. 2011년 - 신묘년의 의미

신묘년은 토끼띠 해^年로 백묘^{白卯: 흰토끼}에 해당한다. 천간의 신^辛은 음금^{陰金}으로, 서방 살성의 별을 나타내고, 지지의 묘는 동방의 생기^{生氣}를 뜻하는 목의 기운을 나타낸다. 달로는 음력 2월을 나타내므로, 겨울의 기운을 이어 받아 봄의 기운을 증장시키는 의미를 지닌다. 따라서 생명의 기운이 강하게 나타나는 시기에 해당된다.

1년 동안의 흐름은 겉으로는 천간에 해당하는 금의 기운에 의해 살기가 강하게 나타나지만, 완연한 봄의 기운에 해당하는 지지 묘의 기운에 의해 생명력이 강하게 회복되는 것으로 보면 무리가 없다. 이해가 쉽게 되지 않는 사람은 경인년 한해를 생각하면 된다. 경인년과 신묘년을 서로 비교했을 때, 경인년은 목의 기운보다는 살성에 해당하는 금의 기운이 조금 더 강하다고 할 수 있지만, 신묘년은 금의 기운보다는 생명력에 해당하는 목의 기운이 더 강하다고 할 수 있다. 따라서 이런 상황은 사회의 전반적인 현상으로 나타난다고 보면 무리가 없다. 경제적인 부문만 보더라도 유럽이나 미국의 회복 속도보다는 중국의 강한 성장세에 의해 세계의 경제가 더 좌우되는 현상들이 많이 나타난다고 보면 무난하다.

납간 오행으로 보면, 절개와 지조의 의미가 있는 송백목^{松栢木}을 나타낸다. 큰 뜻을 품고 준비 중인 사람은 진실의 생명력을 버리지 않아

야 한다. 겉으로는 강한 힘에 의해 압박을 받을 수 있지만, 송백목의
정기처럼 꿋꿋하게 버티어 나가는 자세가 필요하다. 그래야만 큰 뜻
을 이룰 수 있다. 마치 송백목의 절개와 지조가 서리와 눈이 휘몰아 칠
때, 더욱 돋보이며 강한 생명력을 발하는 이치와 같은 것이다.

　　신묘년에는 삼살三殺은 서방西方에 들고, 대장군은 북방에 들게 된다.
그러므로 한반도의 주변 정세와 관련하여 남북관계는 올 한 해도 쉽
게 회복되기 어렵다고 할 수 있다.[94]

　　일반인들도 이사나 여행과 같은 이동이 있을 때, 이들 방위를 참조
하면 재난으로부터 피해나갈 수 있는 힘이 생길 수 있으니, 잘 활용하
면 유리하다고 하겠다.

---

94) 경인년에는 삼살과 대장군이 북방에 들었으므로, 남북관계가 급랭하였으며, 초봄에 해당
하는 양력 3월까지 큰 눈이 내렸다.

9. 2012년 - 임진년의 의미

　　임진壬辰년은 천간天干은 양수陽水요, 지지地支는 양토陽土로서 지지 토가 천간의 수를 극하는 토극수의 현상이라 불안한 모습을 갖추고 있다. 특히 납간 오행으로도 장류수長流水의 형상을 띠고 있으므로 커다란 물이 많은 것을 삼키는 의미를 내포하고 있으므로 더욱 위험한 상황을 암시하고 있다. 그러나 임의 양수는 만물을 잉태시키는 생명의 물을 뜻하는 성질이 있으며, 천간의 양수가 수의 창고에 해당하는 진辰의 양토에 뿌리는 형상이므로, 변화하는 방향이 올바르면 민심이 빨리 수습되는 것은 물론이요, 차후에 좋은 결심을 맺을 수 있다고 본다.

　　큰 뜻을 가지고 준비 중인 자는 임진년 한 해 동안의 운에 해당하는 전반적인 큰 변화의 물결에 대비를 잘 하고, 못 하고의 여부에 따라 판가름이 난다고 할 수 있다. 이 변화의 흐름에 잘 준비하면 상승의 흐름에 의해 유리하지만, 대처가 미비하거나 흐름과 정반대의 방향으로 나아가면 재기가 불가능할 정도로 아주 위험하다고 본다. 어느 누가 대응할 잘 할지 정치계와 경제계를 중심으로 관심을 가지고 지켜보도록 하자.

　　또, 임진년에는 삼살은 남방에 들고, 대장군은 북방에 들어 살성을 나타내고 있다. 특히 그동안 냉랭했던 남북관계의 입장에서 보면 남북의 방위에 살성을 서로 띠고 있으므로, 남북한의 평화 무드로 가는

데 있어서 마지막 고비가 되는 상황이 연출될 수 있다. 그러므로 국민들 각자가 관심을 가지고, 예의주시하면서 올바른 판단으로 정부의 힘을 얻어낼 때 평화의 상태를 유지할 수 있다고 본다.

아무튼 임진년은 변화의 시기로 여러 가지의 변화되는 모습이 나타날 수 있다고 본다.[95]

국민 모두가 힘을 모아서 정방향으로 변화를 이끌어간다면 지금 당장은 힘들더라도 나중은 영광된 모습을 얻을 수 있겠지만, 현재의 편안함에 안주하여 변화를 거부하거나 오방향誤方向으로 변화를 이끌어간다면 막심한 후회가 찾아올 것이라고 확신한다. 부디 공생의 정방향으로 힘이 모아져서 위대한 대한민국호가 상승의 국운을 타서 남북통일로 가는 기틀이 마련되고, 대동세계로 나아갈 수 있는 초석이 되기를 간절히 기원을 드린다.

---

95) 변화의 모습은 크게 두 가지로 나타난다고 본다. 하나는 황백전환기의 시작이니, 미국과 유럽의 경제 패권이 아시아로 넘어오는 시작점이 되는 것이다. 또, 다른 하나는 서양의 물질문화 중심의 사고에서 동양의 정신문화 중심으로 이동하는 큰 전환점이 되는 것이다. 이 중에서 일반인들의 정신문화에 대한 관심은 필자가 이런 내용을 언급하는 큰 이유 중의 하나이기도 하다.

10. 2012년 - 대권의 향방

2012년 임진년은 대선이 있는 해이다. 나라의 가장 큰 머슴을 뽑는 일인 만큼 중요한 의미가 있다 하겠다. 이런 일이 있으면 의례적으로 사주를 본다는 사람이면 대선 후보의 사주를 풀어서 누가 당선된다고 우겨대는 사람이 나오게 마련이다.

필자의 짧은 생각으로는 대선 후보들 중에서 특출한 사주를 가진 사람이 아니면 사주만으로는 감정이 불가능하다고 본다. 왜냐하면 후천적인 노력의 영향력이 더 큰 시대이고, 2012년은 임진년으로 팔괘로는 장녀의 손巽에 해당되어 큰 변화의 시기이기 때문이다. 그러므로 변화의 물결을 잘 타는 사람이 이기기 쉽다고 할 수 있다. 따라서 타고난 사주의 영향보다는 민심을 파악하여 현실성 있는 공약을 효과적으로 제시하는 사람이 당선된다고 본다. 이런 입장에서 필자는 조금 다른 각도에서 대권의 향방을 논해 보겠다.

2012년 대선에 여러 명이 후보로 나오겠지만, 되는 사람은 1명이다. 나머지는 그 1명을 위한 조연에 불과한 것이다. 필자는 당선 가능성이 가장 높은 몇 명을 중심으로 임진년 운과 연결하여 언급해 보기로 하겠다.

먼저 야당 후보다. 지금 현재 제1야당의 대표인 S씨는 강력한 후보

중의 한 사람이 될 수 있다. 2010년에 치른 6.2 지방선거에서 현 정부의 소통부재에 대해 심판을 내려 야당이 압승을 한 시점에서 보면 무시할 수 없는 후보 중의 한 명인 것은 틀림없다고 할 수 있다. 이런 여건을 가지고 남은 기간 동안 다음의 것들을 조심해야 유력한 후보가 될 수 있다고 하겠다.

야당의 입장이므로, 여당의 견제를 뿌리쳐야 한다. 특히 이번 정부가 민간인 사찰에 대한 의혹을 보여주고 있으므로, 어느 정도 대비를 해두어야 한다.

당내의 통합과 야당내의 노선을 일괄되게 하여 정권교체에 초점을 둔다면 아주 유리한 고지를 차지할 수 있게 된다.

친서민 정책 개발로 대다수에 해당하는 국민들의 마음을 얻어야 한다. 이 부분은 대선후보들이 갖는 공통점이라고 할 수 있다. 남은 시간 동안 통합과 재건이라는 시대의 흐름에 맞는 행보를 보여서 국민들의 마음을 사로잡아야 하는 것이다.

이번에는 충정도를 기반으로 하는 L씨다. 경인년 초에 조상들의 산소를 단정히 하여 마음의 준비를 한 것으로 안다. 필자도 이 부분을 중심으로 다루어 보고자 한다.

명당은 찾기가 어렵다. 설령 찾았다고 해도 쉽게 발복이 되는 것은 아니다. 발복이 되는 조건이 갖추어야 발복을 시켜주는 것이다. 조상이 음덕을 심고, 그 후손이 음덕을 찾을 수 있는 노력이 이어져야 일반적으로 가능하다고 말들 한다. 필자도 동의하는 바이다. 그리고 여기에 시간이 필요하다고 하겠다. 큰일이 이루어지기 위해서는 선결조건이 있다. 그 조건이 갖추어져야만 가능한 것이다.

이런 상태에서 출발한다면 자체적인 당선 가능성은 타 후보에 비해 낮다. 그러나 타 후보들에게 영향력을 행사할 수 있기 때문에 무시할 수 없는 후보 중의 한 명인 것은 분명하다고 하겠다. 따라서 본인이 할 수 있는 최선의 방법은 통합과 재건이라는 시대적인 과제를 풀 수 있으면서 충청도를 기반으로 하는 계룡시대를 열어 줄 수 있는 사람과의 연합을 통하여 후일을 기약하는 것이 합리적인 선택이라고 할 수 있다. 그러면서 지리적인 선결 조건에 해당하는 금강물이 초포 앞으로 돌아들어서 배가 다닐 수 있는 여건을 마련하여야 한다. 필자는 지금의 정부도 이런 조건과 관련하여 하늘이 준 과제를 해결하기 위해 선택된 것이라고 본다.

이번에는 강력한 후보인 중도의 P씨를 들 수 있겠다. 필자가 중도라 하는 데에는 몇 가지 이유가 있다. 첫째, 지금은 여당에 있지만, 나중에는 변화가 있을 수 있기 때문이며,

둘째, 중도의 노선으로써 통합과 재건에 적합한 인물 중의 한 사람으로 국민으로부터 신뢰를 얻을 수 있기 때문이다.

P씨의 경우 해결해야 되는 일이 몇 가지 있다. 그 중에서 가장 먼저 해야 되는 일이 있다. 국민과 실세인 L씨의 사이에서 선택을 해야 되는 것이며, 대선후보로 나설 수 있는 자격을 갖추는 것이다. 지금의 여권에서는 대선후보로 나설 수 있는 기회가 계보 간의 갈등으로 인해

상대적으로 제약을 받을 수 있기 때문이며, 지금의 정부는 정책상으로 국민의 신뢰를 잃어서 실패할 가능성이 많기 때문이다. 대표적인 정책이라고 할 수 있는 것이 4대강이다. 필자도 중장기적인 입장에서는 치수사업의 일환으로 4대강 사업이 필요하다고 보지만, 지금은 시기가 맞지 않다고 본다. 특히 2012년과 2013년에는 장류수의 운이라서 물과 관련된 일을 크게 벌인 것은 아주 위험한 일이 될 수 있기 때문이다. 특히 실세인 L씨의 경우 명리상으로는 물이 불리하기 때문에 더욱 그렇다고 할 수 있는 것이다.[96]

이런 이유로 갈림길에서 선택을 해야 되는 신묘년이 큰 고비가 될 수 있으며, 대선주자로 나세게 된다면 그해에는 천우신조의 힘을 얻어서 가장 유리한 후보 중의 한 사람이 될 수 있다고 본다.

이번에는 여권을 대표하는 후보로 들어보겠다. J씨와 K씨, L씨 등을 들 수 있겠다. J씨의 경우 6.2 지방 선거의 책임을 지고 당대표직에서 물러났기 때문에 재기할 수 있는 기회가 주어지는 것이 급선무이다. L씨는 본인이 대선후보로 직접 나서는 것보다 K씨를 지지한다는 입장을 표명하였기에 대선후보로 되는 것이 상대적으로 약하다고 할 수

96) 실세에 해당하는 사람은 경우 명리상으로 명예를 뜻하는 관운이 불에 해당하므로, 물이 오면 물이 불을 끄는 형국이 되어 아주 위험한 상황이 올 수 있다. 청계천은 상대적으로 운이 좋은 시기에 추진되어 이런 영향을 덜 받은 것으로 본다. 필자의 견해로는 고 노무현 전대통령의 수도이전 공약에 반대하여 서울의 강남 사람들에게 인기를 얻어 대통령이 되었지만, 수도이전과 관련된 내용은 지킬 수 없으리라고 판단된다. 다음 정부 때에 수도 이전에 맞먹는 청와대 이전이나 중앙청 건립이 계룡시 자락에 이루어지리라 본다. 이런 이치로 본다면, 청계천 정비 사업으로 인해 대통령은 되었으나, 원하던 서울의 정치적 번영은 지키지 못할 것 같다. 이런 원리에 의해 앞으로 강남의 퇴락은 확실하다고 하겠다. 강남의 계모임이 파산된 것이 뉴스에 오른 것은 이것을 잘 나타내 주고 있다고 본다.

있다. K씨의 경우에는 실세인 L씨의 영향이 많이 좌우된다고 할 수 있다. 대선후보로 선정되는 것도 그렇지만, 되고 나서가 문제다. 국민의 표를 많이 얻으려면 지금의 정부가 국민들로부터 신임을 받아야 되지만, 필자의 짧은 견해로는 4대강으로 인하여 국민의 심판을 받을 가능성이 높다고 본다.

홀연히 나타난 A씨를 간단히 살펴보자. 정치 초년생인 부분은 부담이 될 수 있으나, P씨 못지않은 대중의 인지도에 의해 강력한 후보 중의 한 명이 될 수가 있다. 인지도가 약한 야당의 타 후보와 연합하여 야당의 대표주자의 성격을 띠는 야권의 단일후보로 나올 수만 있다고 한다면 당선 가능성이 높다고 하겠다. 선전을 기대하며, 자세한 내용은 개인 사주풀이편을 참조하기 바란다.

2012년에 있을 대선에서는 가장 중요한 변수가 4대강이 된다. 성공한다면 청계천의 효과처럼 여권의 후보가 유리하고, 실패한다면 야권의 후보가 절대적으로 유리한 고지를 얻을 수 있기 때문이다. 하늘의 심판을 기다리면서 2012년의 대선 판세를 바라보는 것도 좋은 공부가 되리라고 판단된다.

대통령 선거와 관련하여 필자의 견해로는, 황백전환기의 주어지는 운에 의해 큰 변화에 의한 어려움이 올 수 있으므로, 가급적이면 다수에 해당하는 국민들의 입장을 대변해 줄 수 있는 사람으로 공심을 가지고 노력할 줄 아는 사람을 뽑는 것이 국민들에게 가장 유리하다고 본다. 특히 세계경제의 공황으로 대다수의 많은 국민들이 어려움에 처해 있는 것으로 안다. 이런 때일수록 국민들의 입장에서 본인들을 위해 대변해줄 수 있는 참된 지도자를 뽑는 것이 무엇보다도 중요하다고 본다. 필자의 견해로는 계룡시대를 열어줄 수 있는 사람을 뽑아야 정신문화를 토대로 금수강산의 정기를 활용하여, 보다 많은 사람들이 다 같이 잘 살 수 있는 기회를 가질 수 있다고 확신한다. 국민들의 높은 안목을 기대해 본다.

11. 2013년-계사년의 의미

계사년은 뱀띠 해로 혹사黑巳: 검은 뱀에 해당한다. 천간은 계수癸水로 음수陰水에 해당하면서 북방 숙성熟成의 기운을 나타내고, 지지는 사화巳火로 음화陰火에 해당하면서 남방 문명文明의 기운을 나타낸다. 얼핏 보기에는 물과 불이 서로 상극이 되어 다투는 형상을 나타내기에 아주 위험한 모습을 하고 있으나, 계는 지지의 사를 보면 천을귀인이 되면서 재록財祿의 자리에 해당되므로 부귀를 얻을 수 있는 힘이 있다. 그러므로 황백전환기에 의허 주어지는 변화의 모습을 알고 잘 대처하는 사람은 부와 귀를 한꺼번에 얻을 수 있는 기회가 될 수 있는 한 해라고 판단된다. 특히 갑오년으로부터 주어지는 정신문화의 서막을 열 수 있는 기회가 되는 시기이기도 하다.[97] 과연 어떤 모습으로 펼쳐질지 조금이나마언급을 해 보겠다.

계사년은 임진년과 마찬가지로 납간오행으로 장류수의 의미를 지닌다. 그러므로 큰 변화의 의미를 가진다고 할 수 있다. 같은 장류수의 의미가 있는 임진년과 비교를 해보면 다음과 같은 다른 점이 있다.

임진년은 천간과 지지 모두 양에 해당하는 양년陽年이므로 변화의 모습이 일반인도 알 수 있도록 쉽게 드러난다. 하지만 계사년은 천간-

---

97) 무학 대사는 이와 관련하여 진사(辰巳)년에 징조가 있으며, 오미(午未)년에 즐거움이 당당하다고 언급하였다.

과 지지 모두 음에 해당하는 음년陰年이므로 변화의 모습이 잘 드러나지 않는다. 그러므로 관심을 가지고 유심히 살펴야 알 수 있거나, 나중에 큰 일이 일어나고 난 후 일반인들이 알 수 있을 정도로 늦게 감지가 된다고 하겠다.

계사년에 삼살은 동방에 들고, 대장군도 동방에 들게 된다. 그러므로 생기를 뜻하는 목木의 기운에 살기를 띠게 된다. 이런 이유로 변화에 적응하지 못하는 많은 사람들은 도태되는 과정에서 쓰러지게 된다고 보면 큰 무리가 없겠다.

제 5 장

사주 감정의 실제

정확한 사주 감정이 이루어지기 위해서는

본인의 태어난 시에 맞는

'사주팔자' 여덟 글자가 적혀져야 한다

1. 해법의 원칙

사주를 감정하는 데 있어서 다음의 순서대로 원칙을 정하면 쉽게 파악을 할 수 있다.

첫째, 생년월일시를 만세력에 의해 정확한 간지로 산출하라. 정확한 감정이 이루어지기 위해서는 특히 본인이 태어난 시에 맞는 '사주팔자'의 여덟 글자가 정확한 암호로 적혀야 한다. 특히 이 글에서는 12지十二支시에 의한 시간의 구분이 다르므로 잘 참조하여 기술되어야 한다. 특히 태어난 지역에 따라 작은 시간의 오차가 있을 수 있으므로 시각을 정하기 힘든 경계시각에 해당하는 사람은 시각을 확인하는 방법(부모 선망 유무, 아버지의 태어난 달을 확인하는 법)을 사용하여 검증을 거치는 것도 좋은 방법이 되겠다.

둘째, 대운수를 찾아서 밑에 적어라. 대운수는 태어난 달을 기준으로 하여 적는다. 남자는 양천간 연도에 태어나고 여자는 음천간 연도에 태어났으면 달에서 순서대로 진행되고, 남자가 음천간 연도에 태어나고 여자가 양천간 연도에 태어났으면 음양의 이치가 안 맞으니 태어난 달을 기준하여 역으로 올라간다.

셋째, 당사주에 해당하는 12성을 한 옆에 적어서 참고하라.

넷째, 일주의 천간이 월지와의 관계에서 통변의 유무를 살펴라. 이 때에는 오행의 특성과 계절을 고려하여 각각의 오행이 왕성한 계절에 태어났는지의 여부와 사절死絕의 계절에 태어났는지의 여부를 파악해야 한다. 왕성한 계절에 태어난 사람은 보통 재·관財·官의 운에 운이 상승하여 발복發福을 하고, 약한 사절의 계절에 태어난 사람은 인성印星의 운이나 동기성의 운에 발복을 하거나 운이 상승하는 이치를 알아야 한다.

다섯째, 일주와 시와의 관계를 살펴서, 그 격을 적어 놓아라. 시는 사주 전체의 격을 결정하므로, 그 사람의 인생이 결정된다고 할 수 있으므로 중요하다. 잘 살펴보아야 한다.

여섯째, 용신을 체·용의 관계에서 살펴라. 특히 사주의 격을 파악하기 위해 당사주의 원리를 적용하여 체를 이해하는 데 도움을 받으면 좋다.

일곱째, 사주가 지닌 모든 조건을 그 사람의 현 상황에 대입시켜라. 상담하는 사람이 학생으로서 공부에 관한 내용이면 인성이나 관성을 보는 것이 좋고, 사업이나 상업에 종사하는 자로서 재물을 구하는 데에는 식신이나 재성을 보는 것이 좋다. 문서를 다루는 사람으로서 계약의 성사를 구하는 데에는 관성이 좋은 이치를 알아서 그 대상에 맞게 설명이 이루어져야 한다. 마치 주역 64괘 중에서 똑같은 괘가 나오더라도 그 대상에 따라 길흉화복의 정도가 서로 다른 이치가 있는 것과 같다.[98]

여덟째, 원인은 지지에서 찾고, 결과는 천간에서 이루어지는 원리를 숙지하라.

아홉째, 길흉화복의 관계는 대운과 태세를 살펴서 그 정도를 파악하고, 육신론의 입장에서 그 운이 진행되는 범위를 산출한다.

---

98) 똑같은 괘가 나오더라도 변화하는 효의 위치에 따라 길흉이 달라지기도 한다.

2. 실제편

　기존의 추명사주학에서는 말 그대로 '사주팔자'의 여덟 글자를 중심으로 간단히 감정해서 일반인의 입장에서는 명을 추리推理하여 이해하는 데 어려움이 많았다. 여기서는 자세히 설명해 보도록 하겠다. 공부하시는 분을 중심으로 설명하였기 때문에 일반인들은 어려운 부분이 많을 줄 안다. 일반 독자들의 이해를 바라며 전체적인 흐름을 파악하는 데 관심을 가져 주면 좋겠다.[99]

1 이율곡(1536~1584)[100]

해(年)	달(月)	날(日)	시(時)	성별
정유년	임인월	정해일	임인시	송
			利名輝彰之局	

대	신	경	기	무	정	병
운	축	자	해	술	유	신

　위 사주는 생년월일시가 정확하지 못하여 1·2·3 원칙은 지켜지지 못하였다. 정해일주이므로 일간이 음화陰火다. 정일간이 정월에 생하여 목기를 얻어 통변하였다. 정월이라 아직 한랭寒冷한 시기여서 금기가 천간에 투출하는 것을 꺼린다. 월간에 정관正官 임이 투출되어 명예가 부담스러우나 관인격官印格[101]을 이룬 강한 학업의 운으로 명문가의

자손으로 태어나 어릴 때 제대로 공부할 기회가 주어져서 오히려 다행스러웠다. 그리고 태어난 시가 인시에 해당하므로 이명휘창지국利名輝彰之局을 얻었다. 그리하여, 이로운 이름을 빛나게 드날리는 격이 인생을 따라 다니는 것이다.

부모 궁에 해당하는 연주年柱를 보면, 연간 정이 학당에 자리 잡고 있으며, 나와 음양이 같으니 부친으로 보며, 장생지에 자리 잡고 있으니 학식이 뛰어난 선비로 본다.

용에 해당하는 대운을 살펴보면 신축, 경자로 흐른다. 지지의 흐름이 북방으로 흐르면서 천간에 신辛과 경庚의 금이 투출되어 북방 수기水氣가 더욱 강하다. 인생 행로의 원인 제공에 해당하는 지지도 북방으로 흘러 관성官星이 강하고 천간도 금기가 투출되어 금생수金生水의 원리에 의해 관성이 더욱 강하여 실력이 겸비되면 일찍 입신양명할 수 있는 길이 열리는 것이다.

그리하여 어려서부터 공부로써 이름을 날렸으나, 불행히도 천간에 금기가 투출된 이유로 목의 인성이 약하니 어머니와의 인연이 약하게 작용하였다. 16세 되는 1551년에 어머니 신사임당을 여의게 된 것으로 보인다. 3년 상을 치룬 후, 어머니에 대한 간절한 그리움으로 인생

---

99) 생존 인물 중에서 이번에 새로 기재한 내용은 개인 사생활 침해 부분이 많으므로 간단히 핵심 사항만 언급하였으므로, 양해를 바랍니다. 특히 2012년 대선에서 한판 대결을 벌여야 되는 현 정치인들에게는 중요한 정보가 될 수 있으므로, 사주팔자를 공개하지 않도록 하겠다. 기회가 닿으면 차후에 언급하도록 하겠다. 정치와 관련된 인물들은 나이 순으로 기재를 한다.
100) 생년월일시의 자료 출처: 계의 신결, 최국봉 저, pp. 262 인용
101) 관인격: 사주용어. 명예운과 공부운이 함께 주어지는 것. 이럴 경우 공부나 배움으로 이름을 드날리게 된다.

의 무상함을 느낀다. 불가佛家에서 공부를 하면 돌아가신 영혼을 만날 수 있다는 이야기를 듣고서, 돌아가신 어머니를 만나고자 19살 때 금강산에 있는 유점사楡岾寺로 들어가서 잠시 동안 불학佛學을 수학하게 된다. 이것은 초년에서 중년으로 넘어가는 운으로 볼 때, 문창성과 학당의 자리인 유가 월지 인寅과의 관계에서 오행상 상생관계를 못 얻고 월지 인이 12운으로는 사死에 해당하므로 잠시 마음고생을 하게 된 것으로 추측해 볼 수 있다.

그러나 인성의 운에 의하여 공부를 지속하여 강한 명예운을 찾으니 29세까지 치룬 문과 전시文科殿試에 이르기까지 9번 모두 장원으로 급제하여 구도장원공九度壯元公이라 불리게 된 것이다. 29세에 호조좌랑에 이어 39세에 우부승지에 오르고 47세에 이조판서에 올랐다.

대운이 정확하지 않아서 장담하기 힘드나, 무술 대운에는 상관 운이 강하여 벼슬을 내놓고 시골로 내려가셨다가 세운이 관운을 뒷받침해 주는 해에 다시 상경하신 것 같다. 무술대운에는 운의 굴곡이 심하신 것이다.

48세 때 십만양병설을 주청하였으나 받아들여지지 않고, 동인에 의해 서인으로 몰리는 탄핵이 들어오자 벼슬을 내놓고 낙향하셨다. 연도로 보면 1583년 계미년이다. 이는 정관이 있는 사주에 세운에서 편관 칠살이 와서 관이 혼잡하여 격이 떨어져 명예에 변동이 생긴 것이다. 편관 칠살이라 동인의 입장에서 보면 정국政局을 동인 중심으로 끌고 가는 데 있어서 부담스런 인물이었으므로 탄핵을 하게 된 것으로 본다. 다음 해 49세 되던 해(갑신년)에 병환으로 돌아가셨다.

명예를 중요하게 여기던 분이 동인으로부터 탄핵을 받자 심리적인 부담이 될 수 있으며, 특히 애국애민의 정신으로 주청하였던 십만양병설이 받아들여지지 않자 마음이 무거워져서 병환이 나신 게 아닌가 한다. 종합적인 관계지만 무술의 대운이 강하게 작용하신 것으로 추측되며, 사주의 체가 목에 바탕을 둔 화火에 속하므로, 무술 대운에 마음의 병환을 얻어 정유 대운 초 갑신년(목이 절지(絶地)되는 곳)에 돌아가신 것으로 보인다.

만약 월지의 뿌리가 인이 아니고, 금기金氣에 해당하는 신申이나 유酉였다면 월주에 재관격에 해당하므로 상관 대운인 무술 대운 중에서 음화陰火 정이 사묘절死墓絶되는 인축자년 중에서 절切되는 자년에 병이 들어, 인년에 돌아가시게 되는 것으로 추명推命할 수 있다. 그것은 무술 대운은 상관의 운인데 편관 칠살이 세운에서 오니, 세운이 대운의 극을 받음이 심하고, 자는 술을 보면 상문이 해당하니 몸에 이상이 생기는 것이며, 인년은 월지 신유申酉의 극을 받고, 정丁이 사지死地가 되기 때문이라고 보는 것이다. 나머지 이치는 독자 제현의 연구를 바란다.

당신은 일찍 가셨지만, 공부가 깊으셔서, 임진왜란이 일어나기 전에 이미 난이 일어날 것으로 알고, 평소에 친분이 있었던 오성 대감 이항복에게 "슬프지 않은 울음에는 고춧가루 싼 수건이 좋다"는 말을 건넸다고 한다. 오성 대감은 일의 자초지종을 몰라 잊고 있었는데, 왜란이 일어나서 명의 구원 군이 오게 되었을 때, 오성대감이 책임자로서 이여송을 만나게 되었다고 한다. 그러나 기쁜 일이 아니라서 얼굴에 반갑게 맞이하는 내색을 보일 수가 없어서 난감하였는데, 이율곡이 전해 주었던 말이 생각나서 고추 가루 싼 수건으로 눈물을 흘려서 위기를 잘 모면하고, 이여송의 환심을 사게 되어 수습을 잘 했다는 이야기가 전해진다. 뿐만 아니라 당신이 손수 지으시고 자주 올라가셨던 정자에 들기름을 먹여서 선조 일행이 의주로 가는 피난길을 환히 밝혀 주었다고 한다. 장대같은 비가 쏟아지는 밤이라서 앞뒤를 분간할 수 없어 나아가지 못했는데, 이 정자에 불을 질러서 무사히 피난하였다는 것이다. 또, 이순신에게도 난을 구제하는 방법을 많이 일러 주었다고 하나,[102] 구두로 전할 뿐 확인할 길이 없다.

아무튼 나라와 백성을 위해서 짧게 살다간 인생이지만, 당신의 업적은 어느 누구와 견주어도 손색이 없을 정도로 뛰어나며, 학식을 겸비한 대 성리학자였던 것이다.

2 이회창

돼지띠의 나이를 가졌다. 나이에 의해 토끼 해에는 상승의 운을 이끌어갈 수 있으나, 대선이 있는 용의 해에는 운이 약하다. 그러므로 대선의 후보로 끝까지 가는 것보다 후일을 도모하면서 국익과 충청도의 발전을 고려하여 유리한 조건을 가진 후보를 간접적으로 도와주는 것이 훨씬 더 유리할 수 있다.[103]

---

102) 토정 이지함 선생과 함께 여러 가지 비책을 일러 주었다고 한다.
103) 대선 후보로 나오지 않겠다는 언급을 하였는데, 개인적으로 잘한 일이라 판단된다.

3 손학규

개띠의 나이를 가졌다. 본인의 성품에 해당하는 운이 오행상으로 병화丙火에 해당하는 불이다. 그러므로 명예를 나타내는 운은 물이다. 대선이 있는 2012년은 임진년으로 천간에 명예를 나타내는 물이 투출되게 된다. 그러므로 대권을 두고 다투는 형국이 되는 것은 자연스러운 일이다. 큰 실수만 하지 않으면 제1야당의 대권후보로 선출될 가능성이 많다. 아직까지는 시간이 많이 남아 있으므로, 여권의 실세로부터 주어지는 견제를 벗어날 수 있어야 하며, 지지율을 높이고 당내 통합을 마련하여 대권후보의 외부인사 영입을 제외시키는 것이 중요한 관건이 될 수 있다. 그러면서 국정 운영을 반전시킬 수 있는 묘책을 찾아야 정권을 탈환할 수 있다고 본다. 본인의 명예에 해당하는 물과 관련하여 4대강으로 승부수를 던진다면 좋은 결과가 있을 수 있다고 본다.

4 박근혜

용띠의 나이를 가졌다. 입춘이 지나지 않은 관계로 추명사주에서는 신묘년 토끼의 운으로 감정을 한다. 임진년과 계사년 사이에 대운이 바뀐다. 새로 바뀌는 대운에 국부國富에 해당하는 재운이 이르게 된다. 임진년에 주어지는 호운을 맞아 왕성한 활동으로, 부족하다고 평가도는 지도력을 평가받을 수 있는 기회가 된다. 본인에게 주어진 조건을 활용하여 민심을 거스르지 않으면 좋은 기회가 주어진다고 할 수 있다. 필자의 견해로는 여성에 해당하는 물의 시대에 맞는 여성 대통령 1호가 될 가능성이 많다고 본다. 특히 생가의 좋은 기운을 활용한다면

더 쉽게 갈수 있는 방법이 되리라 확신한다.[104]

　통 큰 상생의 정치를 주도하면 유리하지만, 시대의 흐름을 거스르고, 현실에 안주해서는 불리하다. 선친이신 박 전 대통령이 5.16 혁명을 성공한 뒤, 선거에서 이길 수 있었던 것은 민심이 원했던 정의를 제시하면서 살기 좋은 세상을 약속했기 때문이다. 마찬가지인 것이다. 임진년의 상황을 고려할 경우에는 탈당의 수순을 밟는 것이 유리하지, 당 내에서 승부를 걸 경우에는 민심을 잃을 수 있으므로 조심해야 한다. 선전을 기대하며, 이만 줄인다.[105]

5 안철수

　P씨와 더불어 대권에 당선될 수 있는 강력한 후보 중의 한 명이다. 범띠의 나이를 가졌다.[106] 오행상으로 목이 명예에 해당하는 사주를 가진다. 목은 아랫사람을 도와주는 인자한 마음이다. 운의 흐름으로

---

104) 대통령 선거가 있는 해에 지기를 죽이는 일이 많이 발생하였다. 산소 자리를 칼로 말뚝을 박든지, 동물의 배설물(인분)을 뿌리는 일이 있었다. 이런 행위와 연관이 있는 사람은 원인도 모르고 나쁜 일을 당하는 간접적인 살인에 해당되므로, 강하게 처벌되어야 한다고 본다. 박 전 대표는 지난 번 경선 때에 생가에 봉변을 당했다.

105) 한나라 당에 잔류할 경우 조직과 자금은 얻을 수 있으나 민의를 얻기 힘들다. 이럴 경우에는 국민들이 납득할 만한 수준의 개혁이 이어져야 하지만, 이 대통령과 관련한 민심의 배반으로 덕보다 실이 훨씬 많다고 판단된다.

106) 필자는 2012년의 대선은 P씨와 A씨의 대권싸움이라고 보고 있다. 현재의 여론도 그렇지만, 다른 각도에서 언급을 해보고자 한다. 비기에 관련된 내용이다. 무학 대사의 비결에 의하면 여마(女馬)에 해당하는 사람이 유력하다고 예언되어 있다. 이 여마는 성별로 따지면 여성이 해당한다. 이럴 경우에는 P씨가 유리하다. 하지만 성씨로 볼 경우에는 A씨도 관련이 있게 된다. A씨의 성씨는 한자로 갓머리에 계집녀를 더한 글자가 되기 때문이다. 독자 여러분을 위해 이 상황과 관련이 있는 원문을 소개한다. 참고하여 음미해 보시기를 바란다. 丑寅年月上 狂龍領三軍 女馬忽起江 角聲滿朝廷이라 하였다.

278

만 보면, 2011년의 운이 최고다. 정점에 해당하는 시기다. 2012년은 다소 약해진다. 그러나 명예에 해당하는 목의 기운은 그렇지만, 명예를 상생시켜 주는 물의 기운은 오히려 높아지니, 전체 운으로는 약해진다고도 할 수 없다. 필자의 생각으로는 이번 정부의 4대강 사업과 관련하여 최대의 수혜자로 여겨진다. 일상생활에서 물과 관련된 일이 많으니, 수생목水生木의 상생관계에 의해 목이 강해지므로, 목에 해당하는 명예를 얻기가 그만큼 쉬워지기 때문이다.

만약 정치판에 뛰어든다면 정치 초년생으로서 겪어야 되는 마음고생을 감내해야 한다. 그리고 후보로서 검증되는 과정에서 생기는 여러 불이익을 예상하며 견뎌내야 한다. 필자의 견해로는 후보로 나설 경우에는 국민이 받는 고통을 생각하며, 이겨낼 것이라 확신이 든다. 사주의 본인궁에 괴강이 특징이라 강력한 힘을 충분히 타고났기 때문이다. 오히려 후보로 나서는 과정에서의 결심이 중요하게 작용할 것 같다. 만약 후보로 나서게 되면, 상생관계에 의해 야권의 단일후보로서의 과정만 거치는 것이 힘이 드나, 당세와 국민들의 후원에 의해 대권의 당선 가능성은 더 높다고 하겠다. 특히 젊은 층과 지식인들을 끌어들이는 힘이 강하므로, 유리한 점이 많다고 하겠다.[107]

여러 과정을 거치는 동안 여러 가지 어려움이 많겠지만, 국민과 나

---

107) 고 노무현 전 대통령의 사주와 비슷하다. 공통점은 목기가 명예에 해당하는 점으로 어진 마음을 가졌다. 다른 점은 노 전 대통령의 경우에는 명예에 해당하는 목기가 일지(日支)에 하나 있는 것으로, 본인이 총명하고 재주가 있어서 운이 오면 극귀를 이룰 수 있는 사주다. 반면에 A씨의 경우에는 명예에 해당하는 목기가 연지와 월지에 각각 있어 2개가 존재하므로, 귀를 이루는 정도이나, 재성이 풍부하여 부귀를 같이 이룰 수 있는 것이 특징이다. 부가 귀를 상생하여 극귀가 될 수 있는 사주인 것이다.

라를 위하는 A씨의 마음을 이해하면서 선전을 기대하며, 마치고자 한다.[108]

⑥ 피겨여왕 김연아의 지속적인 성공 여부

인터넷 자료에 의해 주어진 생일이 양력으로 판단된다. 경오년 말띠로 되어 있다. 사주 자체는 좋은 사주가 아니라, 대운이 이상적으로 잘 받쳐주고 있다. 지금 공부하고 있는 체육교육학을 잘 살린다면, 은퇴 후에 걸어가게 되는 지도자의 운도 이상적인 조건을 얻을 수 있다. 중년에 주어지는 관인상생의 운을 잘 살린다면 본인이 배출한 선수 중에서 올림픽에서 메달을 바라볼 수도 있겠다.

⑦ 배용준[109]

해(年)	달(月)	날(日)	시(時)	성별
1972	8	29	?	남

여기서는 〈겨울 연가〉를 통해 일본의 여성 팬에게 강하게 어필하는 배용준의 사주감정을 통해 그 이유를 한번 살펴보기로 하겠다.

네이버 자료에 의하면 생일이 1972년 8월 29일로 되어 있다. 양력으로 판단되어 이를 음력으로 바꾸면 7월 21일에 해당한다. 이것을 다시

---

108) 임진년에는 삼살과 대장군이 남북으로 각각 들었다. 이런 의미로 본다면 안보문제와 관련하여 제2연평전 같은 일이 있을 수 있으므로, 미리 대비해 두는 것이 좋다고 본다. 페어플레이로 진금승부를 기대해 본다.
109) 네이버 참고

60갑자의 간지로 바꾸면 아래와 같다.

임자년 무신월 임진일이며, 시時는 파악이 되지 않는다. 대운 수는 3이다. 임수壬水가 음력 7월에 생하여 편인격110)에 해당하니 연극·영화에 소질이 있다고 할 수 있다. 대운의 흐름이 서북에서 동북으로 흐르니, 현재 33살부터 들어간 임자 대운에 놓여 있다. 일간 임이 편인의 운에 태어나 금생수의 원리에 의해 상생되고 대운에서 정북의 수水의 자리에 해당하는 자子에 놓여 있으므로 기운을 얻은 상태다. 화토火土 운에 운이 상승하여 발달한다.

2002년(임오년) 1월 14일부터 3월 19일까지 방영되었던 겨울연가는 필자의 생각으로는 배우의 캐스팅에서 이미 50점 이상 얻은 상태라 할 수 있다. 남녀 주인공을 맡은 배용준과 최지우의 관계에서 이미 상생관계에 의해 여주인공 역할의 최지우 님의 일간의 기운이 토성戊土이라 남주인공 역할을 맡은 배용준을 도와주는 형태라 이상적인 남녀 주인공의 관계라 할 수 있다.111) 특히 배용준은 이지적인 면이 강한 성격으로 그런 역할의 모형 역을 맡았고, 최지우은 감수성이 풍부한 성격의 소유자인데 그 역할에 해당하는 유진 역을 맡아 가장 이상적인 역의 소화로 재미를 더해 주었다고 할 수 있다.

---

110) 편인격(偏印格) : 편인성의 격국을 갖춘 것. 음양의 성질이 같고 오행으로 나의 기운을 상생시켜 주는 것에 해당된다. 여기서는 양수(陽水)에 해당하는 임(壬)이 나의 기운에 해당하므로 수를 생하는 금이면서 음양의 성질이 같은 양금(陽金)의 신은 편인성에 해당한다. 편인성은 임기응변력이 좋으므로 역기에 소질이 있다고 할 수 있다.
111) 2003년 1월에 방영된 〈올인〉에서 이병헌과 송혜교도 이상적인 남녀 주인공 관계로 캐스팅이 잘 된 경우라 할 수 있다. 특히 이 두 사람은 드라마가 끝난 후에 잠시 동안 염문을 뿌려서 더욱 화제가 되기도 하였다.

〈겨울연가〉의 '민형' 역으로 일본열도의 여성 팬에게 욘사마 열풍을 일으킨 배용준의 매력은 무엇일까? 아마도 금과 수 기운에 해당하는 숙살 기운의 강인함에서 오는 쉽게 다가설 수 없는 이지적인 냉정함을 가졌으나[112] 임수의 특징에 해당하는 포용력과 융화력이 아닐까 한다.

만약 배용준의 태어난 시간이 목화木火 운이 강한 낮 시각이면 여성 팬에게 어필하는 힘이 강하고, 오후 시각에 해당하면 상대적으로 그런 기운이 떨어지니 철저한 관리가 부수적으로 필요하다고 하겠다. 특히 오후의 시각에 해당하면 감수성이 상대적으로 떨어지니 풍부한 감수성을 필요로 하는 멜로물은 신중히 선택을 할 필요가 있다 하겠다.

이런 의미에서 본다면《태왕사신기》에서 맡은 역할은 이지적인 본인의 성격과 특기에 해당하는 검도를 잘 살릴 수 있는 좋은 기회였기에 높은 시청율을 기록할 수 있었다고 본다.

8 비(정지훈)

해(年)	달(月)	날(日)	시(時)	성 별
1982	6	25	?	♂

네이버 자료에 의하면 생일이 1982년 6월 25일로 되어 있다. 양력으

---

112) 일본 문화의 배경은 무사(사무라이)정신이라 할 수 있다. 따라서 냉정함과 강함이 느껴지는 사람에게 쉽게 친근감을 느끼는 것으로 판단된다. 그러면서 사무라이가 가지지 못한 포용력이 큰 장점으로 여성 팬들이 다가서기 쉽게 만든 것으로 인기를 누린다고 할 수 있겠다.

로 판단되어 음력으로 바꾸면 5월 5일 생이다. 이를 60갑자의 간지도 바꾸면, 임술년 병오월 기묘일이다. 대운 수는 4 대운이다. 임진년을 기준으로 우리 나이로 32살이므로, 24살부터 들어간 무신 대운[113]에 속해 있다.

기토己土가 음력 5월에 생하니 인수격을 이루고 있다. 목화 운에 발달한다. 대운이 서남에서 정서로 흐르고 있으므로 1년마다 운이 바뀌는 세운에서 활용하는 것이 좋다. 특히 대운에서 무신이 자리 잡고 있으므로, 너무 급하게 세계무대로 뛰어드는 것보다 내실을 기하며 실력을 연마하는 것이 좋으며, 본인의 장점인 열정을 잘 관리하는 것이 필요하다.

특히 음력 5월의 화기火氣가 충만함에서 오는 예술적인 폭발력은 대중을 사로잡기에 충분하나 지나친 상업성과 연관된 공연은 오히려 운을 감소시킬 수 있으므로, 음악에 마음의 메시지를 담아서 전달하고 정서를 순화시켜 주는 방향으로 활동을 해 나간다면 오랜 활동이 보장될 수 있다. 그러므로 활동과 휴식의 밸런스가 중요하며, 휴식기간에는 에너지의 재충전과 본인의 실력 개발, 평상심을 일상생활에서 유지해 나갈 수 있는 마음 조절법이 필요하다고 하겠다. 따라서 이러한 것이 유지된다면 본인의 성품에 숨어 있는 열정을 공연에서의 '끼'로 마음껏 발산할 수 있으리라는 생각이 든다.

따라서 상황의 변화에 다른 감정을 얼마나 잘 조절하고 못 하느냐

---

113) 대운(大運): 10년 동안 운에 영향을 끼친다고 해서 대운이라 한다. 반대로 1년마다 바뀌는 운은 소운 또는 세운이라 한다.

가 건강에도 막대한 영향을 미칠 수 있으므로, 명상이나 요가를 통해서 신체단련과 마인드 컨트롤을 겸하면 더욱 좋다고 하겠다.

아무튼 희신(喜神)이 많은 관계로 성공은 보장되나 시기의 조절과 성품을 잘 다스려야 세계적인 스타로까지 나아갈 수 있음을 상기시키며, 본인의 특성을 잘 살려서 보다 많은 활동으로 즐거움을 전해 줄 수 있기를 기대하며 간단히 줄인다.

⑨ 김태희[114]의 명문대 비결과 지속적인 성공 여부

해(年)	달(月)	날(日)	시(時)	성별
1980	3	29	?	우

미인형의 얼굴을 가지면 외모에 신경을 쓰기 때문에 지적인 이미지를 연상하기가 어렵다. 출신대학이 일반인이 들어가기 힘든 S대학이라고 하니 명리학적인 접근으로 한번 풀어 보도록 하겠다.

김태희 양의 생일은 양력으로 판단된다.[115] 그러므로 이를 육십갑자로 나타내면, 경신년 기묘월 신축일이 된다. 대운이 8이라서 8이 들어가는 나이에 대운이 바뀐다. 일간 신금이 음력 2월에 생하니 재성이 강하다. 흘러가는 대운을 보면 무인, 정축, 병자로 흘러가니 동북에서 서북으로 흐르는 것이다. 무인 대운은 천을귀인에 해당하는 자리니[116]

---

114) 네이버 참고
115) 일간의 오행으로 얼굴 형태를 비교해 보면 금형(金形)에 속한다. 양력으로는 일간이 신금에 해당하고, 음력으로는 일간이 병화에 해당하므로 양력이 타당하다고 판단한 것이다.

재주가 비범하고, 18살부터 들어가는 정축 대운은 편관성이 강하면 관인격으로 화化하여 작용하니 공부에도 소질이 있게 된다. 따라서 본인의 노력과 운이 조화를 이루어서 S대학에 진학한 것으로 보인다. 특히 진학할 무렵인 1997년 정축년과 1998년 무인년은 대학을 준비하는 본인에게 유리한 해로서[117] 비약적인 발전을 이룰 수 있었기 때문에 대체로 순탄하게 들어간 것으로 볼 수 있다.

병자 대운의 후반부에 변화의 조짐이 있으니, 연예인의 길을 계속 갈 것인지 아니면 좋은 배우자를 만나서 평범하면서도 화려한 삶을 살 것인지를 선택하는 것이 큰 전환점이 될 수 있다. 배우자는 법조인이나 교육계에 종사하는 고위 공무원을 만나면 좋은 동반자가 될 수 있고, 사업가는 불리하나 유력한 재벌가는 무난하다고 하겠다. 아무튼 경제적인 능력을 갖춘 사람으로 지적인 능력이 발달해 있는 사람을 만나야 풍파를 만나지 않고 해로할 수 있다고 하겠다.

최근래의 운 중에는 임진년을 관리하면서 잘 보내야 구설수가 생기지 않는다. 판단이 잘못되면 삼재三災 중에 있으므로 관재로 확대될 수도 있으므로, 특별히 조심하는 한 해가 되기를 바란다.[118]

---

116) 천을귀인(天乙貴人): 화를 돈으로 바꾸는 길성이다. 나의 기운에 신금(辛金)이 인(寅)을 보면 천을귀인에 해당한다. 이 귀인이 있으면 주위의 도움으로 화(禍)를 만나더라도 위기를 쉽게 넘기거나 좋은 일로 바꿀 수 있다.
117) 8살에 초등학교에 입학했을 경우, 정축년은 고2에 해당하고 무인년은 고3에 해당하는데, 대학 진학에 있어서 중요한 시기에 해당하는 이 해에 명예 운(정축년)과 인성 운(무인년)이 작용하여 고2, 고3 2년간 공부를 하는 데 있어서 유리한 해에 해당한다고 할 수 있다.
118) 활동한다면 임진년에도 일론에서 경제적인 면에서는 도움이 되나, 명예의 면에서는 손해를 볼 수가 있다.

10 전지현[119]의 인기 비결

해(年)	달(月)	날(日)	시(時)	성별
1981	10	30	?	우

본인이 이 글을 본다면 미안한 이야기이지만 미인형의 얼굴이 아님에도 불구하고 꾸준한 인기와 활동력이 왕성한 것에 초점을 맞추어서 명리로 풀어 보도록 하겠다. 네이버의 자료가 양력으로 판단되어 육십갑자로 옮기면 신유년 무술월 신사일이다. 대운은 3으로 3이 들어가는 나이에 운이 바뀐다.

신辛일주가 무술의 달에 생하니 인성격印性格에 해당한다. 인성을 생하는 화토火土의 운에 발달한다. 대운의 흐름이 기해, 경자, 신축으로 흘러가니 서북의 방향에서 동북으로 흐른다. 대체로 북향으로 흘러서 운이 불리했으나 달에 있는 무술의 괴강 기운이 수기를 제압하여 운을 만들어 가는 형국이다. 따라서 종교를 가지면 유리한 점이 많으며, 특히 대학 진학을 불교대학인 동국대 연극영상학부로 입학하여 교양 필수과목인 자아와 명상을 통하여 자아성찰을 해 나가는 데 많은 도움이 되었으리라 생각해 본다. 이 괴강의 특징은 복의 변화가 심하나 행복이 주어지면 오래가는 장점이 있다.

13살 경자 대운 중에서 희신인 화토운에 해당하는 정축년에 패션잡지 에꼴에 데뷔하여 꾸준한 작품 활동으로 인기를 얻고 있다. 지금은

---

119) 네이버 참고
120) 네이버 참고

23살 신축 대운에 들어 있으니 안정권에는 들었으나 2011년 후반부터 잠시 쉬어가는 지혜가 있으면 유리하고, 이 무렵에는 나이가 있으므로 활동과 안정의 갈림길에서 한번쯤 고민을 해보는 것도 살아가는 좋은 방법이 될 것이라는 판단을 해 본다.

11 국민 여동생 문근영[120]의 인기 비결

해(年)	달(月)	날(日)	시(時)	성별
1987	5	16	?	♀

네이버 지식 검색에 의하면 정묘년 5월 6일생으로 되어 있다. 양력으로 판단되어 음력으로 바꾸면 4월 9일 생이다. 이것을 육십갑자로 바꾸면 정묘년 갑진월 을묘일이 된다. 이 날 10시 06분을 기점으로 사월의 절기節氣가 들어가는데, 정확한 시각을 파악하기 힘드나 음력 3월로 보고 감명을 해 보도록 하겠다.[121]

3월 태생을 간지로 옮기면, 정묘년 갑진월 을묘일이 된다. 대운은 10이다. 이 명은 시간을 정확히 알 수 없어서 단정을 하기 힘드나, 시간을 빼고 삼주법으로 보면 곡직曲直에 해당한다고 할 수 있다. 을목이 춘삼월에 태어나니 생명의 기운이 강하고, 을목이므로 주위의 귀여움을 많이 받는다. 분재盆栽의 형태로 인기를 얻는 것과 같다. 10살 을사 대운 중에 1999년 기묘년에 데뷔하였다. 이 해는 건록建祿에 해당하면

---

121) 시간이 정확하지 않아서 3월과 4월로 나누어서 감명을 해야 하나, 활동 시기와 개운의 흐름을 맞춰보면 음력 3월로 토는 것이 더 합당하므로 여기서는 3월로 감정을 해 보겠다.

서 천간에 편재가 투출되어 있으므로 길운에 해당하고, 〈어린신부〉가 히트한 해는 2004년으로 갑신년에 해당한다. 곡직에 해당하면 금을 보는 것이 불리하나 을목이라 금에 화化할 수 있으니 무난하고, 연지年支에 해당하는 신금이 을사 대운 중의 사화와 합을 이루어 화의 식신으로 바뀌니, 명예가 경제적인 수입으로 연결된 것이라 할 수 있다.

아무튼 이 사주는 주위 사람들로부터 귀여움은 받을 수 있으나, 영원한 젊음은 없듯이 나이에 따른 변화된 모습을 어떤 식으로 관리하여 관심을 끄느냐가 성공의 관건이라고 할 수 있다. 특히 20살부터 찾아오는 병오 대운에서 학업을 꾸준히 하며 능력 배양을 극대화한다면, 지속적인 발전이 있으나, 소질 개발을 소홀히 하면 반짝 스타로 끝날 수도 있다고 하겠다. 아무쪼록 국민 여동생 문근영 양의 큰 활동을 기대한다.

⑫ 심형래의 구설수

해(年)	달(月)	날(日)	시(時)	성별
1958	1	3	?	含

1958년 1월생으로 사주를 간지로 나타내면 다음과 같다. 무술년 갑인월 기사일 (?)시의 사주를 갖는다. 이 사주는 태어난 시에 재물을 뜻하는 재성이 없으면, 명예는 있으나 재물이 약하여 복덕이 오래가지 않는 단점이 있다고 하겠다.[122]

이런 사주를 가진 사람이면 사업을 하는 것은 불리하다고 하겠다.

신묘년에 시비 구설수가 생긴 것은 일주日柱에 의한 상문의 기운이 발동하여 생긴 것이라 판단된다.[123]

그러므로 종교의식을 통해서 상문의 살을 없앤 다음에 수습을 잘하면 큰 화는 미치지 않으리라 판단된다. 장기적으로는 영구아트센터도 타인에게 넘겨서 경영에서 손을 놓고, 작품활동만 하는 것이 유리하다고 본다.

🔢 강호동의 재기 여부

국민 MC로 인기 상한가를 달리던 강호동이 세금 탈세와 관련하여 곤혹을 치르고 있다. 영구 은퇴도 고려하였으나, 일단은 잠시 활동을 접는 것으로 기자 회견을 가졌다. 많은 사람들에게 환한 웃음을 선사하였는데, 활동을 그만둔다고 하니, 개인적으로나 사회적으로도 안타까운 일이 아닐 수 없다. 이번 사태와 관련하여 사주를 감정하여 일의 원인을 알아보고, 추후의 재기 여부도 알아보도록 하겠다.

자료에 의하면, 경술년 계미월 을미일 (?)시의 사주를 갖는다. 대운에서 명예를 상하게 하는 상관 운에 해당하는 병화丙火가 투출되어 있어서 구설수가 생긴 것으로 감정이 된다.[124]

하지만, 화의 기운이 왕성한 토의 기운에 의해 누설되면서 재물의

---

122) 연예인이었던 고 안재환 씨의 사주가 그렇다. 명예는 있으나, 재물 운이 약하므로 사업은 불리하며 항상 변동이 심하다고 하겠다.
123) 토끼 해에는 뱀이 상문의 기운을 가진다. 그러므로 2011년에는 상문을 조심해야 신변에 불리함이 생기지 않는다.
124) 지금 주어진 병술의 대운에서는 병화가 드러나는 해와 달의 시기에는 조심을 요한다. 도래하는 1년의 운 중에는 병신년이 될 수 있다.

운으로 바꾸니, 전화위복이 된다. 이 시기에 본인을 되돌아볼 수 있는 여건을 만들면서, 선행과 봉사를 통해서 복을 꾸준하게 만들면 많은 부富를 누릴 수 있겠다. 특히 지금 대운에서 시비구설을 생기게 하는 상관운의 영향을 받지만, 이 시기를 잘 넘기면 좋은 운이 주어진다고 하겠다. 그러므로 이 시기를 사주의 토 기운에 해당하는 종교나 기도로, 나쁜 운을 이겨내는 것도 좋은 방법이 될 수 있다고 하겠다.[125]

14 빌게이츠의 부(富)

자료에 의하면 양띠 10월생으로 되어 있다. 양력으로 판단되어, 음력으로 바꾸어 사주 팔자의 간지로 나타내면, 다음과 같다.

을미년 병술월 임술일 (?)시의 사주를 갖는다. 태어난 달의 절기에 왕성한 재물의 운을 가지고 있다. 타고난 재물의 운을 잘 활용하여 갑부가 된 대표적인 경우라 할 수 있겠다. 임진년에는 운명상으로는 변동의 기회가 주어진다. 본인이 판단을 잘못해서 회사의 성장이 줄어들거나, 시운에 의해 주어지는 불황의 경기에 의해 본인에게 주어진 주식의 평가가치가 하락할 수 있는 운이 도사리고 있다고 하겠다. 당분간 조심스럽게 행보를 해나가는 것이 안전하다고 하겠다.

---

125) 본인의 사주에 맞는 프로그램은 MBC에서 진행하고 있는 황금어장 무릎팍 도사다. 다른 사람은 이 역할을 소화해 낼 수 없으나, 강호동은 본인의 운에 의해 시청자들에게 강하게 어필이 되는 것이다.

15 타이거우즈의 스캔들

자료에 의하면 토끼띠 12월생으로 되어 있다. 이를 간지로 나타내면 다음과 같다. 을묘년 무자월 신해일 (?)시의 사주를 갖는다. 우즈의 사주를 감정해 보니, 스캔들은 어느 정도 예상할 수 있는 일이었다. 왜냐하면 띠에 해당하는 토끼의 기운이 재물이면서 여성을 뜻하는데, 태어난 달의 기운과의 관계에서 형살刑殺을 나타내고, 도화살로 인하여 본인에게 해를 끼치게 된다. 그러면, 왜 기축년에 해당하는 2009년에 스캔들이 터져서 세계적인 기사 거리로 망신을 당하게 되었을까? 확인하는 과정이 남아 있지만, 필자의 견해로는 기축년에 주어지는 상문喪門의 기운을 범했기 대문이라고 판단된다. 토끼띠는 소의 해에 상문이 운이 주어지는데, 상갓집을 방문하거나 죽은 시체, 피 같은 것을 보면 살이 동하여 재물이 나가거나 건강의 이상이 찾아올 수 있는 것이다. 따라서 필자의 견허가 맞을 경우에는 빨리 종교적인 의식을 통해서 회복하는 과정을 만들어야 원상회복이 빨리 일어날 수 있다고 하겠다. 그리고 새 부인을 애교가 많은 여성으로 얻는다면 가정이 화목해져서 더 빨리 정상의 컨디션을 회복할 수 있다고 본다. 그렇지 않으면 운의 하강기로 접어들게 되므로 당분간 우승할 수 있는 기회는 점차로 줄어든다고 하겠다. 정신과 심리의 빠른 회복을 기대하며, 이만 줄인다.

16 스티브 잡스의 건강 이상과 대표 사퇴

애플사의 이사회 대표였던 잡스가 개인 신변의 이유로 전격적으로 사임을 발표하였다. 항간의 소문에 의하면 신병의 이유로 사임하였다고 한다. 이와 관련하여 명리학적으로 접근을 시도해 보고자 한다.

자료에 의하면, 1955년 2월 24일 생으로 되어 있다. 표준시를 감안하여 23일 생으로 파악해서, 이를 간지로 나타내면 다음과 같다. 을미년 갑인월 을묘일 (?)시로 곡직격에 해당한다. 재주를 나타내는 귀격이다. 이 격은 명예에 해당하는 금金을 보는 것을 두려워 한다. 나무가 도끼를 만나서 찍히는 형태가 되는 것과 같은 이치다. 금년 신묘년에는 천간天干에 신금辛金이 드러나서 칠살로 작용하여 본인에게 변동이 일어났다고 할 수 있겠다. 그러므로 필자의 견해로는 건강의 이유로 사임하였다고 보아도 무방하다고 본다. 2012년부터 목의 기운이 하강기에 접어들게 되므로, 건강에 특별한 관리가 필요하다고 하겠다.[126]

🔟7️⃣ 라나 터너(곤명, 미국)의 결혼

해(年)	달(月)	날(日)	시(時)	성별
1921	2	8	인시	♀

1921년 2월 8일(음력으로는 1월 1일)[125]

신유년	경인월	계묘일	갑인시	
천인성	천인성	천고성	천복성	日出煙霞之局

대운	신묘	임진	계사	갑오	을미	병신	정유
	9	19	29	39	49	59	69

---

126) 필자가 보는 관점이 맞았다. 원고가 출판사에서 수정되는 과정에서 건강의 악화로 사망하였다. 고인의 명복을 빈다.

네이버 자료에 의하면 신유년 2월 8일생(양력)이다. 음력으로는 1월 1일에 해당한다. '한의학과 명리학'에 의하면 시간이 계사시로 되어 있으나, 표준시차를 감안하지 않았다고 판단하여 표준시차 17시간을 감안하여 우리가 쓰는 책력으로 옮겨서 정리하였다(음력 1월 2일생으로 보고 감명함).

계일간이 정월에 생하니 통변되지 못했다. 신약이므로 경금이 용신이다. 대운의 흐름이 동남으로 흐르니 금을 극하여 인생이 험난하다. 을미 대운 후반부터 인생이 안정되고 편안함을 얻을 수 있을 것으로 본다.

결혼을 일곱 번이나 하였다는 이유로 감정 편에 실었다. 그러므로 그 이유를 중심으로 해서 살펴보도록 하겠다.

이 사주는 사주 자체에 관성이 없어서 이성에게 매력을 주지 못한다. 영화팬에게 호감을 사는 것은 다른 여배우와 다른 일귀격日鬼格에서 오는 일종의 고상함이라 할 수 있다.

육신론 중에서 관성에 관하여 언급할 때, 여명에서 관성이 없으면 후처의 명이나 독신의 명이라 했다. 그런데 결혼을 하니 이혼이 잦을 수밖에 없는 것이다. 남자들이 결혼하기 전에는 신비한 분위기에 싸여 결혼을 했으나, 결혼 후에는 여성적인 매력을 통하여 만족을 얻지 못하므로 이혼이 빈번하였던 것으로 본다. 따라서 동양의 명리학적인 지식이 조금이나마 있어서 일생을 마칠 때까지 독신으로 살았더라면 오히려 수많은 남성 팬의 가슴 설렘을 안고서 갈 수가 있었는데 안타깝다.

이성의 운을 대운에서 찾아보면 임진 대운에 잠시 들고, 을미 대운에 잠시 들며, 나머지는 세운에서 토성의 운이 오는 해에 잠시 드니 7번의 결혼만 한 것이 오히려 다행스러울 수도 있는 사주라 하겠다.

정유 대운 중에서 금이 병이 되는 을해년에 사망하였다. 해는 경금은 병이 되지만 절이 되는 인寅과 합을 이루어 인을 강하게 하니 절絶되는 인에서 사망하는 이치라 하겠다.

18 마이클 잭슨(건명, 미국 인디애나주 태생)

해(年)	달(月)	날(日)	시(時)	성별
1958	8	29	?	♂

1958년 8월 29일(음력으로는 7월 15일)

무술년		경신월		기묘일		?시
천예성		천간성		천고성		?
대	신	임	계	갑	을	병
운	유	술	해	자	축	인
5	15	25	35	45	55	

양력 8월 29은 음력으로 7월 15일이라 일진이 무인에 해당하나 표준시차 14시간과 시간의 기준좌표 2시간을 감안하고, 명예 운이 약한 것을 고려하여 역逆으로 추명하여 기묘일로 잡아서 감정을 해 보겠다.

기일간이 7월에 생하니 통변이 되지 못했다. 연주에 있는 무술의 겁재성에 의지한다. 대운의 흐름이 서방에서 서북으로 흐르니 재성이 왕성하다. 그러나 기운이 약하니 내가 관리가 되지 않는 이치로 쉽게 벌고 쉽게 나가게 된다.

계해 대운 중에서 1987년(정묘년)에 앨범 'BAD'가 3천만 장 이상 판매 중이었으며, 1991년(신미년)에는 앨범 'Dangerous'가 3천만 장 이상 판매 중이었다. 이것은 계해의 재성이 왕성하여 관성에 해당하는 묘를 생해주고 묘는 술과 육합을 이루어 희신인 화운에 해당하여 화생토가 이루어지는 이치이다. 신미년은 식신이 재성을 왕하며, 미가 해와 반합이 되어 모를 강하게 하여 문서의 운을 강하게 하는 이치다.

이 사주의 특성은 일간이 약하고 월주인 경신의 상관 운에 뿌리를 두고 있으므로 연주 무술에 좌우가 많이 된다. 임술과 계해 대운에는 상관 경신이 재성을 생하게 하여 강한 재성이 문서와 명예에 해당하는 묘를 생하고, 이 묘는 술과 육합을 이루어 희신이 되는 이치로 대체로 좋은 운을 맞이하였으나, 대운 갑자년 중 세운에 금운이 오는 해(신·유년)에는 대운에 있는 명예 운이 월주에 있는 상관 운과 부딪히므로 팝의 황제가 '어린이 성추행 협의'라는 구설에 오르게 되었다고 본다. 이 상관 운은 을축 대운 초까지 이어진다고 본다.[127]

그리고 일간의 토가 약하고, 대운이 서북으로 흘러서 토가 생을 못 얻으니 성형수술을 한 코가 자주 말썽을 부렸다고 본다.

아무튼 이 사주도 흘러가는 대운이 뒷받침이 안 되어서 복록이 많은 사주라 말하기는 어렵다. 그러나 연예계에 종사하니 팝의 황제로

---

127) 을축 대운을 보면, 천간 을은 경과 합을 이루어 금기로 화(化)하고, 축은 금의 창고(庫)가 되므로 금기가 오면 언제든지 강한 금기를 배출해 낼 수 있는 특징을 가지고 있기 때문이다.

서 돈은 많이 벌었으나, 일간의 기운이 약하여 재판 비용으로 그 재산을 탕진한 것으로 본다. 본인이 관리를 잘 해서 병인 대운을 잘 보내야 인생의 후반부 행로가 무난하게 진행되리라 본다.[128]

⑲ 존 에프 케네디와 재클린[129]

해(年)	달(月)	날(日)	시(時)	성별
1917	5	29	?	숫
해(年)	달(月)	날(日)	시(時)	성별
1929	7	28	?	우

케네디의 사주는 양력 5월 29일이므로, 음력으로는 4월 9일이다. 시를 정확히 알 수 없지만 시차를 적용하여 우리가 쓰는 만세력에 의해 4월 10일로 보고 감정을 해 보고 부인이었던 재클린 케네디와의 관계를 중심으로 살펴보도록 하겠다.

케네디의 사주는 정사년, 을사월, 임신일이며 8대운이다. 임일간이 사월에 생하여 재성이 왕성하다. 그러므로 여성들에게 인기가 있었다고 할 수 있다. 특히 연주에 정사가 있으니 부모가 재력가다. 자서전에 의하면 부친이 술장사와 부동산으로 많은 돈을 벌어 케네디가 정치활

---

128) 어려운 시기를 잘 넘기지 못하고 일찍 세상을 떠난 팝의 황제에게 애도를 표합니다. 본인의 운이 약하면 주위의 도움으로 넘길 수도 있지만, 자연과 더불어 살아가는 동양 문화에 대한 이해 부족으로 큰 고비를 넘기지 못한 것 같아 아쉬움이 많다.
129) 네이버 참고

동을 하는 데 밑바탕이 되었다고 하니 일리가 있다.

1953년 당시 기자 출신이었던 재클린과 결혼하였는데, 필자 생각에는 이 둘의 궁합이 그다지 좋지 않았던 것 같다. 케네디는 명예보다는 재운이 왕성한 사주다. 따라서 여성 편력성도 없지 않지만 여성으로부터 인기가 좋은 사주고, 재클린은 기사년 신미월 을해일로 편관 칠살격으로 관운-명예 운이 왕성한 사주다.[130] 대운 수는 3대운으로 음간지 해에 태어났으므로, 대운의 방향은 서남에서 서북으로 흐르니 관운이 더욱 왕하다. 그리하여 남성으로부터 인기가 좋았다고 볼 수 있다. 이 둘이 만나서 대중들로부터 인기는 좋았지만, 실제로 이 둘 사이는 좋았던 것만은 아니라고 할 수 있다. 타고난 성품으로 보면 케네디는 애교가 있는 전형적인 여성을 좋아하지만, 재클린은 편관 칠살이 있는 관계로 보다 덜 여성스럽고, 지기 싫어하는 성품으로 인하여 부인으로서 갖는 개인적인 만남보다는 공적인 석상에서의 퍼스트 레이디로서의 위상이 케네디에게 보다 많은 도움이 된 것으로 풀이할 수 있다.

아무튼 이 둘의 좋은 점이 잘 작용했는지 결혼 후 8년 뒤 1961년(신축년) 관인官印의 운이 든 해에 미국의 대통령으로 당선되었다.[131] 하지만 케네디의 여성 편력은 좀처럼 줄어들지 않았다. 한때는 불화가 계속되어 그 상황이 심각한 편이었다. 이때 등장하는 여인 중 한 사람이

---

130) 이것은 음력으로는 6월 22일이나 시차를 적용하여 23일로 본 것이다.
131) 신축은 케네디의 일간으로 보면 관인격에 해당한다. 월천간에 상관이 투출되어 관운만 흐를 경우에는 운이 불리하나, 인성운으로 화하여 그 액을 면한 것으로 판단된다. 재클린의 경우는 편관 칠살격이다. 둘 다 명예를 구하는 것에는 좋은 운에 해당한다.

마릴린 먼로다. 먼로의 개인 인생으로 보면 불행한 만남이었다고 할 수 있다. 멋있는 케네디와의 만남이 좋을 수도 있었지만 개인적으로 불행하다고 보는 것은 그녀가 재클린의 적수가 되지 못했다고 판단되기 때문이다.[132] 그런 영향인지 얼마 뒤 약물 중독으로 자살한 것으로 발표되었다.

케네디는 재클린의 관운이 약해지는 해 1963년(계묘년)에 총격으로 갑자기 저격당하였다. 아직도 미스터리한 사건으로 남아 있지만 명리상으로는 어느 정도 타당성이 있다고 하겠다. 케네디는 희신인 재성이 약하게 되는 해(계묘년 겨울)였고[133], 재클린은 희신인 관운이 약하여 둘 다 좋지 않은 시기였다고 할 수 있다. 그러나 일은 운만 작용하는 것이 아니라 타인과의 관계도 중요하다. 정신병자였다고 하는 저격범도 그런 면에서 강하게 작용하므로 꼭 운 때문이었다고만은 할 수 없다고 하겠다.

여기서부터는 일반인을 상대로 사주 감정의 실전에 들어가도록 하겠다.

---

132) 마릴린 먼로는 1926년 6월 1일생이나 시차를 적용하여 양력 6월 2일로 보면 임일간이 음력 4월에 생한 것으로 신약한 사주다. 시간을 추정해 보면 묘시에 해당되어 조세실의지국(早歲失意之局)으로 단명의 격을 띠었다고 볼 수 있다. 범은 뱀(巳)을 보면 형(刑)이 되어 감옥에 갇히는 격이니 복이 줄어 화로 바뀌는 형국인 것이다. 뱀띠인 재클린과 한 남자를 두고 경쟁하는 입장에서는 유리한 면이 거의 없다고 본다. 나머지는 독자 제현의 연구를 바란다.
133) 계묘년은 케네디의 사주에서 희신인 재성 정화를 극하는 계가 천간에 투출해 있으며, 지지 묘는 월간에 투출되어 있는 상관 운의 을을 강하게 하는 자리다.(을은 묘를 보면 건록에 해당한다.)

⑳ P씨(건명, 1971년 9월 27일)

해(年)	달(月)	날(日)	시(時)	성별
1971년	9월	27일	진시	송

신해년	기해월	계묘일	병진시	
천수성	천역성	천인성	천액성	玉出藍田之局

대	무	정	병	을	갑	계	임
운	유	유	신	미	오	사	진
	2	12	22	32	42	52	62

계일간이 10월에 태어났으니, 수기가 왕성하여 득기得氣하였다고 본다. 건록 격에 해당한다. 월간에 편관 칠살이 투출되어 있고, 시에 저관 격이 구성되어 있다. 월지와 일지는 삼합을 이루며, 목국을 이루고 있다. 건록 격은 재관 방향에 운이 발달한다.

대운의 방향이 관인 방향으로 흐르며, 특히 재가 발달하여 일신의 빛남이 있다. 더구나 시가 병진시를 보니 옥출람전지국玉出藍田之局이라 하니, 어느 단체에 가더라도 실력이 뒷받침해 주며 경제적인 재주가 있다. 그래서 입사할 때, 경쟁률이 만만치 않았는데 그 경쟁률을 뚫고 들어가게 되었다. 그 해가 기묘년이었는데 식신이 발달하고, 천간에 편관이 투출하여 어려운 경쟁률을 뚫고 들어간 것으로 본다.

이 사주는 십간 천문 배대 편[134]에 나와 있는 전형적인 계묘 일주의 실례實例에 해당하는 것으로, 월 천간에 기가 투출하여 경제적인 재주

---

134) 《계의 신결》, 최국종 저.

가 있다. 직업도 제2금융권에 근무하고 있다. 흘러가는 대운으로 보면 42살에 들어가는 갑오 대운까지는 본인이 실력만 계속해서 연마하면 큰 문제없이 원하는 만큼 성취하리라 본다.

21 P씨(곤명, 1971년 8월 6일 음력, 유시생)

해(年)	달(月)	날(日)	시(時)	성별
1971년	8월	6일(-)	유시	우

신해년	정유월	임자일	기유시	
연성수성	원천간성	인성수성	시천권성	消禍爲祥之局

대운	무 술	기 해	경 자	신 축	임 인	계 묘	갑 진
	5	15	25	35	45	55	65

이 글에서 사용하는 시간에 의해 위와 같이 사주가 주어졌다. 임일 주가 팔월에 생하고 연 천간에 투출하니 인수 격이다.

대운의 방향이 서북에서 동으로 흐른다. 무술과 기해 대운은 관성의 운이니 성장 환경이 무난하고, 결혼이 조금 늦었다. 기해 대운에 해당하는 23~24살의 대학 졸업쯤 중매가 들어와도 성사가 되지 않는다. 그것은 기의 천간이 해에 투출하니 그 뿌리가 절絶에 해당하여 약하기 때문이다. 시에 정관이 투출해 있으니, 경자 대운 중에서 관성이 들어가는 진·축의 해에 배우자를 만나서 결혼을 하게 된다. 그것은 경자의 간지 특성상 천간으로는 자식에 해당하는 상관성의 을목을 불러올 수 있으며, 지지로는 삼합법에 의해 편관성인 진을 불러오고, 육합에 의해 정관성의 축을 불러올 수 있기 때문이다. 그리하여 경자 대운 중 2000년 경진년에 지인의 소개로 사람을 만나서 결혼에 이르렀다.

이 사주의 특징은 십간 천문 배대법에 나오는 임의 묘한 격국처럼 월의 천간에 정을 보아서 이슬에 해당하는 임이 별빛에 해당하는 정에 반사되어 영롱한 이슬이 된 격을 이루고 있는 것이다.

또 사주의 격을 구성하는 시를 잘 타고나서 이름 하여 소화위상지국消禍爲祥之局이니 잘못된 길에 들어서더라도 좋은 인연에 의해서 그 길을 벗어나거나 경우에 따라서는 그것이 오히려 좋은 일로 이어진다는 것이다. 그리고 보통은 타고난 띠에 의해 찾아오는 삼재三災의 영향이 강하나 이 사주는 크게 영향을 받지 않는다. 그것은 일간이 오행으로 수에 해당하고, 인성에 해당하는 금이 강하여 사오미巳午未년이 오더라도 크게 손상되지 않고 괜찮으며, 정의 음화가 길신으로 작용한다.[135]

직업은 정丁이 재성이고 장생지에 해당하는 유의 인성에 자리를 잡고 있으므로 남을 가르치는 교단에 서는 직업을 가지나, 2세나 아이들에 해당하는 식신의 나무가 없고 그마나 해중에 숨어 있어 완전하지 못하므로 특수학교에 근무하는 인연이 이어졌다.

체용의 관계로 보면, 당사주로 체를 보면 연월일이 평성이니 무난하며 시가 천권성을 이루니 말년이 안락하며 부귀를 누릴 수 있는 사주다.

추명사주 내에서는 체에 해당하는 인성의 금이 동북으로 흐를 예정

---

135) 이론상으로는 재성이 인성을 극하므로 좋지 않으나, 일간 임과의 관계에서 오는 특수성에 의해 길성으로 작용이 된다.

이니 재성에 변화를 미친다. 재성이 팔괘로는 리에 해당하니 화운은 화생토에 의해 무난하나, 목운은 목극토의 원리에 의해 재물이 나가는 것이 많겠다. 이것은 사주에 목이 없으니 생기生氣가 부족하다고 판단되어 건강의 변동으로 돈이 지출되는 것으로 본다.[136]

---

136) 실제로 건강에 이상이 생겨서 병원비로 큰 돈을 지출하였다.

부록

1. 대한민국의 향방

세계적인 경제 공황으로 어려움을 겪고 있는 가운데, 서민들의 삶은 높은 물가로 인해 갈수록 피폐해지고 있다. 힘들어하는 그들을 위해 지금 필자가 할 수 있는 일은 그들에게 희망을 전해 드리는 일이 최선이라는 생각에 약간의 천기누설을 하고자 한다. 어려움에 처해 있을수록 커다란 흐름에 부응하는 것이 그 어려움을 쉽게 벗어날 수 있다고 본다. 우리나라가 통일이 되어서 북한을 개발하기 전까지는 대전 이남의 지역을 개발하여 발전의 밑그름으로 사용하는 것이 유리하다. 특히 여수 바다엑스포와 관련된 해양개발, 새만금일대의 지역거발, 대중국문호에 해당하는 항구도시 개발 등을 들 수 있겠다. 이런 일들은 세부적인 사항이며, 천지인 삼재 사상과 관련하여 언급해보면, 다음과 같은 일들이 갖추어져야 문화강대국으로잘 사는 나라가 이르어질 수 있다고 본다.

우선 2024년까지 주어진 변동기의 운에 해야될 일이 2가지 있다. 하나는 수도이전이 이루어져야 한다.[137]

지기가 높은 계룡산 자락으로 이전을 해야 좋다고 본다. 그러면 이 운에 힘입어 통일로 가는 길이 쉬워진다고 할 수 있다. 또, 다른 하나

---

137) 청와대가 삼군본부가 있는 계룡대로 옮겨지거나 중앙청이 세워져야 한다고 본다. 그러면 현명한 판단에 의해 국운이 저절로 상승해 가는 이치가 되는 것이다.

는 전통문화에 대한 이해가 너무 없으므로, 이를 보충해 주는 획기적인 일이 이루어져야 한다고 본다. 그래야만 전통문화가 힘을 발휘할 수 있는 조건이 갖추어지는 것이지, 이 부분이 부족하면 반짝하다가 마는 것이다. 단군 국조가 태백산 자락에 나라를 정한 것은 산이 많은 동북 간방의 힘을 얻어서 후천의 세계라고 하는 정신문화의 힘에 의해 문화 강국으로서 잘 사는 힘을 주셨지만[138], 접근하는 방식이 서양 문화의 물질개념으로 접근하니, 발복이 느린 것이다. 대한민국에 주어진 천운을 지기가 높은 명당에 담아서 올바르게 노력한다면 많은 사람들이 잘 살 수 있는 기회가 저절로 주어지리라 확신한다. 그러면 후손들이 세계적인 지도자로서 역할을 이행해 나갈 것이다. 영어를 배우게 하고, 경제를 배우게 하는 것보다 더 우선적인 것은 땅값이 조금 내려가더라도 지방 균형발전의 흐름에 부응하는 것이며, 전통문화에 대한 올바른 이해가 기반이 되어야 한국인으로 잘 살 수 있는 기회가 주어지는 것이라고 확신한다.

---

138) 공자가 주역에 간방은 만물이 끝나고 시작하는 곳이라고 언급하고 있다. 이는 후천 정신문화의 태동이 우리나라에서 이루어진다고 한 것이다. 그리하여 이 정신문화의 힘으로 세계가 함께 잘 산다고 하였다. 이런 과정에서 서양의 사상도 우리나라에 들어와서 심판을 받는다고 하였으니, 지켜볼 일이다. 그러므로 지금 현 시점에서는 우리의 정통 정신문화를 바로 알아서 시대에 맞게 재현될 수 있도록 연구, 투자되어야 하는 것이다. 우리가 잘 알고 있는 아리랑에는 참요적인 성격을 띠면서 이런 내용을 담고 있는 것이다.
"아리랑~ 나를 버리고 가시는 님은 십 리도 못 가서 발병 난다"

2. 임진년 신수 보기

독자들을 위해 임진년 신수보는 법을 실으니, 재미삼아 한번 보기를 바란다. 큰일을 계획하고 계신 분은 가급적이면 따로 상담을 받는 것이 유리하다고 본다.

띠	용띠 해와의 관계	점수	비고
쥐	이성의 관계. 스캔들만 조심하면 무난하다.	70점	겨울 조심
소	운의 하강이 끝나고, 상승 국면에 든다.	75점 이상	건강 조심
호랑이	성패가 반반이나 대체로 상승국면에 접어들었다.	75점 이상	한때 조심
토끼	운의 하강이 시작된다. 무리하지 말고 미래를 준비하라.	65점 이하	범위 축소
용	안정적으로 자리를 잡는 것이 필요하다. 한때의 험함이 있다.	70점	횡액을 조심
뱀	변동의 기운이 주어진다. 상승 국면이므로 노력하라.	75점	전환이 필요
말	뜻밖의 횡액수가 주어질 수 있다. 건강을 조심하라.	65점	건강 조심
양	운의 하락이 시작되니, 일을 만들지 말라.	65점 이하	범위 축소

띠	용띠 해와의 관계	점수	비고
원숭이	운이 저점에서 올라간다. 착실히 준비하라.	65점 이상	조금씩 추진
닭	변동의 운이 주어진다. 노력하는 만큼 얻어진다.	75점 이상	알고 노력하라
개	뜻하지 않은 변화가 도사리고 있다. 미리 대비하라.	60점 이하	안정이 최선
돼지	운이 하강국면에 접어든다. 일을 마무리하여 최소화 하라.	65점 이하	활동 축소

※ 점수는 상대적이며, 대체적인 길흉의 운에 따라 부여한 것이다. 예외가 있으므로 실망하지 말기를 바란다.(90점 만점. 완벽한 것은 없다는 것이 필자의 신조)

3. 당년 운수 보기

1 구궁표에 나오는 각 숫자의 의미

❶ **천록** 하늘의 녹을 얻는다는 의미다. 주위 상황에 의해 저절로 의식주가 늘어나 거나 명예가 높아진다. 최길상의 운이다.

❷ **안손** 눈에 손해됨이 발생한다는 의미다. 얼굴에 작은 병이 발생하거나 안목이 없거나 시력이 안 좋아서 재물의 손해나 건강을 해치는 일이 발생할 수 있다. 교통사고, 낙마스를 조심해야 한다. 흉한 운이다.

❸ **식신** 먹을 복이 생긴다는 의미다. 본인의 노력 여하에 따라 의식주가 늘어난다. 길상의 운이다.

❹ **징파** 문서의 깨어짐이 일어난다. 주위의 상황에 의해 사업이나 문서의 손해를 불러 온다. 아주 흉한 운이다.

❺ **오귀** 다섯 방위에 귀(鬼)가 나타남을 뜻한다. 주위의 방해로 인하여 일의 차질이 일어나거나 재물이나 건강의 손해가 일어나게 된다. 대단히 흉한 운이다.

❻ **합식** 타인의 도움에 의해 먹을 복이 늘어남을 의미한다. 의식주가 늘어나거나 문서로 인한 즐거움이 따른다. 길상의 운이다.

❼ **진귀** 방해하는 귀(鬼)가 나타난다는 의미다. 본인의 착오로 인하여 재물의 손 해가 일어나기 쉽다. 흉한 운이다.

❽ **관인** 명예와 직인의 은이 있음을 의미한다. 명예가 높아지거나 문서와 서류로 인해 경제적인 이득을 얻을 수 있다. 최길상의 운이다.

❾ **퇴식** 먹을 것이 줄어든다는 의미다. 작은 병으로 인해 재물의 손해를 불러 오기 쉽다. 흉한 운이다.

라 3/4월	자 5월	나 6/7월
다 2월	마 (본궁)	사 8월
아 12/1월	가 11월	바 9/10월

② 운세 보는 법

❶ 남자 운세 보는 법

본인의 나이에 2를 더한 수에 9를 나누어, 나머지에 해당하는 수를 찾는다. 그 수가 본인의 기본 운이다. 구궁표에 넣어서 돌리면 월별로 나온다. (구궁 돌아가는 순서는 마→바→사→아→자→가→나→다→라의 순서로 돌아가게 된다.)

> **예** 1 남자 계묘생의 임진년 운세
>
> 계묘생은 임진년 올해 50살이다. 본인의 나이에 2를 더하면 52이며, 여기에 나누기 9를 하면 나머지 수는 7이 된다. 그래서 본궁에 들어가는 수는 7진귀가 들어가고, 순서대로 바에 8관인, 사에 9퇴식의 순으로 돌아간다.
> 본궁에 속하는 7진귀가 임진년 1년 동안 영향을 끼친다.

❷ 여자 운세 보는 법

본인의 나이에 양수 1을 더한 수에 9를 나누어, 나머지에 해당하는 수를 찾는다. 그 수가 본궁에 들어가는 수로, 본인의 기본 운이다. 구궁표에 넣어서 돌리면 된다.

> **예** 2 여자 신축생의 임진년 운세
>
> 신축생은 임진년 올해 52살이다. 여기에 1을 더하면 53살이 되어, 9로 나누면, 나머지 수는 8이 된다. 따라서 8관인이 본인의 운에 해당하는 수이다.

본궁에 넣어 돌리면, 바에 9퇴식이, 사에 1관인의 순으로 돌아간다.
본궁에 속하는 8관인의 운이 임진년 1년 동안 영향을 끼치게 된다.

❸ 운세 활용법

1년 전체의 운에 해당하는 본궁의 운이 복이 있는 길운의 상태에서 중요한 일이 있는 그 달의 상태가 길운에 해당하면 좋은 일이 있게 된다. 반대로 본궁의 운이 화가 일어나기 쉬운 흉운의 상태에서 중요한 일이 있는 그 달의 상태가 흉운에 해당하면 나쁜 일이 있게 되므로 주의를 요한다. 이것은 일반적인 원칙이고, 본인이 기도한 힘의 상태에 해당하는 내공과 선행에 해당하는 복의 정도에 따라 차이가 있을 수 있으므로 참고하여 활용해 보기를 바란다. 좋은 일은 쉽게 일어나지 않지만, 나쁜 일은 비켜가지 않는 경우가 많다. 본궁의 운에 4징파나 5오귀가 들어 있는 상태에서 그 달의 운수가 나쁘면 특별히 조심을 해야한다. 중요한 일을 앞두고 있는 사람은 기도의 방편의 사용하여 쉽게 넘어갈 수 있도록 노력을 하는 것이 유리하다.

4. 운명을 개척하는 법

사람이면 누구나 남들보다 행복하게 잘살고 싶어 한다. 그러나 잘 사는 데에는 방법이 필요하다. 몇 가지 방법을 알아야 남들보다 잘 살 수 있다고 본다. 단순히, 복을 넉넉하게 지으면서 착하게 산다고 반드시 잘 살 수 있는 것은 아닌 것이다. 요즘 시대에는 착하게 살아서는 부자가 될 수 없다고 말하는 사람이 오히려 많은 실정이니 다른 방법을 강구해야 하는 것이다.

따라서, 여기서는 전통의 가치관에 해당하는 것으로, 착한 사람이 잘 살 수 있는 방법과도 연관성이 있고, 잘 알고 있으면서 독자들이 놓치기 쉬운 것을 정리하는 의미로 언급해 보고자 한다.

부자가 되기 위해서는 다음의 3가지를 다스려야 한다.[139]

첫째, 조상을 다스려야 한다. 조상은 내 몸의 뿌리이므로 조상의 음덕이 약하거나, 나를 낳아주신 부모가 비명횡사를 해서 명(命)을 제대로 마치지 못한 조건을 가지고 있으면 노력을 많이 하더라도 쉽게 발복이 되지 않는다. 나무로 비유하자면, 뿌리가 튼튼해야 기운이 강해져

---

139) 본인이 가지고 있는 종교에 관계없이 직·간접적으로 영향을 많이 받는 3가지가 있다. 조상, 살고 있는 집의 터, 일을 만들어 가는 개인적인 능력이 그것이다. 종교적인 이유로 조상의 제사를 모시지 않는 것은 복이 줄어든다. 특히 자손과 관련된 일이 발생하여 자손이 끊어질 수 있으므로 잘 모셔야 하는 것이다. 돌아가신 기일과 시간을 엄수하여 정성껏 모셔야 한다.

서 토양의 영양분을 잘 받아들여 건실한 열매를 맺을 수 있는 원리오-
같다.

　만약 나를 낳아주신 부모나 그 조상들이 선하지 못한 일로 남에게
해를 끼쳐서 음덕이 부족할 경우에는 조상천도로 불공을 올려도 그
효과가 미비하거나 늦게 드러나게 된다. 반면에 살아생전에 선행을
많이 베풀고 정신공부를 많이 한 조상을 둔 집안은 불공을 올려 드리
면, 효과가 확실하게 빨리 나타난다. 따라서 이런 이유로 부모님들은
자식을 위해서 음덕을 쌓아서 자식들에게 물려주었다. 반대로, 돈을
벌어서 재산을 물려 준 것은 참으로 드문 일이었다.[140]

　나와 인연이 있는 조상들이 본인의 명대로 살지 못하고, 질병이나
사고로 인하여 갑자기 비명횡사를 한 경우에는 49재를 비롯하여 3년
재까지 천도법회를 베풀어서 왕생극락을 발원해야 한다. 나아가서는
개별천도재로써 법공양을 올려드려서, 다음 생에서는 사고사나 질병
으로 인해 비명횡사를 하는 인연을 끊어드려야 한다. 그래야 본인도
편안함과 동시에 복을 받을 수 있는 자격을 갖추게 되는 것이다.
　이런 이유로, 조상을 다스리는 49재나 개별 천도재가 중요한 역할
을 한다는 것을 독자들이 확실하게 알아야 한다. 경제적인 부담은 있
지만 본인들이 그 중요성을 확실하게 인지하여, 천도재로써 조상을
잘 다스릴 때, 불교가 가진 천도의 힘에 의해 타종교보다 발복이 빠른

---

140) 돈은 복이 부족하면 지키기 어렵다. 그래서 복이 부족한 사람에게는 돈이 재앙의 씨앗이
되다고 보았다.

효과를 볼 수 있다고 확신한다. 신라가 삼국의 항쟁기에서 우위를 차지하여 통일로 가는 길에서 호국영정을 위해 천도법회를 올려드려서 효과를 본 것은 이를 잘 나타내준다고 하겠다.

둘째, 내가 살고 있는 집의 터를 다스려야 한다. 안택기도를 해야 하는 것이다. 소도 언덕이 있어야 비빈다고 아무리 하찮은 공간이라도 내가 생활해 나갈 수 있는 삶의 터전이 마련되어야 한다. 이 삶의 터전이 해당하는 공간이 주택이고, 주택의 근원은 터다. 그래서 이 터가 좋은 명당의 조건을 갖추고 있으면, 남들이 잘 모르는 앞선 경쟁력을 가지게 되는 것이다.

옛말에 ○개도 자기 집에서 50점 먹고 들어간다는 말이 이를 잘 나타내 준다. 이런 이유로 우리 조상들은 집안 식구들의 안녕과 번영을 위해서 터의 힘을 증장시켜 발복시키기 위해 터고사를 해마다 지내왔다. 정월대보름에 행하는 의식 중에 우리가 알고 있는 짚신밟기가 그것이다.

특히, 다음과 같은 특별한 일이 발생했을 때에 행하면 효과가 아주 좋다.

- 새로 집을 지었을 경우
- 집을 짓기 위해 땅을 건드려서 주위를 소란하게 했을 경우[141]
- 집을 고치거나 수리를 하여 보완을 했을 경우
- 이사를 했을 경우

필자에게 상담하러 오는 내담자의 50% 이상이 동토와 관련이 있는 것으로 안택이 이루어지지 않아서 문제가 발생되고 있는 것을 감안한다면 안택의 중요성을 충분히 느낄 수 있다. 그리고 동토動土가 발생하면 재물의 손실은 기본이며, 잘못하면 사람의 목숨도 잃을 경우가 많으므로 잘 처리해야 되는 것이다.

우리가 땅에 의지허서 살아가는 현실에 한해서는 주거환경 중에서 가장 기본적이면서도 중요한 터를 다스리지 않으면 안 된다. 아무리 좋은 명당 터에 조상을 모시거나 집을 자리 잡아도 관리가 되지 않으면 효과가 없는 것이다. 그래서 꾸준하게 터고사를 하면서 다스려야 하는 이유가 여기에 있는 것이다.[142]

이런 이야기를 하던 미신이라 여기고, 믿지 않는 사람들을 위해서 경전에 나와 있는 것으로, 이와 연관이 있는 내용을 소개하겠다.[143]

하루는 이거離車 장자의 여러 아들들이 부처님께 와서 청하기를, '살고 있는 집에 재앙과 괴이함이 자주 일어나고, 마귀가 밤낮으로 다투어 침범하여 앉거나 눕거나 편안하지 못함이 마치 들끓는 물과 불을 끌어안고 있는 것과 같으며, 이제는 착한 마음을 잃어버려서 믿고 의

---

141) 완공한 후 특별한 날을 잡아서 고사를 해주면 효과가 아주 좋게 된다.
142) 성묘를 하거나 명절 차례를 지낼 경우 조상의 산소에도 음식을 차려 놓고 제사를 지내는데, 이것은 엄밀한 의미에서 잘못된 것이다. 조상의 차례는 집에서 하는 차례의식에 의해 거행된 것이다. 산소에서 하는 것은 조상을 받아준 터에 보답하는 의미이며, 이럴 경우 음식을 간단히 차리고 막걸리를 뿌려 주는 것이 올바르다.
143) 한글대장경. 불설 《안택신주경》. 요약

지할 곳이 없다.' 고 말씀드리면서, 직접 오셔서 해결을 해주시기를 간절한 부탁을 드리게 된다. 이에 부처님께서 자비의 마음을 내시어 직접 가시어 해결을 해 주시고 계신다.

부처님께서 대중에게 말씀하시기를,

"여러 선남자, 선여인이여! 내가 열반에 든 뒤, 오백세 동안에는 중생들의 허물이 무거워 삿된 견해가 치성하고, 마도魔道가 다투어 일어나며, 요망한 도깨비들이 망년된 짓을 하여, 사람의 문호門戶를 엿보고, 각자 틈을 엿보아서 사람의 장단점을 찾아서 상서롭지 못한 갖가지 곤란한 일을 벌일 것이다. 그때를 당하여 여러 제자들은 마땅히 한결 같은 마음으로 부처님을 생각하고 법을 생각하여 비구 승가를 생각할 것이다. 계율을 지켜 청정하게 하고, 삼귀의, 오계, 십선계, 팔관재계를 받들어 지니며, 아침, 저녁으로 여섯때에 예배를 드리고 참회하며 부지런히 정진하고 청정한 스님을 청하여 안택재를 베풀 것이니라. 안택재를 할 때에는 여러 가지의 이름난 향을 사르고 장명등長明燈을 켜고 드러나 있는 뜰 가운데에서 이 경전을 읽을 것이니라.

'아무개 등이 편안히 거주하도록 집을 건립한 이후로 남아南■나 북당北堂이나 동쪽과 서쪽의 곁채나 방앗간이나 창고, 우물이나 부엌, 문, 담장, 원림園林이나 못, 여러 가지 가축의 우리를 짓기도 하였으며, 혹은 방을 옮기기도 하였으며, 때가 아닌 때에 땅을 파거나 뚫기도 하였으며, 혹은 복룡伏龍, 등사騰蛇, 청룡靑龍, 백호白虎, 주작朱雀, 현무玄武, 육갑六甲, 십이시신十二時神, 대문이나 뜰이나 지게문이나 길거리나 우물, 부엌의 정령精靈, 당상이나 호중戶中이나 뒷간의 신神을 범하여 저촉하

기도 하였습니다.'

제가 이제 모든 부처님의 위신력과 보살님의 위광반야바라밀력으로써 택전宅前, 택후宅後, 택좌宅左, 택우宅右, 택중宅中의 수택신과 신자와 신모, 그리고 복룡, 등사, 육갑, 십이시신과 시체를 날게 하고 삿되게 거스르는 도깨비와 귀신에게 명하여, 제자들을 번거롭게 하지 말 것이니라. 신자, 신모와 집 안에 모든 신과 삿된 도깨비와 해를 끼치는 도깨비와 폐를 끼치는 마구니들은 각자 있는 곳을 편안히 여기고 망령되게 서로 침범하여 근심을 일으켜서 아무개 등으로 하여금 놀라고 두렵게 하지 말 것이니라."

… (중간 생략) …

또 부처님께서 말씀하시기를,

"아무개의 집을 함부로 해서는 안 될 것이며, 동쪽에 곁채를 짓거나 서쪽에 곁채를 짓거나 남쪽에 우로雨露를 가리는 처마를 짓거나 북쪽에 집을 짓거나 하는 경우에는 일유월살토부장군日遊月殺二府將軍과 청룡, 백호, 주작, 현무와 세월겁살, 육갑, 금기토부, 복룡에게 명하노니 망령되게 왔다 갔다 하지 말다. 만약 움직임이 있으면 향을 사르고 듣게 하라. 아무개의 집은 부처님의 금강지지이니 그 집의 사방으로 이백 보에 접한 땅에서는 부처님께서 약속하여 말씀하시기를 모든 질병의 귀신들은 망녕스럽게 다스려서는 안 된다. 집은 이미 완성되었고, 부귀함과 길함이 옮겨 와서 크게 소원하는 광영光榮을 얻게 하며, 안에서는 크게 벼슬을 하고, 밖에서는 장군이 되고, 가문이 번성하여 자손이 대를 잇고 아비는 자애롭고 자식은 효성스러우며 남자는 충성스럽고 여자는 정조를 지키며, 형은 어질고 아우는 따르며, 인과 현을 숭상하여 원하는 바가 뜻과 같아지며 밝은 행은 보살과 같고, 도를 얻음은 부처님과 같기를 시방에 증명할 것이다.”라고 하셨다.

이와 같은 방법으로, 부처님께서는 동토에 의해 여러 가지 화를 입은 불자를 도와서 해결해 주고 계신다. 따라서 독자님들도 이와 관련된 일들을 조심하여 동토를 당하지 않도록 해야 하겠다.[144]

셋째, 본인의 타고난 능력을 계발하라. 세속의 학문을 통해서 지식을 늘리고, 영적인 계발을 통해서 마음의 크기를 늘려야 한다. 세속적인 학문도 중요하지만, 특히 마음을 닦는 수양도 중요하다고 본다.

마음의 크기가 작은 사람들은 운이 부족하여 위기가 찾아올 때, 헤쳐 나갈 수 있는 힘이 부족하게 되므로 수행이 필요한 것이다. 이런 의미와 관련하여 명리학적인 차원의 접근하에 본인의 사주를 통해 개운법[145]을 알아두는 것은 반드시 필요하다고 본다.

이 세 가지를 잘 활용한다면, 남들보다 더 적은 노력으로 잘 살 수 있을 것이다. 이 방법은 심성이 착하고 재주는 있는데, 배경이 없어서 출세가 안 되고, 어렵게 살아가는 사람일수록 신명의 도움으로 잘 살

---

144) 지금 정부에서 4대강 사업을 벌이고 있다. 필자의 견해로는 이것도 일종의 동토라 할 수 있다. 추후에 어떤 일들이 벌어질지 관심을 가지고 살펴보도록 하자. 개인적으로는 죽거나 다치는 사람이 많이 나오며, 사회적으로는 경제적인 몰락으로 어려운 사람들이 많게 되고, 재계에는 기업의 서열 변화가 심하고, 나라에는 변괴가 있을 수 있다.
145) 시기와 행위의 방법으로 나눌 수 있겠다.

수 있는 방법이므로 잘 활용해 보기를 바란다. 전래동화 중에 콩쥐팥 쥐전이 있다. 마음씨 고운 콩쥐가 팥쥐와 계모의 모략에도 불구하고, 천상세계의 도움으로 끝에 잘 살게 되는 것은 이를 상징적으로 나타내고 있다.

또, 아무리 좋은 명당에 해당하는 땅을 가지고 있더라도 적선이 부족하여 복덕이 없는 경우에는 발복이 되지 않는 것이 이런 원리에 속하는 것이다. 가장 이상적인 것은 하늘에 해당하는 천운이 주어지고, 지기가 좋은 명당에 자리를 잡아서 좋은 곳에 거주하며, 본인의 능력을 극대화 하는 노력을 열심히 해서 이들이 조화를 이루어 가장 이상적인 조건이 될 때, 남들보다 앞서갈 수 있는 경쟁력이 완전히 갖추어지게 되는 것이다.[146]

---

146) 이 세 가지 중에서 한 가지가 특별히 뛰어난 것보다 세 가지가 조화를 이루어서 총점이 높은 사람이 더 잘사는 이치가 있다. 그러나 본인의 능력이 어느 정도의 높은 수준에 올라가게 되면 조화를 부려서 만들어가게 된다. 이런 사람들은 사주 밖의 능력을 가지게 되므로, 참고하시기를 바란다.

5. 12지 띠로 보는 남녀 궁합

남자 위주

남 ＼ 여	쥐	소	호랑이	토끼	용	뱀	말	양	원숭이	닭	개	돼지
쥐	△	♣	◈	◈	♥	♨	◆	▼	♥	☺	▼	≒
소	♣	△	◈	◈	◐	♥	▼	◆	▼	♥	◈	▼
호랑이	▼	♨	△	≒	◈	◈	♥	◐	◆	▼	♥	♣
토끼	◈	≒	◈	△	◐	▼	♨	♥	▼	◆	♣	♥
용	♥	≒	◐	◈	△	♨	▼	◈	♥	♣	◆	▼
뱀	◈	♥	▼	♨	≒	△	◈	▼	♣	♥	◐	◆
말	◆	▼	♥	♨	≒	◈	△	♣	▼	◐	♥	◈
양	▼	◆	◈	♥	≒	◈	♣	△	◐	▼	♨	♥
원숭이	♥	♣	◆	♨	♥	◈	▼	◐	△	≒	▼	◈
닭	◈	♥	▼	◆	♣	♥	◐	♨	≒	△	◈	▼
개	♨	≒	◈	♣	◆	◐	♥	◈	▼	◈	△	♥
돼지	◐	◈	♣	♥	▼	◆	♨	♥	≒	◈	▼	△

여＼남	쥐	소	호랑이	토끼	용	뱀	말	양	원숭이	닭	개	돼지
쥐	△	♣	▼	▣	♥	◑	◈	♨	♥	▣	▼	≒
소	♣	△	♨	▣	≒	♥	▼	◈	▼	♥	≒	◑
호랑이	▣	◑	△	≒	▼	▼	♥	▣	◈	♨	♥	♣
토끼	▣	◑	≒	△	▼	▣	▼	♥	♨	◈	♣	♥
용	♥	≒	▣	▼	△	≒	▣	≒	♥	♣	◈	▼
뱀	♨	♥	▼	▣	≒	△	≒	▣	♣	♥	◑	◈
말	◈	▼	♥	♨	▼	≒	△	♣	▼	◑	♥	♨
양	▼	◈	♨	♥	≒	▼	♣	△	≒	◑	≒	♥
원숭이	♥	▼	◈	♨	♥	♣	▼	◑	△	≒	▣	♨
닭	☞	♥	▼	◈	♣	♥	◑	▼	≒	△	▣	▣
개	◑	≒	♥	♣	◈	◑	♥	≒	▼	▣	△	▼
돼지	≒	◑	♣	♥	▣	◈	▣	♥	♨	▼	≒	△

△ : 보통. 무난한 형.

▼ : 크게 흉하다. 변동이 심한 형.

♥ : 좋게 작용하여 웃으며 사는 날이 많은 형.

◑ : 부부 중 한쪽이 서운한 마음이 생길 수 있는 형.

♣ : 서로의 호감이 유지되는 형.

▣ : 겉으로는 좋으나 보기보다 실속이 없는 형.

♨ : 쉽게 뜨거웠다 쉽게 식는 형.

◈ : 좋아하는 마음이 한순간에 바뀔 수 있는 형.

≒ : 서로 간의 어울림이 필요한 형

☞ : 살면서 신뢰를 얻어 정이 드는 형.

6. 외국인 사주 보는 법

❶ 서양인이면 양력을 사용하므로 그 사람의 생일을 만세력을 이용하여 음력의 간지로 바꾸는 작업이 필요하다. 동양인이면 양력 사용자만 음력으로 바꾼다.

❷ 우리나라를 기준으로 표준시차를 적용한다. 이때 동경 135도 이전(서경 포함)이면 표준시차 시간만큼 더해 주고, 동경 135°~180°에 속하면 표준시차 시간만큼 뺀다.

❸ 1944년(갑신) 이후 출생자이면 정역체계에 의한 기준 시간 체계를 대입하여 시간을 구하여 사주를 감정한다. 다음은 주요 나라의 표준 시차를 실으니 참조하기 바란다.

국가 시차 표준 시차 비고[147]

국가＼시차	표준 시차	비고	국가＼시차	표준 시차	비고
중국	−1시간	북경(E120도)	독일	−8시간	(E13도)
일본	0시간	동경(E135도)	프랑스	−8시간	(E 2도)
영국	−9시간	0도	이탈리아	−8시간	(E12도30분)
미국(동부)	−14시간	뉴욕(W74도)	태국	−2시간	(E105도)
미국(중부)	−15시간	(W90도)	필리핀	−1시간	(E120도)
미국(산악)	−16시간	(W105도)	호주	+2시간	(E151도)
미국(태평양)	−17시간	(W120도)	브라질	−12시간	(W47고57분)
스페인	−10시간	(W15도)	아르헨티나	−12시간	(W58도 30분)
네덜란드	−8시간	(E4도54분)	멕시코	−15시간	(W102도)

147) 비고에서는 그 나라 주요도시(미국을 제외한 나라는 수도)의 경도를 적었으므로 표준 시차성이 실제 경도와 차이가 나는 경우는 가감을 해야한다.

7. 천부경과 미래예언

1 천부경

　일반 독자 분들은 천부경의 이름조차도 생소한 분이 많이 계실 것이다. 천부경은 삼일신고, 참전계경과 더불어 대대로 내려오는 우리 민족의 3대경전이다. 삼일신고는 수행의 근본 원리를 밝히고, 참전계경이 일상생활에서 지켜야 할 덕목을 8가지로 밝히고 있다면, 천부경은 우주의 변화 원리를 밝히고 있다. 우리가 알고 있는 주역이나, 하도, 낙서 같은 역易의 이론적 배경이 된다고 보면 이해가 빠를 것이다. 그러므로 천부경은 역의 시원始原이 되는 것이다.

　이 경은 신비로움 그 자체라고도 말할 수 있는데, 세상에 드러나게 된 계기가 신비로움을 간직하고 있다. 구한말에 일제에게 나라를 빼앗겼을 때, 이를 되찾기 위해 노력하신 분이 많았는데, 그 중에서 잘 알려지지 않은 분이 한 분 계신다. 홍암 나철 선생이시다. 홍암 선생님이 가산을 정리하여 불철주야로 노력하던 중에 어느 날 한 신인(神人: 신선도를 수행하신 분으로 파악 됨)이 나타나서, 천부경의 필사본을 전해 주었다고 한다. 신인이 선생에게 말하기를,

　"국운이 다 되어 나라를 빼앗긴 것은 돌이킬 수 없으니 단념하고, 종묘사직을 세워서 회복하라"고 하면서 비법을 일러주었다고 한다. 그러면서 묘향산의 한 석벽에서 발견된 것으로, 고운 최치원 선생이

벽면에 새겼다고 전해지는 천부경의 내용을 함께 전해 받았다는 것이다. 이를 계기로 홍암 선생은 을사보호 조약의 무효화에 대한 노력을 그만두고, 만주 일대로 건너가서 항일투쟁을 위한 근거를 마련하여 항일투쟁을 지휘하였다는 것이다.

천부경의 세상 출현은 이런 내용을 담고 있으며, 대종교나 동학계열에 의해 전해지고 있지만, 일반인들에게는 생소한 것이다.

천부경을 한번이라도 읽어 보신 분은 아시겠지만, 천부경에는 사실 예언이 존재하지 않는다. 다만 변화의 법칙만 전해질 따름이다.[148] 그러므로 변화의 법칙만 제대로 터득한다면 미래에 변화되는 모습은 자연히 알 수 있는 것이다. 이를 두고 정확히 표현한다면 알려져 있지 않은 예언을 내포하고 있다고 하는 것이 좀 더 적합한 것 같다.

천부경에는 우리 민족의 고유사상이 되는 삼재사상이 언급되어 있다. 하늘, 땅, 사람이 그것이다. 자연으로부터 받은 생명체는 자연의 흐름에 순응하지 않으면 망하는 것은 불변의 이치다. 그러므로 자연과 조화를 이루는 삼(3)을 가진 생명체는 번영을 얻지만, 조화가 깨져서 음이 극성한 사(4)는 멸망을 초래하는 원리인 것이다.

지금 우리는 어디에 서 있는가? 수도 서울은 6백년 도읍이라 이야기되어 왔다. 한계에 이른 것이다. 청계천이 그렇고, 4대강이 그렇다.

---

148) 삼재사상과 관련된 천부경론 참조

물이 잘 다스려지면 경제적인 번영을 얻지만, 반대로 된다면 경제적인 몰락과 함께 성^性의 문란, 범죄의 증가가 발생하여 공멸을 초래할 수 있는 것이다.

변화를 두려워하지 마라. 제대로 알고 변화되어 간다면 더 큰 번영을 얻을 수 있다. 역사는 이를 증명하고 있다. 다가올 갑오년(2014년)은 변화의 시기로 중요한 한 해가 될 것이다. 이 해를 잘 보낸다면 번영이 약속되지만, 반대가 된다면 퇴락의 길을 갈 수도 있겠다.

② 사주와 국운 예언

일반인들은 사주로 국운을 예언하는 것이 생소할 것이다. 그러나 가능하다. 산에도 사주가 있어 산사주가 있는 것처럼, 나라에도 국운을 예측할 수 있는 사주가 존재한다. 다만, 우리가 알고 있는 일반 사주가 아닌 특수한 사주에 속하며, 특수한 사주학의 방법으로 예측하는 것이다. 이 과정은 일반인들은 이해하기 어려우므로 그런 분야가 존재하는 것을 소개하는 선에서 생략하고, 일반인들도 예측하기 쉬운 방법을 다음과 같이 제시해 보도록 하겠다.

③ 미래를 예측하는 방법

일반인들이 앞일을 예측한다는 것은 하늘의 별을 따는 것보다 어렵다고 판단된다. 그러므로 여기서는 일상생활에서 예측하여 직접 활용할 수 있는 작은 일들을 소개해 주는 선에서 언급해 드리도록 하겠다.

제일 먼저 알아야 되는 것은 그 해의 특징인 태세太歲를 이해해야 한다. 그 해의 성격인 태세를 올바로 이해하게 되면 거의 다 된 것이나 다름없다.

예를 들면 2011년은 신묘년이다. 신묘년의 태세에 의해 일반인들이 많이 겪는 상문喪門이나 이사 방위의 좋고 나쁜 방위가 결정되는 것이다. 신묘년의 토끼 해에는 상문은 사巳에 놓이게 되고, 이사나 이동을 할 경우에 꼭 참조해야 되는 삼살과 대장군의 방위는 서쪽의 금기金氣와 북쪽의 자子에 들게 된다. 그러므로 이것을 범하게 되면 그런 일이 발생하게 된다. 물론 개인의 수준 정도에 따라 차이는 있지만, 수양하지 않은 일반인들은 평범한 일상 그대로 일어나게 되는 것이다.

1. 상문이 들어 있는 뱀띠가 상갓집에 가면 상문이 일어나서 건강의 악화나 재수가 없어서 재물이 나가는 경우가 발생한다.
2. 방위를 안 보고 이사를 갔는데, 이사를 간 방위가 서쪽이며, 그 시기가 삼살에 해당하는 금기金氣가 강한 시기에 갔다고 한다면 삼살이 작용하여 집의 식구 중에서 크게 다치거나 죽는 일이 차후에 벌어지게 된다.

이런 이야기를 처음 접하시는 독자들은 믿기 어려울 것이다. 그러나 이 이야기는 사실이며, 차후에 관심을 가지고 지켜보게 된다면 확인할 수 있을 것이다. 법칙이기 때문이다.[149]

이 글을 읽는 독자 제현을 위해서 관련이 있는 이야기를 하나 해드리면 다음과 같다. 필자는 인연이 있어 중요한 일이 있으면, 국운도 뽑아보고 한다. 신묘년 음력 7월에는 크게 나쁜 일이 없었는데, 음력 7월에 해당하는 양력 8월에 미국과 유럽의 금융문제로 인하여 주가가 많이 내려가는 일들이 있었다. 필자도 처음에 원인을 알이 어려웠다. 차후에 검증하는 과정에서 운에는 직접적으로 나타나지 않지만, 삼살이 작용하여 금기가 강한 음력 7월을 중심으로 양력 8월초에 발생한 것을 이해할 수 있었다. 왜냐하면 시간과 공간의 직접적인 영향을 받기 때문인 것이다.[150]

따라서 이런 연유로 이 글을 통해 독자님들께 부탁드리고 싶은 것은 시공에 의한 자연의 힘이 존재하므로, 잘 모르면서 미신이라 여기지 말았으면 한다. 우리 조상들이 이런 것을 근거로 오늘날까지 살아온 것이다.[151]

---

149) 우리보다 경제가 더 발달된 일본에서도 상갓집에 갔다오면 상문을 막기 위해 소금이나 고춧가루를 꼭 뿌린다고 전해진다.

150) 필자의 이런 견해로는 대장군의 방향에 해당하는 자(子)의 영향에 의해 2011년의 겨울도 추위가 매서울 것으로 판단된다.

151) 정신문화의 꽃은 택일이다. 중요한 행사가 있으면 그냥 하는 것보다 본인의 기운에 맞는 날을 택일해서 준비하여 일을 치루는 것이 훨씬 유리하다고 하겠다. 이런 것을 활용하는 것들이 질적인 정신문화에 해당하는 것이다. 참고로 택일을 하려면 음력과 60갑자가 나와 있는 천세력이나 절 달력을 활용하는 것이 유리하다. 절에서 보급하는 달력은 이럴 때 제일 요긴하게 쓰인다고 할 수 있다. 모르고 어길 경우라 하더라도 자연의 힘이 크기 때문에 재물의 큰 손실이나 생명을 앗아가는 경우가 혼하게 발생하므로 조심을 요한다. 특히 광과 관련된 지기를 함부로 건드리면 생명의 위험이 초래하게 된다. 그러므로 우리의 조상들은 이것을 중요하게 여기면서 지켜왔다.

8. 계룡산과 수도 이전

《정감록鄭鑑錄》이라는 예언서 비기秘記에 의하면 정도령이 계룡鷄龍에 1000년 왕국을 건설한다는 이야기가 있다. 그 진위를 떠나서 간단히 언급해 보고자 한다. 계는 '닭계'자요, 룡은 '용룡'자다. 닭은 영적인 동물을 나타내며, 용은 정치적인 권력을 상징한다.

따라서 계룡에 도읍을 정하는 정 도령은 정치적인 능력을 갖춘 인물임과 동시에 종교적이며 영적인 능력을 갖춘 제정일치적인 지도자임에 틀림없다. 특히 국제화, 세계화라는 지구촌 세상을 맞이하여 살아가는 21세기에 만인이 존경할 만한 인물이라면 이 정도의 능력은 갖추어야 된다는 생각을 해 본다. 이렇게 본다면, 정도령은 물질과 정신적인 능력을 겸비했으며, 동서고금의 사상에 달통한 가장 이상적인 재주를 갖춘 인물이라는 잠정적인 결론을 내릴 수 있다는 생각이 든다.

따라서 '계룡'이라는 지명에 도읍을 정하게 되면 이러한 능력을 갖춘 인물이 계룡산이 가지는 38개의 봉우리 힘을 빌리고, 9성이 북극성을 둘러싼 것처럼 주위의 9산[152]이 둘러싼 계룡산의 정기를 빌린다면 남북통일은 물론 세계적인 문화의 종주국으로 나아가는 데 큰 어려움이 없을 것이다.

---

152) 계룡산 주위에 금산, 익산을 비롯한 아홉 개의 '산' 자 들어가는 지명이 있다.

만약 이 책을 읽는 여러분이 진정으로 대한민국의 발전을 원한다면 변화를 구하라. 그리고 올바르게 변화시키기 바란다. 그러면 향상된 내일이 있을 것이다. 지금의 서울은 지기^{地氣}의 상태나 경제적인 효율 면에서 볼 때 뒤처지는 면이 많다. 따라서 여러분들의 이해를 돕기 위해 삼각산 자락인 서울^{漢城}과 계룡산 자락인 대전을 비교해 보도록 하겠다.

서울^{漢城}은 조선 태조 이성계가 위화도 회군을 통하여 실권을 장악한 후 고려를 무너뜨리고 새 왕조를 세우기 위해 새로 도읍을 정할 곳을 물색하던 중에 계룡산 자락에 와서 성읍을 쌓다가 여러 가지 장애에 부딪쳐서 한양에 도읍을 정하게 된다.[153] 한양에 도읍을 정하고 궁궐을 쌓던 중 새로운 문제가 대두하게 되는데, 정도전의 주장과 친구인 왕사 무학 대사의 의견이 팽팽히 맞서게 된 것이다. 사연인즉, 신진 사대부를 대표하는 정도전은 제왕의 명분을 갖춰 궁궐의 방향을 남향으로 할 것을 주장한 반면, 무학 대사는 북한산 자락인 한양의 실제 형세를 들어 동향을 주장하게 된 것이다. 결국은 개국의 핵심세력이었던 정도전이 이겨 남향으로 궁궐을 짓게 된 것이다.[154] 그리하여 지기가 받쳐주지 않아, 왕자의 난을 비롯하여 각종 내분과 외환으로 조선

153) 무학 대사가 태조에게 계룡산 자락은 땅은 좋으나 시기가 일러서 들어갈 수 없으니 다른 곳에 왕도를 세울 것을 건의하였는데, 태조가 이 의견을 받아들여 한성에 도읍을 정하기로 하고 무학 대사의 도움을 받았다고 한다.
154) 무학 대사의 주장이 정도전에게 밀렸으나 태조와의 인연에 의해 조선왕조가 오래 존속할 수 있도록 도움을 많이 준다. 그러면서 뒤에 오는 이를 위해 청구 비결에 언급하기를, '以石覆金井이니 不知誰是覓이라 … 小僧雖不肖라도 不改小僧言이라 …' 하여, '마르지 않는 우물(금정)을 돌로써 덮으니 (누가)바르게 찾는 것을 알지 못하는가 … 소승이 비록 불초하다 하더라도 소승의 말을 고치지 말라…' 하여 당부를 하고 있다.

은 급격히 기울게 되었다고 해도 과언이 아니다. 서울은 금국의 형국이라고 지사들은 이야기 한다. 금국은 동향이면 지기를 얻어 본래의 기운인 소미원국의 기를 발휘하여 한강이 지닌 경제적인 부를 누릴 수가 있으나, 남향이면 금이 극을 당하는 형상이 되기 때문에 본래의 기운을 발휘하기 어렵게 된다. 그리하여 경제적인 어려움으로 굶어죽는 자가 많이 나오거나 난리에 의해 죽는 자가 속출하게 된다. 조선왕조 600년 역사를 보거나 대한민국의 근대사를 살펴보면 부정적인 더 많다고 할 수 있겠다.

이 주장[155]을 뒷받침할 만한 이야기를 소개하면 다음과 같다.

고려 태조 왕건은 후삼국의 혼란을 수습하고 삼한을 통일한 인물이다. 도선 국사의 도움을 받아 개국했기 때문에 그런 영향을 훈요 10조에 많이 반영했다고 전한다. 그러나 실제로는 도선 국사와 왕건은 역사의 동시대 인물일 수 없다. 전해오는 이야기는 도선 국사가 공부를 마치고 삼한_{우리나라의 옛 이름}을 둘러보고 기운이 허한 곳은 비보책을 하여 바로 잡으면서 공부를 겸해 전국을 유람하던 중, 송악_{개성의 옛 이름}에 있는 왕건의 집에 머무르게 된다. 왕건의 아버지는 재산도 넉넉하고 해서 후일을 도모하기 위해 좋은 터를 골라 새로 집을 짓고 있는 중이었다고 한다. 그런데, 도선 국사가 보기에는 터는 좋으나 방향이 맞지 않아서 혼자 몇 마디를 중얼거렸는데, 일하던 왕건의 아버지가 이 이야기를 알아채고는 도선 국사께 큰 절을 올리면서 올바르게 가르쳐

---

155) 풍수에서는 그 땅이 비록 길지라도 좌향이 맞지 않으면 발복이 어렵고, 경우에 따라서는 화가 미친다고 보는 것이다.

줄 것을 부탁드렸다고 한다. 그래서 마지못해 방향을 바로 잡아 주면서 나중에 이 터에서 큰 인물이 나오는데, 잘 키우면 이 인물이 후에 삼한을 통일할 수 있는 역량을 겸비할 것이라고 일러 주었다. 그러면서 복이 미치지 못하므로 10년을 더 복을 쌓으라는 훈계를 내렸는데, 왕건의 아버지가 이를 잘 실행했다고 한다. 이 복의 닦음이 후에 왕건이 삼한을 통일하는 과정에서, 특히 견훤의 후백제와 싸우던 중에 위기를 몇 번이나 넘길 수 있는 밑거름이 되었다고 전한다.

아무튼 이 이야기처럼 터도 좋은 곳을 골라야 하지만 방향이 맞아야 한다. 풍수의 이론에 대해 아시는 분은 쉽게 이해를 하시겠지만 땅에서는 기운이 뭉쳐 있는 곳은 혈이 크지 않다. 따라서 이 혈을 정확하게 잡아야 하고 이 혈이 가진 기운에 따라 방향에 해당하는 좌향이 맞아야 정확하게 자리를 잡은 것이 된다. 그래서 무학 대사는 한양의 실제 형국에 맞게 인왕산을 바라보는 동향을 주장하였으나[156] 역대 제왕이 정치를 할 때에는 밝은 이괘離卦를 표방하여 덕치주의를 내세워야 한다는 정도전의 명분론에 밀려 남향으로 지었는데, 조선 600년을 돌아볼 때 편안한 날이 며칠이나 되었던가!

아무튼 조선 600년을 통치했던 역대 왕들과 해방 후 현대사에서 대통령을 지냈던 인물들이 평탄하지 못한 것을 고려한다면 지기의 힘을 무시하지 못한다고 하겠다. 더군다나 지금의 청와대 자리는 이런 원

---

156) 신라시대의 고승이었던 의상 대사가 쓴 《산수비기(山水秘記)》라는 책에서 '한성의 국세가 금국(金局)이므로 궁궐을 정할 때에는 반드시 동향으로 지어야 한다' 고 언급하고 있다. 이것을 보더라도 무학 대사의 관점이 정확하다고 하겠다.

리에 의해 좋은 자리가 아니라고 여러 풍수가들이 주장하고 있는 현실을 감안한다면 대책을 세워 보는 것도 좋을 성 싶다. 그나마 '청와대'라는 이름에서 동양을 뜻하는 푸른 목기가 있어서 조금 뒷받침하고 있는 것을 느껴 볼 때 이름을 누가 지었는지 몰라도 '한 소식' 한 인물인 것 같다는 생각이 든다. 지금의 청와대 자리와 관련하여 부족한 기운에 변화를 주는 방법은 청와대로 들어가는 입구에 놓여 있는 봉황의 상징물에 도금을 하여 휘황찬란하게 만들어서 국민들의 작은 관심을 얻는 것도 될 수 있겠다.[157]

계룡산은 서방인 백호가 발달하고 동방인 청룡이 부족하나, 동학사가 들어가 있어 그 부족한 기운을 보충해 주고 있다. 중국과의 관계로 비춰 볼 때, 서방에 발달된 곳이 유리하다. 백호는 금운이며 금전을 뜻하고 경제를 상징한다. 따라서 경제 전쟁이 펼쳐지는 21세기를 준비하기 위해서는 계룡산 자락에 수도를 정하는 것이 여러 가지로 좋다.

만약 계룡산 자락으로 가게 되면 한 가지 풀어야 하는 숙제가 있다. 용수用水의 부족이다. 따라서 관계수로를 하든지 아니면 다목적 댐을 건설하든지 해서 이 문제를 해결해야만 완전한 수도로서의 모습이 손색이 없고, 이와 관련하여 금강물이 초포 앞으로 돌아들어서 배가 다녀야 되는데 그렇게 되려면 공주시 계룡면 월암리에 있는 '무너미 고개'가 터져서 강이 되어야 한다. 이런 조건이 먼저 갖추어져야만 수태극의 모양이 완전히 갖추게 되어 지형적으로 수도로서 손색이 없는

---

157) 금이 불에 극을 당하는 이치에 의해 여론에 끌려 다니므로, 작은 변화지만 금의 기운을 강하게 하는 의미가 있으므로 좋은 방법이 될 수 있다고 본다.

것이 될 수 있다.[158]

　계룡산은 풍수의 지형적으로는 회룡고조형으로 수도가 될 수 있는 여러 조건을 많이 갖추었다. 인체에 비유하면 단전에 해당하는 곳이므로 기운이 넘치고, 풍수적 형국으로는 수도에 해당하는 큰 도시가 들어서기 좋은 자미원국紫微垣局을 이루며, 금강과 어울려서 수태극水太極을 이루니 더욱 좋다. 따라서 굳이 나라의 중심 시설을 다 옮기는 수도 이전의 개념이 아니더라도 고려의 삼경제三京制의 개념을 도입하여 필요에 따라 잠시 옮겨서 올바르게 잘 활용하는 것도 좋다고 본다. 그리고 통일을 대비해 서울의 공간을 일부분이나마 비울 수 있다면 통일 후에 서울도 더 발전될 가능성이 있어서 좋다. 계룡산이 있는 대전 일대도 지방의 균형 발전을 이룰 수 있어서 좋은, 쌍방이 좋은 상태를 갖추게 된다는 생각이 든다. 서울 시민들도 무조건 반대를 하지 말고 비움으로써 오는 이점이 있음을 생각해 보기를 바란다. 다같이 잘 사는 길이 진정한 행복으로 가는 길이라고 생각할 줄 아는 넓은 시야도 필요하겠다.

158) 필자의 좁은 견해로는 부족한 용수의 문제를 해결하기 위안 선결 요건으로 이 대통령이 당선되어 4대강 사업을 반대 여론이 후세함에도 불구하고 무리하게 추진하는 것으로 보여진다. 이런 의미로 본다면 천지 자연이 하는 일에는 빈틈이 없는 것이라고 볼 수 있다.

9. 정역의 이해

1 정역의 소개

정역은 복희역(복희 8괘도)과 주역(문왕 8괘도)에 이어 나온 제3의 역이라 하는 것이다. 1885년(을유년) (음)6월(계미월) 28일(을미일)[159]에 일부一夫 김항 선생께서 창시한 것이다. 세계가 하나로 되는 지구촌 시대를 설명하는 것으로 21세기 쌍방향 디지털 시대의 문화를 선도하는 역이라 할 수 있다.

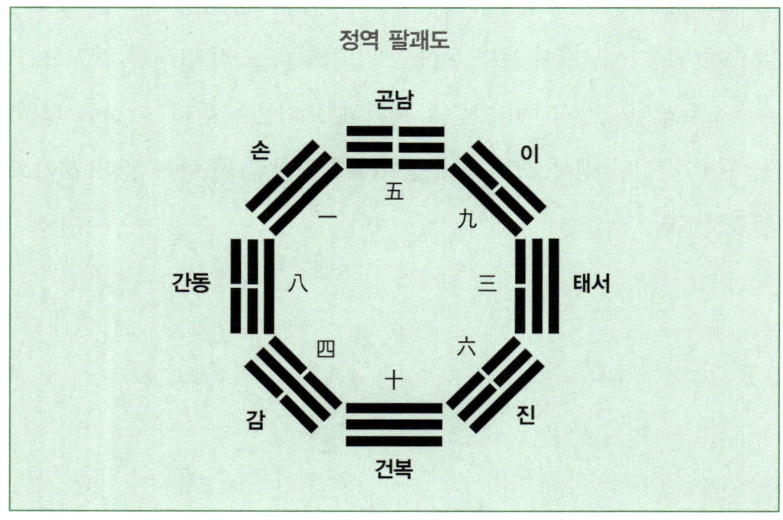

---

159) 이 날짜는 일부 선생께서 정역의 글을 마무리하신 날이다.

② 정역의 특징

첫째, 음력 2월^{묘월}을 세수^{歲首}로 한다.

둘째, 시간의 기준이 주역의 체계와 틀리다. (예를 들면 자시가 01시~03시에 해당한다.)

셋째, 윤력^{閏曆}을 사용하지 않는다.

③ 왜 정역인가? – 시대의 필요성

첫째, 지구촌의 각 나라가 교류하여 하나 되는 대동세계를 암시하고 있다. 정역 8괘도에 의하면 가운데를 중심으로 음양이 서로 바르게 짝하여 사귀는 모습이므로 각 나라가 사통팔달 되어 대동세계가 되는 것이라 할 수 있다.

둘째, 양성평등시대를 암시한다. 선천의 시대가 양존음천^{陽尊陰賤}의 시대였다고 한다면 후천의 시대는 음이 존중받는 시대가 된다. 그러므로 음이 귀하게 여겨지나, 음은 짝하고 양보하는 특성이 있으므로 음양이 공존^{共尊}되는 시대가 되는 것이다.

셋째, 우리나라가 문화 선진국으로 가는 배경을 암시한다. 팔괘 중에서 부모에 해당하는 건곤^{乾坤}이 남북으로 정위^{定位}하고, 장남장녀에 해당하는 진손^{震巽}이 서북과 동남에서 건곤을 보필하며, 중남중녀에 해당하는 감리^{坎離}가 동북과 서남에서 건곤을 역시 보필하며, 3남 3녀에 해당하는 간태^{艮兌}가 동서에서 용사^{用事}하는 것을 말한다.[160] 간태의

---

160) 황백전환기로서 동양의 정신문화가 주도해 나가는 시대이므로 간괘가 리더하면 태괘가 따라 오게 된다. 마치 양이 움직이면 음이 따라 가는(夫唱婦隨) 것과 같은 이치다.

만남은 주역 64괘 중에서 31괘에 해당하는 택산함괘로 양에 해당하는 간이 태 밑에 위치하는 것으로 동서의 만남을 이끌어 내기 위해 동양이 먼저 굽히는 것이니, 마치 전통혼례에서 신부를 맞이하기 위해 신랑이 신부집으로 찾아가서 예를 갖추는 것과 같다고 하겠다.

간괘는 역에서 동북을 상징하는 것으로 우리나라를 가리키는데, 동서의 만남에서 정신문화로 물질문화를 이끌어 가는 것을 말하는 것이다. 그러므로 땅이 넓어서 지하자원이 풍부하고 인구가 많은 미국과 유럽을 앞서가는 방법은 정신문화로 무장된 우수한 인적자원이 아닌가 한다.

4 정역이 우리에게 미치는 영향–명리학적인 접근

첫째, 음력 2월을 세수로 사용하는 정역의 기준에 의해 각 띠의 음력 1월(입춘 절기 이후) 생일자부터 음력 2월(경칩 절기 이전) 생일자의 감정 방법이 다르게 된다.[161]

예를 들면 1971년 음력 2월 7일생 남자의 경우, 2월생이나 경칩 전이므로 달은 경인월로 잡아서 추명한다. 기존의 주역체계이면 신해년 경인월 정해일로 9대운으로 감정하나, 정역의 체계로 풀이하면 경술년 경인월 정해일로 1대운이 된다.[162]

둘째, 시간의 기준이 다르게 적용된다. 현재 우리가 사용하는 시각으로 02시 30분에 해당하면 기존 주역의 시간 체계에서는 축시에 해

---

161) 추명사주의 경우 태세가 다르게 되므로, 이 기간에 해당하는 남자의 경우 대운 수가 다르게 되며, 대운의 행로 방향이 다르게 된다.

당하나, 정역의 시간 체계에서는 자시에 해당되어 그 사람의 타고난 사주가 틀려지게 되어 팔자가 완전히 다르게 되는 것이다.[163]

162) 정역의 체계에 해당하는 경술년 경인월 정해일 1대운으로 감정을 해 보면, 신묘1대운·임진11대운·계사21대운으로 나가는데, 1대운 신묘 기간에는 편인의 자리에 재성이 투출되어 있으니 가정에 문제가 생기며, 11대운 임진 기간에는 관성이 투출하니 학창 시절에 실력이 받쳐 주면 감투를 얻겠고, 21대운 계사 기간에는 명예는 얻으나 일지 해와 충되고 역마가 되니 분주하여 큰 실속은 없게 된다고 할 수 있다. 필자의 사주인데 주역의 체계로 푸는 것이 더 정확하다고 하겠다. 이 조건에 대해서는 독자 제현의 연구를 바라며, 시비(是非)는 독자 여러분께 맡긴다.
163) 이 글에서 언급하고 있지만 사주에서는 시간이 틀리면 사주가 틀리게 된다. 그러므로 시간이 그 사람 사주의 격(상·중·하)을 결정한다고 하는 것이다. 부록에 시간에 의한 사주 격을 소개하고 있으니 궁금하신 분은 참조하라.

10. 태어난 시간에 의한 사주의 격(格)

명리학에서는 연월일시가 다 중요하나, 그 사람의 명을 좌우하는
데 있어서, 시간이 그 사주의 총운에 해당하는 격格을 결정하게 되므
로 아주 중요하다. 연월일이 같아도 시가 다르면 그 사주 간에는 천차
만별의 차이가 생기게 되는 것이다.

따라서 이 글에서는 다른 명리학과는 다르게 시간의 기준이 차이가
나며, 시를 중요시 여겨서 따로 설명을 붙여보았다. 참조하기 바란
다.(태어난 날의 일간은 만세력을 참조하라.)

일간 대조 시 격국 1

시＼일간	갑일	을일
자시	초군출중지국(超群出衆之局)	시봉육귀지국(時逢六貴之局)
축시	교월운차지국(皎月雲遮之局)	청한유복지국(淸閑有福之局)
인시	복성좌록지국(福星坐祿之局)	호와평원지국(虎臥平原之局)
묘시	월결운차지국(月缺雲遮之局)	청운가지지국(靑雲佳枝之局)
진시	창고전룡지국(倉庫錢龍之局)	현달광휘지국(顯達光輝之局)
사시	식록합록지국(食祿合祿之局)	시상편관지국(時上偏官之局)
오시	선암후명지국(先暗後明之局)	의록풍영지국(衣祿豊盈之局)
미시	임관개고지국(臨官開庫之局)	육을입묘지국(六乙入墓之局)
신시	몽중득록지국(夢中得祿之局)	천복공명지국(天福功名之局)
유시	계화청란지국(鷄化靑鸞之局)	순수행선지국(順水行船之局)
술시	계압동명지국(鷄鴨同鳴之局)	고목봉춘지국(枯木逢春之局)
해시	역마천정지국(驛馬天廷之局)	부귀조당지국(富貴朝堂之局)

갑일에 태어난 사람은 시를 봄에 축시와 묘시는 시의 격이 떨어지고, 오시와 신시는 한때 어려움이 있으나 격은 중상中上을 이루고, 나머지 격은 상격에 해당한다.(술시는 조건에 따라 다르게 풀이 될 수 있다.)

을일에 태어난 사람은 인시와 미시, 술시를 만나면 한때 어려움이 있으나 나중은 어려움이 해결되는 격이다. 나머지 시간은 부와 귀를 이루는 격이거나 부귀를 함께 이루는 격이다.

일간 대조 시 격국 2

시 \ 일간	병일	정일
자시	식신영마지국(食神迎馬之局)	선난후이지국(先難後易之局)
축시	시상상관지국(時上傷官之局)	이향명성지국(離鄉名聲之局)
인시	시상재성지국(時上財星之局)	이명휘창지국(利名輝彰之局)
묘시	병신화수지국(丙辛化水之局)	몽중접화지국(夢中蝶花之局)
진시	시상관고지국(時上官庫之局)	개고발재지국(開庫發財之局)
사시	일록귀시지국(日祿歸時之局)	도식파재지국(倒食破財之局)
오시	염화첨시지국(炎火添柴之局)	마화기린지국(馬化麒麟之局)
미시	시상정인지국(時上正印之局)	험로발복지국(險路發福之局)
신시	천연부귀지국(天然富貴之局)	복록예수지국(福祿藝隨之局)
유시	염화쇄금지국(炎火鎖金之局)	부귀문명지국(富貴文明之局)
술시	식신조당지국(食神朝堂之局)	잔화봉우지국(殘花逢雨之局)
해시	천을청명지국(天乙淸明之局)	성명자창지국(聲名自彰之局)

병일에 태어난 사람은 오시와 유시를 만나면 그 격이 떨어진다. 축시는 귀貴를 이루지 못하고, 나머지는 귀나 부를 이룰 수 있는 격이다.

정일에 태어난 사람은 사시를 만나면 그 격이 떨어지고, 자시와 묘시, 미시, 술시는 한때 어려움이 있으나 나중은 평안함을 얻을 수 있는 격이며, 나머지는 상격에 속한다.

일간 대조 시 격국 3

시 \ 일간	구일	기일
자시	재왕관생지국(財旺官生之局)	의록천래지국(衣祿天來之局)
축시	복록개발지국(福祿開發之局)	중만영귀지국(中晩榮貴之局)
인시	시상편관지국(時上偏官之局)	삼태입좌지국(三台入座之局)
묘시	천록조원지국(天祿朝元之局)	이조성가지국(離祖成家之局)
진시	수고재신지국(水庫財神之局)	개고전룡지국(開庫錢龍之局)
사시	풍운취회지국(風雲聚會之局)	화왕금신지국(火旺金神之局)
오시	사중장옥지국(砂中藏玉之局)	일록귀시지국(日錄歸時之局)
미시	암중발광지국(暗中發光之局)	춘생현귀지국(春生顯貴之局)
신시	식신생왕지국(食神生旺之局)	난봉비승지국(鸞鳳飛昇之局)
유시	만세곤박지국(晩歲困迫之局)	식신생재지국(食神生財之局)
술시	기구갱신지국(棄舊更新之局)	추엽경상지국(秋葉經霜之局)
해시	낙일광월지국(落日光月之局)	공명현달지국(功名顯達之局)

무일에 태어난 사람은 사시와 유시를 만나면 그 격이 떨어지고, 오시와 미시, 술시, 해시는 한때 어려움이 있으나 나중은 평안한 격이며, 나머지는 상격에 해당한다.

기일에 태어난 사람은 술시를 만나면 격이 떨어지고, 축시나, 묘시, 진시는 한때 어려움이 있으나, 나중은 평안한 격이며, 나머지는 상격에 속한다.

일간 대조 시 격국 4

시 \ 일간	경일	신일
자시	유어피망지국(遊魚避網之局)	한문개발지국(寒門開發之局)
축시	개건현달지국(開鍵顯達之局)	이향발복지국(離鄕發福之局)
인시	금상첨화지국(錦上添花之局)	배암향명지국(背暗向明之局)
묘시	중말향명지국(中末香名之局)	양인겁재지국(羊刃劫財之局)
진시	취죽원하지국(翠竹遠霞之局)	세수장류지국(細水長流之局)
사시	자립자성지국(自立自成之局)	공명부귀지국(功名富貴之局)
오시	준마이군지국(駿馬離群之局)	사의삼심지국(四意三心之局)
미시	월명운개지국(月明雲開之局)	편재시왕지국(偏財時旺之局)
신시	일록귀시지국(日祿歸時之局)	합화천원지국(合化天元之局)
유시	입해구주지국(入海求珠之局)	시상칠살지국(時上七殺之局)
술시	만경칭의지국(晚景稱意之局)	관인시임지국(官印時臨之局)
해시	명수공명지국(名遂功名之局)	영애출초지국(笭艾出草之局)

경일의 시^時 격국은 대체로 무난하나, 자시와 묘시, 오시, 술시는 한 때 어려움이 있는 중격이며, 나머지 시는 상격에 해당한다.

신일의 시 격국은 묘시와 오시, 해시가 그 격이 떨어지나, 자시와 축시, 인시, 진시, 유시는 한때 어려움이 있으나 나중은 성공으로 가는 격이며, 나머지 시는 상격에 속한다.

일간 대조 시 격국 5

시 \ 일간	임일	계일
자시	행선난항지국(行船難航之局)	득록생재지국(得祿生財之局)
축시	시상관인지국(時上官印之局)	고장금궤지국(庫藏金櫃之局)
인시	인귀천래지국(寅貴天來之局)	일출연하지국(日出煙霞之局)
묘시	조세실의지국(早歲失意之局)	문성식록지국(文星食祿之局)
진시	임기용배지국(壬騎龍背之局)	옥출람전지국(玉出藍田之局)
사시	개혁발분지국(改革發奮之局)	석중은미지국(石中隱美之局)
오시	녹마동향지국(祿馬同鄉之局)	장성부덕지국(將星扶德之局)
미시	가문점흥지국(家門漸興之局)	고진감래지국(苦盡甘來之局)
신시	험소발재지국(險所發財之局)	금오태양지국(金烏太陽之局)
유시	소화위상지국(消禍爲祥之局)	홍안실군지국(鴻雁失群之局)
술시	청탁분난지국(清濁分難之局)	전서선창지국(田鼠船倉之局)
해시	평지등산지국(平地登山之局)	앵천교목지국(鶯遷喬木之局)

임일의 시 격국은 자시와 묘시, 진시, 술시는 그 격이 떨어지고, 사시와 미시, 신시는 한때 어려움이 있으나, 결국에는 어려움이 해소되어 원하는 바를 성취하는 격이며, 나머지는 상격에 속한다.

계일의 시 격국은 유시를 보면 격이 떨어지고, 인시와 사시, 미시, 해시는 한때 어려움이 있으나 나중은 해소되어 원하는 바를 성취하는 격이며, 나머지 시는 상격에 속한다.

이상과 같이 일간과 시의 관계를 통해서 그 사주의 격국을 알아보았다. 시의 격에 의해 그 사람의 기질氣質이 좌우되나, 비록 시를 못 타고나서 사주의 격이 떨어지더라도 태어난 달에 기운을 얻거나 흘러가는 세운이나 대운에서 필요한 기운을 만나면 부귀를 얻을 수도 있고, 주어진 시각에 의한 조건과 일치할 때 시의 가치가 드러나므로 크게 실망할 필요가 없다. 따라서 시를 통한 격국을 알아보고, 이를 참조하여 년이나 월의 기운을 살피면 더 정미精微롭게 감명勘命할 수 있는 이치가 있으니 잘 참조하기를 바란다.

11. 양력 생일로 음력 생일 찾기

1 찾는 법

❶ **세로 줄** 본인이 태어난 년도를 찾는다.

❷ **가로 줄** 태어난 달을 찾아서 1일부터 본인의 생일에 해당하는 숫자를 세어간다 이때, 주의할 것은 다음 달로 넘어갈 때 음력에 해당하는 달은 30일까지 있는 큰 달과 29일만 있는 작은 달이 있으므로 유의한다.

- **큰 달** 일반 숫자.
- **작은 달** 동그라미 숫자.(예: ⑦-7월은 29까지만 있는 작은 달).
- 한 칸에 두 줄 있는 것은 윗줄은 생략된 달의 대소를 의미하고 아래 줄은 실제 그 달의 초하루에 해당하는 날짜를 의미한다.

표-3에서 1970년을 찾으면 위에서 밑으로 6번째 칸에 해당한다. 태어난 달 8월을 찾아서 내려가다 세로와 만나면 6.29를 발견하게 된다. 8월 1일이 6월 29일이므로, 29일에 24일을 더하면 53일이 나온다. 음력 6월은 29일까지 있는 작은 달이므로 29일을 빼면 24일이 된다. 따라서 양력 1970년 8월 25일은 음력으로 1970년 7월 24일에 해당한다.(신세대는 휴대폰이나 인터넷으로 편하게 찾으세요.)

표-2에서 1960년을 찾으면 밑에서 위로 5번째 칸에 해당한다. 태어난 달 3월을 찾아서 내려가다 세로와 만나면 2월 4일을 발견하게 된다. 4일에 18일을 더하면 22일이 된다. 따라서 양력 1960년 3월 19일은 음력으로 2월 22일이 된다.

표-1

년도 \ 달	1월 1일	2월 1일	3월 1일	4월 1일	5월 1일	6월 1일	7월 1일	8월 1일	9월 1일	10월 1일	11월 1일	12월 1일
1921	11.23	12.24	1.22	②.23	3.24	④.25	⑤.26	6.28	⑦.29	⑧ 9.1	⑩.2	11.3
1922	12.4	1.5	②.3	3.5	4.5	⑤.6	윤⑤.7	6.9	⑦.10	⑧.11	9.13	⑩.13
1923	11.15	12.16	①.14	2.16	3.16	④.17	5.18	⑥.19	7.21	⑧.21	9.23	⑩.23
1924	⑪.25	12.27	1.26	②.27	3.28	④.29	5.30	⑥ 7.1	8.3	⑨.3	10.5	⑪.5
1925	⑫.7	1.9	②.7	3.9	4.9	윤 ④.8	5.11	⑥.12	7.14	8.14	⑨.15	10.15
1926	⑪.7	12.19	①.17	②.19	3.20	④.21	5.22	⑥.23	7.25	8.25	⑨.26	10.27
1927	⑪.28	⑫.29	1.28	②.29	③ 4.1	⑤.2	6.3	⑦.4	8.6	9.6	⑩.7	11.8
1928	12.9	①.10	2.10	윤 ②.11	③.12	4.14	⑤.14	⑥.16	7.18	8.18	⑨.19	10.20
1929	11.21	12.20	①.20	2.22	③.22	4.24	5.25	⑥.26	⑦.28	8.29	⑨ 10.1	11.1
1930	12.2	①.3	2.2	3.3	④.3	⑤.5	6.6	윤 ⑥.7	⑦.9	8.10	⑨.11	10.12
1931	11.13	⑫.14	1.13	2.14	3.14	④.15	⑤.16	6.18	⑦.19	⑧.20	9.20	⑩.20
1932	11.24	⑫.25	1.25	2.26	3.26	④.27	5.28	⑥.29	⑦ 8.1	9.2	10.4	11.4
1933	12.6	①.7	2.6	3.7	④.7	5.9	윤 ⑤.9	⑥.10	7.12	⑧.12	9.14	⑩.14
1934	⑪.16	12.18	①.16	2.18	③.18	4.20	5.20	⑥.21	7.23	⑧.23	⑨.24	10.25
1935	⑪.26	12.28	①.26	②.28	3.29	④ 5.1	⑥.1	7.3	8.4	⑨.4	10.6	11.6
1936	⑫.7	1.9	②.8	③.10	윤 3.11	④.12	5.13	⑥.14	7.16	⑧.16	9.18	10.18
1937	11.19	⑫.20	1.19	②.20	③.21	4.23	⑤.23	⑥.25	7.27	⑧.27	9.29	10.29
1938	⑪.30	⑫ 1.2	1.30	③.1	④.2	5.4	⑥.4	⑦.6	윤 7.8	⑧.8	9.10	10.10
1939	⑪.11	12.13	1.11	2.12	③.12	④.14	5.15	⑥.16	⑦.18	8.19	⑨.20	10.21
1940	⑪.22	12.24	1.23	2.24	③.24	4.26	⑤.26	6.28	⑦.29	⑧ 9.1	⑩.2	11.3
1941	⑫.4	1.6	2.4	③.5	4.6	5.7	⑥.7	윤 6.9	⑦.10	⑧.11	9.13	⑩.13
1942	11.15	⑫.16	1.15	②.16	3.17	4.18	⑤.18	6.20	7.21	⑧.21	9.23	⑩.23

달\년도	1월 1일	2월 1일	3월 1일	4월 1일	5월 1일	6월 1일	7월 1일	8월 1일	9월 1일	10월 1일	11월 1일	12월 1일
1943	⑪.25	12.27	①.25	2.27	③.27	4.29	⑤.29	6 7.1	⑧.2	⑨.3	10.4	⑪.4
1944	12.6	①.7	②.7	3.9	④.9	윤 4.11	⑤.11	6.13	7.14	8.15	9.16	⑩.16
1945	11.18	12.19	①.17	②.19	3.20	④.21	⑤.22	6.24	⑦.25	8.26	9.27	10.27
1946	⑪.28	12.30	1.28	②.29	③ 4.1	⑤.2	⑥.3	7.5	⑧.6	9.7	10.8	⑪.8
1947	12.10	1.11	2.9	윤②.10	③.11	4.13	⑤.13	6.15	⑦.17	8.17	9.19	⑩.19
1948	11.21	12.22	1.21	②.22	3.23	④.24	5.25	6.26	⑦.28	8.29	⑨ 10.1	⑪.1
1949	12.3	1.4	2.2	③.3	4.4	⑤.5	6.6	⑦.7	윤⑦.9	8.10	⑨.11	10.12
1950	⑪.13	12.15	1.13	②.14	3.15	4.15	⑤.16	6.18	⑦.19	8.20	9.22	⑩.22
1951	11.24	⑫.25	1.24	②.25	3.26	4.27	⑤.27	6.29	⑦ 8.1	⑨.1	10.3	⑪.3
1952	12.5	①.6	2.6	③.7	4.8	⑤.9	윤5.10	6.11	⑦.12	8.13	⑨.4	10.15
1953	⑪.16	12.18	①.16	2.18	③.18	④.20	5.21	6.22	⑦.23	8.24	9.25	⑩.25
1954	11.27	12.28	①.26	②.28	3.29	④ ⑤.1	6.2	⑦.3	8.5	9.5	⑩.6	11.7
1955	12.8	1.9	②.7	③.9	윤3.10	④.11	⑤.12	6.14	⑦.15	8.16	⑨.17	10.18
1956	11.19	12.20	①.19	2.21	③.21	4.23	⑤.23	6.25	7.27	⑧.27	9.29	⑩.29
1957	12.1	①.2	1.30	② 3.2	④.2	5.4	⑥.4	⑦.6	8.7	윤⑧.8	9.10	⑩.10
1958	11.12	12.13	①.11	2.13	3.13	④.14	5.15	⑥.16	⑦.18	8.19	⑨.20	10.21
1959	⑪.22	12.24	①.22	2.24	3.24	④.25	5.26	⑥.27	7.29	8.29	⑨ 10.1	11.2
1960	⑫.3	1.5	②.4	3.6	④.6	5.8	6.8	윤⑥.9	7.11	⑧.11	9.13	⑩.13
1961	11.15	⑫.16	1.15	②.16	3.17	④.18	5.19	⑥.20	7.22	8.22	⑨.23	10.24
1962	⑪.25	12.27	①.25	2.27	③.27	④.29	5.30	⑥ 7.2	8.3	⑨.3	10.5	11.5
1963	⑫.6	1.8	②.6	3.8	④.8	윤④.10	5.11	⑥.12	7.14	⑧.14	9.16	10.16
1964	11.17	⑫.18	1.18	②.19	3.20	④.21	⑤.22	6.24	⑦.25	8.26	⑨.27	10.28

표-3

년도＼달	1월 1일	2월 1일	3월 1일	4월 1일	5월 1일	6월 1일	7월 1일	8월 1일	9월 1일	10월 1일	11월 1일	12월 1일
1965	11.29	12.30	①.29	2.30	③ 4.1	⑤.2	⑥.3	7.5	⑧.6	⑨.7	10.9	11.3
1966	12.10	①.11	2.10	3.11	윤③.11	4.13	⑤.13	⑥.15	7.17	⑧.17	⑨.19	10.20
1967	11.21	⑫.22	1.21	2.22	③.22	4.24	5.24	⑥.25	⑦.27	8.28	⑨.29	10.30
1968	⑪ 12.2	①.3	2.3	3.4	④.4	5.6	⑥.6	7.8	윤7.9	8.10	⑨.11	10.12
1969	⑪.13	12.15	①.13	2.15	③.15	4.17	⑤.17	6.19	7.20	⑧.20	9.22	⑩.22
1970	11.24	⑫.25	1.24	②.25	③.26	4.28	5.28	⑥.29	7 ⑧.1	9.2	10.3	⑪.3
1971	12.5	①.6	2.5	③.6	④.7	5.9	윤⑤.9	6.11	⑦.12	8.13	9.14	10.4
1972	⑪.15	12.17	①.16	2.18	③.18	④.20	5.21	⑥.20	7.24	⑧.24	9.26	10.26
1973	11.27	⑫.28	1.27	②.28	3.29	4 ⑤.1	6.2	⑦.3	⑧.5	9.6	10.7	11.7
1974	⑫.8	1.10	2.8	③.9	4.10	윤④.11	⑤.12	6.14	⑦.15	⑧.16	9.18	10.8
1975	⑪.19	12.21	1.19	2.20	③.20	4.22	⑤.22	⑥.24	7.26	⑧.26	⑨.28	10.29
1976	⑪ 12.1	1.2	2.1	③.2	4.3	⑤.4	6.5	⑦.6	8.8	윤⑧.8	9.10	⑩.10
1977	⑪.12	12.14	1.12	②.13	3.14	4.15	⑤.15	6.17	⑦.18	8.19	⑨.20	10.21
1978	⑪.22	⑫.24	1.23	2.24	③.24	4.26	⑤.26	6.28	7.29	⑧.29	9 ⑩.1	11.2
1979	⑫.3	1.5	②.3	③.5	4.6	⑤.7	6.8	윤6.9	⑦.10	8.11	9.12	⑩.12
1980	11.14	⑫.15	1.15	②.16	③.17	4.19	⑤.19	6.21	⑦.22	8.23	9.24	⑩.24
1981	11.26	12.27	①.15	2.27	③.27	④.29	5.30	6 ⑦.2	8.4	9.4	⑩.5	11.3
1982	12.7	1.8	②.6	3.8	④.8	윤 ④.10	5.11	⑥.12	⑦.14	8.15	9.16	⑩.6
1983	11.18	12.19	1.17	②.18	3.19	④.20	⑤.21	6.23	⑦.24	⑧.25	9.27	⑩.27
1984	11.29	12.30	①.29	② 3.1	4.1	⑤.2	⑥.3	7.5	⑧.6	⑨.7	10.9	윤⑩.9
1985	11.11	12.12	①.10	2.12	3.12	④.13	5.14	⑥.15	7.17	⑧.17	⑨.29	10.20
1986	⑪.21	12.23	①.21	2.23	3.23	④.24	5.25	6.26	⑦.27	8.28	9.29	10.30

달 년도	1월 1일	2월 1일	3월 1일	4월 1일	5월 1일	6월 1일	7월 1일	8월 1일	9월 1일	10월 1일	11월 1일	12월 1일
1987	⑪ ⑫.2	1.4	②.2	3.4	4.4	⑤.5	6.6	윤⑥.7	7.9	8.9	⑨.10	10.1
1988	⑪.12	12.14	①.13	②.15	3.16	④.17	5.18	⑥.19	7.21	8.21	⑨.22	10.23
1989	11.24	⑫.25	1.24	②.25	③.26	4.28	⑤.28	6.30	⑦ 8.2	9.2	⑩.3	11.4
1990	12.5	①.6	2.5	③.6	④.7	5.9	윤⑤.9	⑥.11	7.13	8.13	⑨.14	10.15
1991	11.16	12.17	①.5	2.17	③.17	④.19	5.20	⑥.21	⑦.23	8.24	⑨.25	10.26
1992	11.27	12.28	①.27	2.29	3.29	④ ⑤.1	6.2	⑦.3	⑧.5	9.6	⑩.7	11.8
1993	12.9	①.10	2.9	3.10	윤 ③.10	4.12	⑤.12	6.14	⑦.15	⑧.16	9.18	⑩.18
1994	⑪ 11.20	⑫.21	1.20	2.21	3.21	④.22	5.23	⑥.24	7.26	⑧.26	⑨.28	10.29
1995	12.1	①.2	2.1	3.2	④.2	5.4	6.4	⑦.5	8.7	윤⑧.7	9.9	⑩.9
1996	⑪.11	12.13	①.12	2.14	③.14	4.16	5.16	⑥.17	7.19	⑧.19	9.21	10.21
1997	⑪.22	12.24	①.22	②.24	3.25	④.26	5.27	⑥.28	7.30	8.30	⑨ 10.2	11.2
1998	⑫.3	1.5	②.3	③.5	4.6	⑤.7	윤⑤.8	6.10	7.11	⑧.11	9.13	10.13
1999	11.14	⑫.15	1.14	②.15	③.16	4.18	⑤.18	⑥.20	7.22	⑧.22	9.24	10.24
2000	11.25	⑫.26	1.26	2.27	③.27	④.29	5.30	⑥ ⑦.2	8.4	⑨.4	10.6	11.6
2001	⑫.7	1.9	2.7	3.8	④.8	윤 ④.10	5.11	⑥.12	⑦.14	8.15	⑨.16	10.17
2002	⑪.18	12.20	1.18	2.19	③.19	4.21	⑤.21	6.23	⑦.24	⑧.25	9.27	⑩.27
2003	11.29	⑫ 1.1	1.29	2.30	④.1	5.2	⑥.2	7.4	⑧.5	⑨.6	10.8	⑪.8
2004	12.10	①.11	2.11	윤②.12	3.13	4.14	⑤.14	6.16	⑦.17	8.18	⑨.19	10.20
2005	⑪.21	12.23	①.21	2.23	③.23	4.25	⑤.25	6.27	7.28	⑧.28	9.30	10.30
2006	⑪ ⑫.2	1.4	②.2	3.4	④.4	5.6	⑥.6	7.8	윤⑦.9	8.10	9.11	⑩.11
2007	11.13	12.14	①.12	②.14	3.15	④.16	⑤.17	6.19	⑦.20	8.21	9.20	10.20
2008	⑪.23	12.25	1.24	②.25	③.26	4.28	⑤.28	⑥ 7.1	8.2	9.3	10.4	⑪.4

표-5

달 년도	1월 1일	2월 1일	3월 1일	4월 1일	5월 1일	6월 1일	7월 1일	8월 1일	9월 1일	10월 1일	11월 1일	12월 1일
2009	12.6	1.7	2.5	③.6	④.7	5.9	윤⑤.9	⑥.11	7.13	⑧.13	9.15	⑩.15
2010	11.17	12.18	1.16	②.17	3.18	④.19	5.20	⑥.21	⑦.23	8.24	⑨.25	10.26
2011	⑪.27	12.29	1.27	②.23	3.29	4.30	⑤ 6.1	⑦.2	⑧.4	9.5	⑩.6	11.7
2012	⑫.8	1.10	②.9	3.11	윤3.11	4.12	⑤.12	6.14	⑦.15	⑧.16	9.18	⑩.13
2013	11.20	⑫.21	1.20	②.21	3.22	4.23	⑤.23	6.25	⑦.26	8.27	⑨.28	10.29
2014	⑪12.1	①.2	2.1	③.2	4.3	⑤.4	6.5	⑦.6	8.8	9.8	윤⑨.9	10.10
2015	⑪.11	12.13	①.11	2.13	③.13	④.15	5.16	⑥.17	7.19	8.19	9.20	⑩.20

자기 자신의 사주팔자를 모른다고 해서 인생을 살아갈 수 없는 것은 아니다. 자신의 팔자를 알든 모르든 인생길을 누구나 걸어가는 것이다. 인생이라는 길 없는 길, 돌아올 수 없는 길을 걸어가다 보면 누구나 여러 가지 선택의 갈림길을 맞이하게 된다. 그 갈림길에서 어떤 길을 선택하느냐에 따라 인생의 마지막 길은 말 그대로 천차만별千差萬別의 종착지終着地에 이르는 것이다. 이러한 여건 속에서 대부분의 사람들은 자신의 인생길을 알고 다른 사람보다 쉽게 가고 싶어 하며, 선택의 갈림길에서는 보다 나은 길로 향하여 가면서 자신이 원했던 종착역에 도착하고 싶어 한다.

만약 가는 길에서 길벗을 만난다면, 그가 동행하는 나의 인생의 길을 훤히 알고 있어서 내가 가는 그 길을 잘 안내해 줄 수 있는 그런 사람이기를 바란다. 이런 배경에서 나온 것이 인간 운명의 길을 안내해 주는 명리학이며, 현인들의 인생 지침서인 것이다. 따라서 자기 자신의 노력으로 본인의 인생길을 아는 사람은 모르는 사람에 비해 최소한 길을 몰라서 방황하거나 망설이지는 않을 것이다. 그렇기에 확실성이 아닌 불확실성의 법칙으로 인생을 행복과 불행이라는 두 길로 나눠 보더라도 사주를 알고 인생의 길을 아는 사람은 모르는 사람보다 인생에서 실패할 확률이 낮다고 단언할 수 있으며, 자신이 원하는 행복의 문으로도 쉽게 들어갈 수 있다고 할 수 있겠다.

　어느 성인聖人의 말씀에 "인생은 고苦요, 그 고통은 제행무상에서 오는 것이니, 그 무상을 알지 못하는 '무지'에서 인생의 고가 출발한다"고 하셨다. 이 말씀에 따른다면, 내가 나의 인생에서 행복하지 못하다면 나에게 주어진 내 인생에 대해 잘 모르기 때문이요, 그로 인해 변화에 적절히 대처하지 못했기 때문일 것이다. 특히 거짓과 진실, 음양이 동시성의 원리로서 함께 존재하는 지구촌 시대를 살아가는 우리는 더욱 더 그 변화에 능동적으로 잘 대처하지 않으면 안 된다. 올바르게 잘 대처하는 길만이 행복하게 사는 길이요, 심하게는 생존하는 길이기도 하기 때문에 더욱 그런 것이다.

　'인생의 고'를 수행으로써 제법실상을 파악하시어 생사윤회의 그를 벗어나시고, 그 길을 직접 보여 주신 석가모니 부처님과 사랑과 헌신을 통하여 메마른 사회를 사랑으로 감싸 안으신 대승 보살행을 행해 보이신 예수 그리스도는 인간 본성의 참 성품을 깨달아 남을 이롭게 하신 분들이다. 우리가 이분들처럼 생사를 건 치열한 수행에 의해서 인생의 고를 벗어날 수는 없다고 하여도, 이 글의 주제인 우리에게 친숙한 사주를 잘 활용한다면 60차의 고차방정식인 인생을 잘 몰라서 받는 고통을 조금이나마 벗어 던져버릴 수 있지 않나 하는 생각을 가져 본다.

　능력 있는 사람은 좋은 정보를 쉽게 얻을 수 있으니 그 정보로 세상을 잘 이해하여 보다 쉽게 살아가지만, 평범한 사람은 어디에 의지하랴?

옛날부터 내려온 이런 방법이라도 있으니 찾아보고 나름대로 해석하여 살아가면 되는 것이다. 책력이 자주 바뀌는 과정에서 오는 불일치와 세상이 바뀌어 음양의 체와 용이 교체되는 바람에 생긴 잘못된 풀이를 그 원인을 찾아 제거하였으므로 정성껏 다독多讀한다면 이치를 터득하여서, 천문·지리·인사에 잘 활용할 수 있는 여의주로 얻는 바가 많을 것이라고 감히 장담하는 바이다.[164]

끝으로, 이 글이 독자 여러분에게 조금이나마 도움이 되었으면 하는 작은 바람을 가져 본다. 비록 독자 여러분이 잘 알고 있는 사주팔자와 명리학의 형식을 빌려서 이야기하였지만, 만물의 어머니이면서 가장 근원인 도의 입장에서 제사상諸思想의 원리에 근거하여 알기 쉽게 설명하였고, 특히 어렵게 전해오던 우리 민족의 고유사상을 통해 21세기에 대한민국이 웅비할 수밖에 없는 이유를 밝혔으며, 우리가 어떻게 대처해야만 남들보다, 나아가 다른 나라보다 경쟁력의 우위에 설 수 있는지를 이야기하여 개인이 잘 사는 방법과 나라가 부강해지는 방법을 제시했다.

따라서 이 글을 읽은 많은 분들이 '사주팔자'에 대한 개념을 정확하게 인식하고, 나아가 전해오는 전통의 정신문화에 대해 이치도 따져 보지 않고 무조건 '미신'으로 생각하거나 '맹신'하는 잘못된 문화가

---

164) 사주팔자를 이해하고 활용하는 정도에 따라, 상품·중품·하품으로 나눌 수 있다. 상품은 제 원리를 이해하고 길 없는 길을 발견하여 스스로 개척하여 만들어 갈 수 있고, 중품은 원리는 이해하였으나, 행동함에는 확신이 없어서 스스로 길을 개척하지 못하고 주위의 도움을 받아야 가능하고, 하품은 원리를 이해하지 못해서 듣는 것에 만족하는 부류다.

치관이 있다면 과감하게 버리기를 바란다. 그리고 이 글을 통해서 본인의 타고난 명을 아는 데 도움이 되었다고 한다면, 무학 대사의 뜻을 받들어 계룡 신시神市를 열어서 모든 사람들이 잘 살 수 있는 정 도령 시대를 만들어 가야 하겠다.

이 글에서 보여 준 사주팔자는 분명히 음양오행과 관련 있는 명리학[165]의 기본 자료로서 전통 문화의 한 부분이요, 어려울 때 인생의 길잡이로서 잘 활용할 수 있는 동양철학의 일부인 것을 기억해 주기를 바란다. 서양 상담심리학 일색의 상담 현장에서 잘 활용한다면 상담의 좋은 방편으로서 손색이 없음을 확신하고 서양철학과는 질적으로 다른 색다른 맛[166]이 있음을 강조하면서 끝맺고자 한다.

필자의 졸고를 끝까지 읽어 주신 많은 분들께 감사의 말씀을 드리고, 이 글을 통해서 험난한 본인의 길 없는 인생길을 조금이나마 고쳐서 날마다 좋은 날이 될 수 있기를 간절히 기원을 드린다.

---

165) 命理學: 자연으로부터 부여받은 인간의 명을 변화하는 역의 이치에 따라 그 상태를 파악하여 길흉화복을 예견하는 학문
166) 동·서 철학의 차이점: '계란이 먼저냐 닭이 먼저냐'라는 명제를 가지고 설명하면 서양철학에서는 계란이 닭보다 건저 오는 선개념(先槪念)이므로 계란이 먼저라고 할 수 있으나, 동양철학에서는 선후의 개념이 흑백논리로 정해지는 것이 아니다. 예를 들어 닭이 계란을 낳는 상황이면 닭이 먼저라고 하고, 계란이 부화하여 병아리가 나오는 상황이면 계란이 먼저인 것이지, 완전하게 정해진 것이 없다고 볼 수 있다. 따라서 서양철학은 이치를 통해 상황을 설명하나, 동양철학은 커다란 이치 가운데 상황에 맞는 것을 대입시키는 것이라고 할 수 있다.

참고문헌

1. 《역리학 대전》 김정수 저, 명문당, 1995.

2. 《당사주 비전·역학 총람》 한중수 저, 동반인, 2003.

3. 《주역강해(상·하)》 김석진 강해, 대유학당, 1993.

4. 《역리학 보감》 한종수 외 편저, 명문당, 1990.

5. 《계의신결》 최국봉 저, 온 북스, 2004.

6. 《오술판단전서》 김우제 편역, 한림원, 1987.

7. 《정감록 원본해설》 정다운 글, 밀알, 1986.

8. 《역법의 원리분석》 이은성 저, 정음사, 1985.

9. 《조선의 점복과 예언》 김희경 역, 동문선, 1991.

10. 《조선의 귀신》 김희경 역, 동문선, 1991.

11. 《음양오행 통변보감》 김성호·박기성 공저, 남산당, 1993.

12. 《정역》 이정호 저, 아세아문화사, 1990.

13. 《정역과 일부》 이정호 저, 아세아문화사, 1994.

14. 《구천현묘비서 내외경》 정관도 주해, 지선당, 1996.

15. 《오행대의》 김수길·윤상철 공역, 대유학당, 1998.

16. 《배달전서》 송원홍 편저, 밀알, 1987.

17. 《풍수지리》 김광언 저, 대원사, 2001.

18. 《격암유록(1·2·3)》 신유승 독해, 세종출판공사, 1988.

19. 《점성학이란 무엇인가》 유기천 편저, 정신세계사, 1995.

20. 《추명가 전집》 이석영 외 편저, 동양서적, 1976.

21. 《삼국사기》 김종권 역, 선진문화사, 1963.

22. 《삼국유사》 이민수 역, 을유문화사, 1987.

23. 《선굴택》 윤순구 편저, 1999.

24. 《계룡산》 정정수 글, 대원사, 1996.

25. 《명심보감》 백선혜 옮김, 홍익출판사, 2005.

26. 《쉽게 풀어쓴 논어》 이시헌, 이회문화사, 1995.

27. 《왜 동양철학인가》 한형조, 문학동네, 2002.

28. 《선문염송 · 염송설화》 김월운 옮김, 동국역경원, 2005.

29. 《백가지 인연과 비유》 김달진 역, 동국역경원, 1993.

30. 《명리정해와 문답》 최지산 저, 명문당, 2005.

31. 《한반도에 기가 모이고 있다》 이충웅, 집문당, 1997.

32. 《명리정종정해》 심재열 역저, 창원사, 1967.

33. 《궁통보감(1 · 2)》 백이제 씀, 도경서원, 2004.

34. 《사주감정법총정리》 신육천, 한림원, 1990.

35. 《컴퓨터 만세력》 김상연 편저, 갑을당, 1997.

36. 《음양기류요법》 O 강원 저, 한빛, 1995.

37. 《상리철학》 조명언 저, 명문당, 1990.

38. 《십간사주 추명비법》 남각연구소 역, 남각문화출판사, 2003.

39. 《풍수총론》 장태상 저, 전통문화사, 2000.

40. 《조선시대 우주관과 역법의 이해》 정성희, 지식산업사, 2005.

41. 《70일간의 별자리 여항》 윤태영 역, 새터, 1999.

42. 《한의학과 명리학》 이정근 저, 명문당, 1990.

모든 일이 술술
잘 풀리는
사람들의 비밀

초판 1쇄 펴낸 날 | 2012년 1월 30일

지은이 | 김덕래
펴낸이 | 이금석
기획·편집 | 박수진
디자인 | 김현진
마케팅 | 곽순식, 김선곤
물류지원 | 현란
펴낸곳 | 도서출판 무한
등록일 | 1993년 4월 2일
등록번호 | 제3-468호
주소 | 서울 마포구 서교동 469-19
전화 | 02)322-6144
팩스 | 02)325-6143
홈페이지 | www.muhan-book.co.kr
e-mail | muhanbook7@naver.com

가격 20,000원
ISBN 978-89-5601-292-6 (13150)

잘못된 책은 교환해 드립니다.

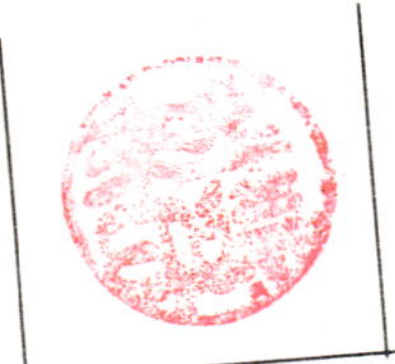